rororo computer

HERAUSGEGEBEN VON LUDWIG MOOS
UND MANFRED WAFFENDER

BASIC ist immer noch die beliebteste Programmiersprache unter PC-Benutzern. Es bietet eine Vielfalt an Anwendungsmöglichkeiten auch im Bereich der Dateiverwaltung. Viele Nutzer eines Computers stellen an eine Dateiverwaltung ganz individuelle Anforderungen. "BASIC für Fortgeschrittene" wendet sich an alle, die dafür selbständig Programme erstellen wollen. Das Buch stellt das Projekt eines Adressenverwaltungsprogramms in den Vordergrund, mit dem Ziel, den Übergang zu komplexen Lösungen zu erleichtern. Dabei wird umfassend das Prinzip der modularen Programmierung mit der anschließenden Einbindung der Module in ein Gesamtprogramm dargestellt. Der Leser lernt die notwendigen Anweisungen zur Dateiverwaltung und Textmanipulation kennen. Besonderer Wert wird auf Plausibilitätsprüfungen und Absicherungen gegen Fehlbedienung gelegt. Benutzt wurden nur Anweisungen, die in nahezu allen BASIC-Dialekten vorhanden sind. Strukturiert wie der Vorgängerband "BASIC unter MS-DOS" (rororo computer 8147), macht "BASIC für Fortgeschrittene" anschaulich, praxisnah und Schritt für Schritt mit der Programmierung komplexer Probleme vertraut.

ALEXANDER PARKMANN
JOACHIM RÖHL
JOHANNES VERHUVEN

PROGRAMMIERSPRACHE BASIC FÜR FORTGESCHRITTENE

EINE STRUKTURIERTE EINFÜHRUNG

GRUNDKURS COMPUTERPRAXIS
HERAUSGEGEBEN
VON RUDOLF HAMBUSCH

ROWOHLT

Originalausgabe
Veröffentlicht im Rowohlt Taschenbuch Verlag GmbH,
Reinbek bei Hamburg, Februar 1989
Copyright © 1989 by Rowohlt Taschenbuch Verlag GmbH,
Reinbek bei Hamburg
Umschlagentwurf Thomas Henning
Grafiken Alexander Parkmann
Satz Times und Helvetica (Linotron 202)
Gesamtherstellung Clausen & Bosse, Leck
Printed in Germany
1580-ISBN 3 499 18154 1

INHALT

6 DATENSATZ EINFÜGEN – PROGRAMMIERUNG DER EINGABE VON DATENSÄTZEN 85

7 DATENSATZ LÖSCHEN – ENTFERNUNG ÜBERFLÜSSIGER DATENSÄTZE 108

8 DATENSATZ KORRIGIEREN – DATENPFLEGE MUSS SEIN 122

EDITORIAL

Folgt man den Aussagen von Bildungs- und Wirtschaftspolitikern, so wird das Zusammenleben der Menschen in Zukunft von informationsverarbeitenden Maschinen geprägt sein: Mehr als die Hälfte aller Arbeitenden wird direkt oder indirekt mit Computern zu tun haben. Eine besondere Rolle spielt dabei der heute bereits millionenfach verbreitete persönliche Jedermanncomputer, der Personal Computer (PC). Schüler, Studenten, Handwerksmeister, Rechtsanwälte, Kaufleute, Lehrer und viele andere werden mit diesem Gerät leben, spielen und arbeiten.

Der Einsatz des persönlichen Computers wird weniger von der Fähigkeit des Benutzers geprägt sein, das Gerät in seiner Technizität (Hardware) zu verstehen, als es mit Hilfe der Computerprogramme (Software) zu bedienen.

Die Serie ”Grundkurs Computerpraxis” erklärt Informationsverarbeitung sehr konkret und auf einfache Weise. Dabei steht das, was den Computer im eigentlichen Sinne funktionieren läßt, im Vordergrund: die Software. Sie umfaßt

- Betriebssysteme,
- Anwenderprogramme,
- Programmiersprachen.

Ausgewählt werden Programme, die sich hunderttausendfach bewährt und einen Standard gesetzt haben, der Gefahr des Veraltens also nur im geringen Maße unterliegen.

Im ”Grundkurs Computerpraxis” wird das praktische Computerwissen übersichtlich gegliedert, textverständlich strukturiert, auf das Wesentliche begrenzt und mit Grafiken, Beispielen und Übungen optimal zugänglich gemacht.

Der Herausgeber der Serie, Rudolf Hambusch, leitet am Institut für Schule und Weiterbildung des Landes Nordrhein-Westfalen das Projekt Lehrerfortbildung in Informationsverarbeitung Wirtschaft. Die Autoren sind erfahrene Berufspädagogen, Praktiker und Mitarbeiter im Fortbildungsprojekt.

Ferner sind in der Reihe _Grundkurs Computerpraxis_ erschienen:

Peter Freese
Standard-Betriebssystem
MS-DOS
(rororo-computer 8145)

Georg Besser / Peter Höver /
Ernst Tiemeyer
Tabellenkalkulation
MULTIPLAN
(rororo-computer 8146)

Alexander Parkmann
Joachim Röhl
Johannes Verhuven
Programmiersprache
BASIC unter MS-DOS
(rororo-computer 8147)

Gregor Kuhlmann
Programmiersprache
TURBO-PASCAL
(rororo-computer 8148)

Peter Freese
Friedrich Müllmerstadt
Datenbanken dBASE
(rororo-computer 8140)

Hermann Mehlig
Textverarbeitung
WORDSTAR
mit MailMerge
(rororo-computer 8139)

Joachim Röhl
Johannes Verhuven
Textverarbeitung
MS-WORD
(rororo-computer 8149)

Johannnes Baumann
Stefanie Patzer
Jürgen Schweigert
Integriertes Softwarepaket
OPEN ACCESS
(rororo-computer 8150)

Gregor Kuhlmann
Programmiersprache
TURBO-PASCAL für
Fortgeschrittene
(rororo-computer 8155)

Alexander Parkmann
Joachim Röhl
Johannes Verhuven
BASIC für Fortgeschrittene
(rororo-computer 8154)

Ernst Tiemeyer
Integriertes Softwarepaket
SYMPHONY
(rororo-computer 8153 /
März 1989)

VORWORT

Nach wie vor gehört BASIC zu den Programmiersprachen, die von Hobbyanwendern am meisten eingesetzt werden. Daher bieten Softwarehäuser eine Vielzahl von BASIC-Dialekten an.

GWBASIC bzw. BASIC-A wird standardmäßig von den Computerhändlern zusammen mit dem Betriebssystem MS-DOS ohne Mehrkosten ausgeliefert. Dem Nutzer entstehen also nicht zusätzliche Kosten für den Erwerb einer Programmiersprache. Daher sind diese beiden nahezu identischen BASIC-Dialekte am weitesten verbreitet.

In diesem Band haben sich die Autoren bemüht, nur BASIC-Anweisungen zu verwenden, die in nahezu allen BASIC-Dialekten enthalten sind. Dadurch ist es möglich, die hier vorgestellten BASIC-Codierungen auf nahezu allen Computern mit der Programmiersprache BASIC einzusetzen.

Im Grundband "BASIC unter MS-DOS" (rororo – computer 8147) steht das Erlernen des Programmierens mit der Sprache BASIC im Vordergrund. Die jeweilige Programmstruktur und die Anwendung der verschiedenen BASIC-Anweisungen wird an Hand überschaubarer Programme aufgezeigt.

"BASIC unter MS-DOS" widmet sich der Programmierung der Dateiverwaltung einschließlich der Manipulation von Texten. Die Programmierung einer Dateiverwaltung wird häufig ebenfalls an kleinen, zusammenhanglos nebeneinanderstehenden Programmen eingeübt, ohne daß ein komplettes Dateiverwaltungsprogramm entsteht, mit dem der Anwender im Zusammenhang alle Dateiverwaltungsfunktionen nutzen kann. Darüber hinaus wird oft auf Plausibilitätsprüfungen und Absicherungen gegen Fehlbedienung verzichtet, so daß bei solchen Programmen Datenverluste durch Programmabsturz auftreten.

In "BASIC für Fortgeschrittene" steht das Projekt "Erstellung eines Adressenverwaltungsprogramms" im Vordergrund.

Diese projektorientierte Darstellung hat folgende Vorteile:

■ Der Leser erfährt, wie er ein umfangreiches Problem in einzelne überschaubare Bausteine gliedert. Hierdurch lernt er, auch für komplexe Probleme ein Programm zu erstellen. Gerade der für den nicht professionellen Programmierer so schwierige Übergang, von kleinen überschaubaren Programmen zu großen komplexen Lösungen zu kommen, wird leider nur selten geleistet.

■ Die einzelnen Programmteile werden modular programmiert. Dieser Programmierstil führt dazu, daß die Module einzeln programmiert und getestet werden können. Außerdem ist es möglich, diese Module unverändert bzw. mit geringem Änderungsaufwand in andere Programme einzubinden.

■ Die bei professionellen Programmen typische Absicherung gegen Fehleingaben und Fehlfunktionen ist in das vorliegende Projekt integriert. Der Leser erlernt so die Programmierung von anwendungssicheren Programmen.

■ Das Programm zur Adressenverwaltung ist so typisch für ein Dateiverwaltungsprogramm, daß der Leser nach Durcharbeiten dieses Buchs in der Lage ist, auf Grund der Kenntnis dieses Programms jedes andere Dateiverwaltungsproblem, wie Verwalten von Sammlungen oder Mitgliederverwaltung von Vereinen, zu lösen. Der Änderungsumfang bei anderen Problemlösungen ist relativ gering.

Dabei orientiert sich dieser Band, wie alle Bücher dieser Reihe, an folgenden Zielen:

■ Die Inhalte sind auch für weniger erfahrene Programmierer verständlich und nachvollziehbar.

■ Alle Beispiele sind problembezogen und können direkt am Computer bearbeitet werden.

■ Die Inhalte sind praktisch verwertbar.

Das Buch hat folgenden Aufbau:

■ In Kapitel 1 wird auf die Möglichkeiten komplexer BASIC-Anwendungen verwiesen.

■ In Kapitel 2 lernt der Leser die grundlegenden Begriffe der Dateiverwaltung kennen.

■ Kapitel 3 bietet eine Übersicht über das gesamte Projekt Adressenverwaltung.

■ Im Kapitel 4 wird das Rahmenprogramm entwickelt, in das nach und nach die einzelnen Module eingebunden werden.

■ In den Kapiteln 5 bis 1∅ werden die einzelnen Module des Adressenverwaltungsprogramms entwickelt.

■ Kapitel 11 zeigt auf, wie ein umfangreich dokumentiertes Programm bezüglich Laufzeit und Speicherplatz optimiert werden kann.

■ Im Kapitel 12 wird eine komfortable Menüsteuerung vorgestellt.

■ Kapitel 13 ist der professionellen Gestaltung von Eingaberoutinen für die grundlegenden Datentypen gewidmet.

Die Autoren danken Herrn Studiendirektor Dipl.-Hdl. Gerhard Haase für die Beratung und die Korrektur bei der Erstellung dieses Manuskripts.

1 BASIC FÜR FORTGESCHRITTENE? – MÖGLICHKEITEN KOMPLEXER ANWENDUNGEN

Die enorme Verbreitung von BASIC, der Programmiersprache des Anfängers für alle Zwecke, ist auf die einfache Struktur dieser Sprache zurückzuführen. Das Erlernen der Programmiergrundlagen ist wesentlich einfacher als in allen anderen Programmiersprachen.

Mit BASIC wurde erstmals eine Programmierung im Dialog mit dem Computer möglich. Syntaxfehler werden in einigen BASIC-Dialekten schon bei Abschluß einer Programmierzeile mit einem Fehlerhinweis angezeigt. Bei allen BASIC-Versionen unter MS-DOS werden Fehlermeldungen bei der Programmausführung (Direktbefehl RUN) gemeldet. Die Angabe der Fehlerart und der Position des Fehlers im Programm erleichtert die Fehlerkorrektur im Dialog mit dem Computer.

BASIC

Beginners **A**ll Purpose **S**ymbolic **I**nstruction **C**ode

dialogorientierte Programmiersprache

Programmieranfänger entwickeln sich mit der Zeit zu erfahrenen Anwendern, die auch komplexe Probleme lösen wollen. Auf lange Sicht wäre die Programmiersprache BASIC sicherlich in der Versenkung verschwunden, hätte man diesen erfahrenen Nutzern des Computers empfohlen, eine neue Programmiersprache zu erlernen. Jedoch hat BASIC sich mit seinen Nutzern weiterentwickelt. Es bietet alle Möglichkeiten, auch komplexe Probleme zu lösen.

Eines der Hauptarbeitsgebiete des erfahrenen Anwenders ist die Dateiverwaltung. Bei vielen anderen Nutzern steht der Spaß bei der Arbeit mit dem Computer ganz im Vordergrund. Sie erstellen Programme mit bewegter Grafik und nutzen die Möglichkeiten des Tongenerators. Dieses Buch befaßt sich daher mit umfangreicher Dateiverwaltung.

Üblicherweise ist auf der Betriebssystemdiskette die Programmiersprache BASIC vorhanden. Das heißt, daß der Anwender ohne zusätzliche Kosten viele Problemlösungen selbst entwickeln kann. Außerdem empfinden es die meisten Nutzer als Herausforderung, die Möglichkeiten ihres Computers sowie der vorhandenen Programmiersprache voll auszunutzen (siehe Abbildung Seite 17).

komplexe Anwendungen in BASIC

Computeranimation
Graphik
Musik

Dateiverwaltung

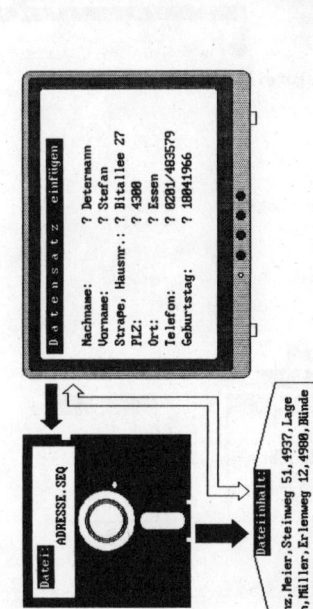

Der kommerzielle Nutzer des Computers ist sich von vornherein bewußt, daß die Hardware-Kosten geringer sind als die Kosten für von ihm benötigten Programme. Der Hobbyanwender kauft einen Computer und will sofort damit arbeiten.

Selbstverständlich gibt es für den Bereich der Dateiverwaltung und der Computeranimation Standardlösungen, die nach einer geringen Einarbeitungszeit zur Problemlösung eingesetzt werden können. Diese Programme kosten aber viel Geld. So sind beispielsweise für ein gutes Dateiverwaltungsprogramm einige hundert Mark aufzuwenden. Die Vielfalt der Anwendungsmöglichkeiten solcher Programme wird vom Hobbyanwender selten voll genutzt. Für einfache individuelle Anwendungen empfiehlt es sich, auf der Basis der vorhandenen Programmiersprache BASIC eigene Programme zu entwickeln.

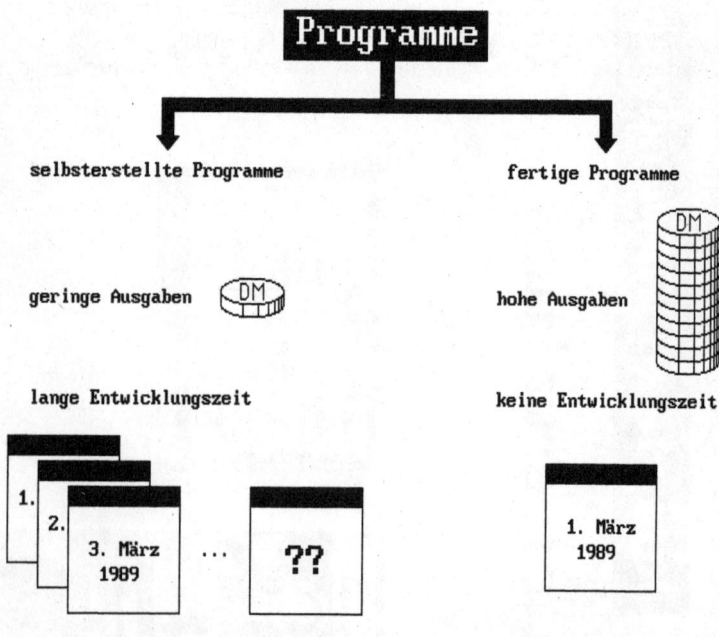

Übungen 1

1. Bei kommerziellen Anwendungen sind die Kosten für die Programme _____ als die Kosten für die Hardware.

2. Für Hobby-Nutzer gilt:
Selbsterstellte Programme bedingen einen hohen _____
_____ bei geringen _____.
Fertige Programme dagegen verursachen hohe _____
_____ ohne _____.

Lösungen 1

1. Bei kommerziellen Anwendungen sind die Kosten für die Programme *höher* als die Kosten für die Hardware.

2. Für Hobby-Nutzer gilt:
Selbsterstellte Programme bedingen einen hohen *Entwicklungsaufwand* bei geringen *Kosten*.
Fertige Programme dagegen verursachen hohe *Kosten* ohne *Entwicklungsaufwand*.

2 DATEIVERWALTUNG – GRUNDBEGRIFFE WOLLEN GELERNT SEIN

Ein privates Telefonverzeichnis mit den Anschriften und Rufnummern von Verwandten, Freunden und Bekannten hat sicherlich jeder. Dies ist eine Form der Dateiverwaltung ohne Computer. Aus diesem Verzeichnis gewinnt man die benötigten Informationen (Daten).

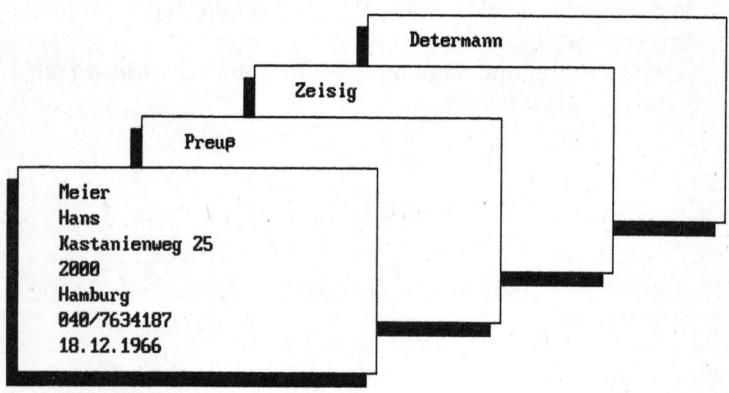

Ein Verzeichnis von Daten kann auch im Computer gespeichert und verwaltet werden. Die Entwicklung des dazugehörenden Programms setzt voraus, daß der Programmierer bestimmte Grundbegriffe der Dateiverwaltung beherrscht und korrekt umsetzen kann.

Ein Telefonverzeichnis mit den Adressen und Geburtsdaten, das mit Hilfe des Computers gespeichert und verwaltet wird, ist also eine **Datei**.

> Eine Datei ist die Gesamtheit aller in einem logischen Zusammenhang stehenden Daten, die nach bestimmten Gesichtspunkten geordnet sind.

Beispielsweise werden Telefonverzeichnisse immer alphabetisch geordnet.

Um auf die Informationen zu einer Person innerhalb des Telefonverzeichnisses zugreifen zu können, muß diese Datei unterteilt sein. Die Informationen zu einer Person bezeichnet man als **Datensatz**. Eine Datei besteht somit aus einer Vielzahl von gleichartig strukturierten Datensätzen.

> Ein Datensatz ist eine Zusammenfassung von logisch zusammengehörigen Daten, wobei der Aufbau aller Datensätze einer Datei die gleiche Struktur hat.

Beispielsweise sind alle Datensätze des Telefonverzeichnisses folgendermaßen aufgebaut:

Name, Vorname, Straße, Postleitzahl, Ort, Telefonnummer und Geburtsdatum.

Name, Vorname usw. sind die Elemente eines Datensatzes. Ein Element eines Datensatzes wird als **Datenfeld** bezeichnet.

> Ein Datenfeld besteht aus einem oder mehreren Zeichen, die einen Begriff bilden.

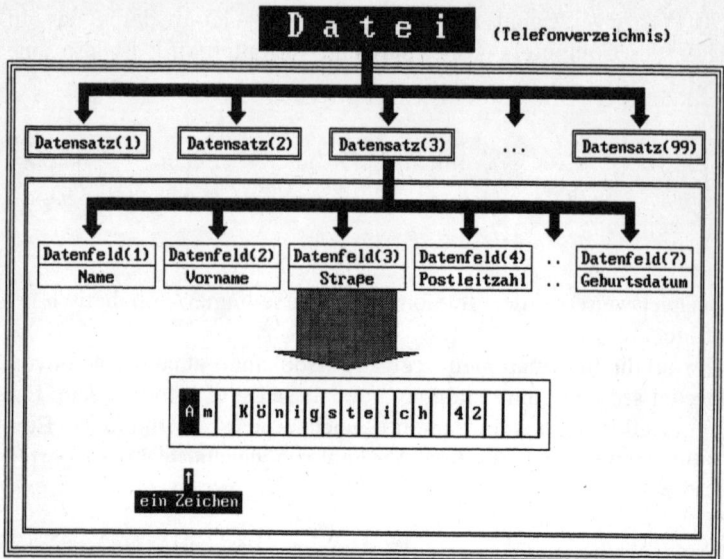

Bei der Verwaltung der Adressen hat der Computer verschiedene Möglichkeiten des Zugriffs:

Um beispielsweise den Datensatz "Meier" innerhalb der Adreßdatei zu finden, kann er alle Datensätze nacheinander durchsuchen, bis er den gewünschten Datensatz "Meier" gefunden hat. Diese Art des Zugriffs auf einen Datensatz bezeichnet man als **Reihenfolgezugriff** oder **sequentiellen Zugriff**. Eine so organisierte Dateiverwaltung wird als **sequentielle Dateiverwaltung** bezeichnet.

> Eine sequentielle Dateiverwaltung ist dadurch gekennzeichnet, daß Datensatz für Datensatz in der vorliegenden Reihenfolge aus der Datei gelesen wird, bis der gesuchte Datensatz gefunden ist.

Der Computer kann die Adreßdatei aber auch so verwalten, daß er die Datensätze fortlaufend durchnumeriert. Auf Grund dieser Nummer kann der Computer direkt auf den gewünschten Satz "Meier" zugreifen. Dieses Zugriffsverfahren auf einen Datensatz wird als **direkter Zugriff** bezeichnet.

Ein direkter Zugriff ist dadurch gekennzeichnet, daß der Datensatz, der gelesen und bearbeitet werden soll, auf Grund der Satznummer vom Computer direkt angesteuert wird.

Einerseits ist der Programmieraufwand für eine Dateiverwaltung mit Direktzugriff erheblich größer. Andererseits hat die so verwaltete Datei den Vorteil, daß nur der zu ändernde Datensatz in den Arbeitsspeicher geladen wird. Nach der Änderung wird er auf den ursprünglichen Platz des externen Datenspeichers (Platte oder Diskette) zurückgeschrieben.

Bei Dateien mit sequentiellen Zugriff ist die Änderung eines Datensatzes aufwendiger. Die gesamte Datei muß in den Arbeitsspeicher gelesen werden. Dort kann die Änderung des Datensatzes erfolgen. Anschließend ist die Datei auf einen externen Datenspeicher zu speichern. Der Programmieraufwand für Dateien mit sequentiellem Zugriff ist jedoch geringer.

Für die oben vorgestellte Adreßdatei wird in den folgenden Kapiteln ein Programm mit sequentiellem Zugriff entwickelt.

Übungen 2

1. Die Gesamtheit aller in einem logischen Zusammenhang stehenden Daten, die nach bestimmten Gesichtspunkten geordnet sind, bezeichnet man als _____

2. Ein Datensatz ist _____
   _____

3. Ein _____ besteht aus einem oder mehreren Zeichen, die einen Begriff bilden.

4. Wodurch ist die sequentielle Dateiverwaltung gekennzeichnet?
   _____
   _____
   _____

5. Wodurch ist der direkte Zugriff gekennzeichnet?

_____

_____

_____

Lösungen 2

1. Die Gesamtheit aller in einem logischen Zusammenhang stehenden Daten, die nach bestimmten Gesichtspunkten geordnet sind, bezeichnet man als *Datei*.

2. Ein Datensatz ist *eine Zusammenfassung von logisch zusammengehörigen Daten, wobei der Aufbau aller Datensätze einer Datei die gleiche Struktur hat.*

3. Ein *Datenfeld* besteht aus einem oder mehreren Zeichen, die einen Begriff bilden.

4. Wodurch ist die sequentielle Dateiverwaltung gekennzeichnet?
Eine sequentielle Dateiverwaltung ist dadurch gekennzeichnet, daß Datensatz für Datensatz aus der Datei gelesen wird, bis der gesuchte Datensatz gefunden ist.

5. Wodurch ist der direkte Zugriff gekennzeichnet?
Der direkte Zugriff ist dadurch gekennzeichnet, daß der Datensatz, der gelesen und bearbeitet werden soll, auf Grund der Satznummer vom Computer direkt angesteuert wird.

3 ADRESSDATEI – EIN PROJEKT STELLT SICH VOR

3.1 Anzahl der Datensätze

Die Entwicklung eines Programms zur Verwaltung einer Adreßdatei erfordert eine umfangreiche Planungsarbeit. Als erstes ist festzulegen, welche Informationen die Datei, der Datensatz und die zugehörigen Datenfelder enthalten sollen.

In unserem Programm sollen in der Adreßdatei bis zu 99 Adressen gespeichert werden. Diese Begrenzung wird gewählt, da diese Anzahl von Datensätzen für den Hobbyanwender in der Regel ausreicht und die Bearbeitung der Datei im Arbeitsspeicher erfolgen soll. Das heißt, die Datei wird immer komplett in den Arbeitsspeicher geladen, dort bearbeitet und nach Beendigung der Arbeit wieder auf den externen Datenspeicher zurückgeschrieben. Das Programm für eine solche Dateiverwaltung ist weniger komplex und als Einstieg für den Hobbyanwender geeigneter als eine kommerzielle Dateiverwaltung. Ein weiterer Grund für die Begrenzung der Anzahl der Datensätze liegt darin, daß BASIC für Programme und Daten nur ca. 6Ø KB im Arbeitsspeicher zur Verfügung stellt (siehe Abbildung Seite 26).

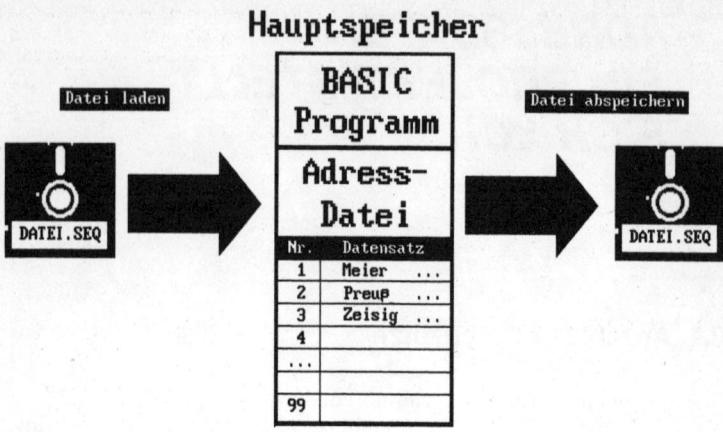

3.2 Aufbau eines Datensatzes

Der einzelne Datensatz soll in den Datenfeldern folgende Informationen enthalten:

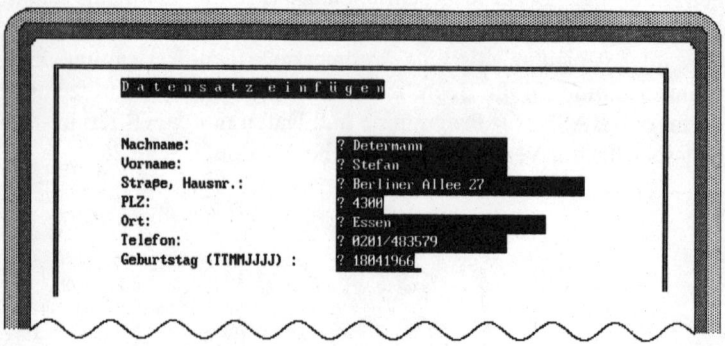

Alle Datenfelder sind vom Datentyp STRING (Text), da dies die interne Verwaltung der Datensätze erheblich vereinfacht. Die Datensätze sollen folgende Länge haben:

Datenfeldbezeichnung	Länge des Datenfeldes
Name	20 Zeichen
Vorname	20 Zeichen
Straße, Hausnummer	30 Zeichen
PLZ	4 Zeichen
Wohnort	25 Zeichen
Telefon	20 Zeichen
Geburtsdatum	8 Zeichen

3.3 Leistungsumfang des vorliegenden Adreßprogramms

Jedes Adressenverwaltungsprogramm hat prinzipiell folgende Aufgaben zu erfüllen:

- Datei anlegen
- Datei speichern
- Datei laden
- Korrektur, Zufügen, Löschen von Datensätzen
- Ausgabe der Datensätze

Das hier zu entwickelnde Adressenverwaltungsprogramm soll folgende Aufgaben durchführen können:

```
┌─────────────────────────────────────────────────────────┐
│  ┌───────────────────────────────────┐                   │
│  │  Adressenverwaltungsprogramm      │                   │
│  └───────────────────────────────────┘                   │
└─────────────────────────────────────────────────────────┘

┌──────────────────┬──────────────────────┬─────────────────────┐
│ 1 Dateidienste   │ 2 Bildschirm-Ausgaben│ 3 Drucker-Ausgaben  │
│                  │                      │                     │
│  1 Datei anlegen │  1 Datensätze alpha- │  1 Alle Datensätze  │
│  2 Datei laden   │    betisch ausgeben  │  2 Telefonliste     │
│  3 Datei abspeichern│ 2 Datensätze selek-│  3 Geburtstagsliste │
│  4 Datei umbenennen │   tiert ausgeben  │                     │
└──────────────────┴──────────────────────┴─────────────────────┘

┌────────────────────────┬──────────────────────┬─────────────────────┐
│ 4 Datensatz korrigieren│ 5 Datensatz zufügen  │ 6 Datensatz löschen │
└────────────────────────┴──────────────────────┴─────────────────────┘

┌────────────────────────┐
│ 9 Programmende         │
└────────────────────────┘
```

3.4 Modularer Programmaufbau

Bei unserem Einstieg in die Programmierung dieser Dateiverwaltung werden die Daten noch über den üblichen Eingabebefehl "INPUT" eingegeben. Zu einem späteren Zeitpunkt werden Eingaberoutinen im Programm die INPUT-Befehle ersetzen. Diese Routinen prüfen sofort bei der Eingabe der Daten die Zulässigkeit eines jeden Zeichens. Hierbei können fehlerhafte Eingaben zurückgewiesen werden.

Die Abbildung zeigt schon die einzelnen Bausteine (Module) des Adressenverwaltungsprogramms. Selbstverständlich kann ein so umfangreiches Programm nicht ohne sorgfältige Vorüberlegungen programmiert werden. Es muß ein entsprechender Rahmen entwickelt werden, in den die einzelnen Programmodule einzubinden sind. Die Programmodule müssen einzeln entwickelt, getestet und dann in das Adressenverwaltungsprogramm integriert werden.

Diese Methode hat sich bei allen umfangreichen Programmen bewährt. Man bezeichnet sie als **modulare Programmierung**. In den Grundzügen ist sie im rororo-Band 8147 "Programmiersprache BASIC unter MS-DOS" dargestellt.

BASIC arbeitet ein Programm Zeile für Zeile nach aufsteigenden Zeilennummern ab. Daher ist es bei der Planung eines modularisierten Programms unbedingt erforderlich, die Vergabe der Zeilennummern festzulegen. Nur dann können die entsprechenden Sprungadressen von vornherein definiert und sinnvoll in das Programm integriert werden. Theoretisch ist es möglich, bei Einbindung der Module eine entsprechende Renumerierung des Programms vorzunehmen. Diese Methode hat sich aber als sehr unpraktisch erwiesen, da dadurch in den meisten Fällen eine durchgehende Umnumerierung erfolgt. Hierdurch wird das Programm unübersichtlich. Auf eine klare Strukturierung durch eine sinnvolle Einteilung der Zeilennummern sollte bei komplexen Programmen nie verzichtet werden.

In dem zu entwickelnden Adressenverwaltungsprogramm soll die Zuweisung der Zeilennummern zu den einzelnen Modulen entsprechend der folgenden Vorgabe erfolgen:

```
1000 Das eigentliche Programm
     1000 Hauptprogramm
     2000 Dateidienste
          2100 Unterprogramm Dateidienste - Datei anlegen
          2200 Unterprogramm Dateidienste - Datei laden
          2300 Unterprogramm Dateidienste - Datei speichern
          2400 Unterprogramm Dateidienste - Datei umbenennen
     3000 Bildschirm-Ausgaben
          3100 Unterprogramm Datensätze alphabetisch ausgeben
          3500 Unterprogramm Datensätze selektiert ausgeben
     4000 Ausgaben - Drucker
          4100 Unterprogramm Datei komplett ausdrucken
          4300 Unterprogramm Telefonliste ausdrucken
          4500 Unterprogramm Geburtstagsliste ausdrucken
     5000 Datensatz korrigieren
     6000 Datensatz einfügen
     7000 Datensatz löschen
     9000 Programmende


10000 Menüausgaben
      10000 Routine Programmeldung
      11000 Routine Hauptmenü
      12000 Routine Menü Dateidienste
            12100 Routine Texte Datei anlegen
            12200 Routine Texte Datei laden
            12300 Routine Texte Datei speichern
            12400 Routine Texte Datei umbenennen
      13000 Routine Menü Ausgaben Bildschirm
            13100 Routine Texte Datensätze alphabetisch ausgeben
            13200 Routine Texte Datensätze selektiert ausgeben
            13300 Routine Texte Frage nach nächsten Satz
            13400 Routine Texte Bezeichnungen der Felder
            13500 Routine Texte Länge des Suchbegriffs
            13600 Routine Texte Suche ab Zeichen
            13700 Routine Texte Suchbegriff
      14000 Routine Menü Ausgaben Drucker
            14100 Routine Texte Datei komplett ausdrucken
            14200 Routine Texte Telefonliste drucken
            14300 Routine Texte Geburtstagsliste drucken
      15000 Routine Menü Datensatz korrigieren
            15100 Routine Texte Frage nach Satzaufruf
            15200 Routine Texte Frage nach Übernahme
            15300 Routine Texte Frage nach erneuter Korrektur
      16000 Routine Menü Datensatz zufügen
            16100 Routine Texte Frage Satz zufügen
            16200 Routine Texte Frage Satz vervollständigen
```

```
17000 Routine Menü Datensatz löschen
    17100 Routine Texte Frage Satz aufrufen
    17200 Routine Texte Frage Satz löschen
18000 Routine Menü Programmende
    18100 Routine Texte Frage wirklich löschen


20000 Hilfsroutinen
    20000 Routine Rahmen
    21000 Routine Fehlertext ausgeben
    22000 Routine Warteschleife
    23000 Routine zur Behandlung von Diskettenfehlern
    24000 Routine zur Behandlung von Druckerfehlern


30000 Eingaberoutinen
    30000 Routine Ganzzahl eingeben
    31000 Routine Realzahl eingeben
    32000 Routine Zeichenkette eingeben
    33000 Routine Eingabe Menünummer
    34000 Routine Laufwerk und Dateiname einlesen
    35000 Routinen Datensatz lesen
        35000 Routine Name hereinholen
        35100 Routine Vorname hereinholen
        35200 Routine restlichen Satz hereinholen
    36000 Routine Suchkriterien für die selektive Ausgabe hereinholen


40000 Bildschirmausgeben
    40000 Routine Texte zur Eingabe und Ausgabe
    41000 Routine Datensatz auf dem Bildschirm ausgeben


50000 Datensatzhandling
    50000 Routine Satz in die Adreßmatrix kopieren
    51000 Routine Satz aus der Adreßmatrix herauskopieren
    52000 Routine Satz in der Adreßmatrix suchen
    53000 Routine Platz in der Adreßmatrix schaffen
    54000 Routine Name in der Adreßmatrix suchen
    55000 Routine Matrix vorziehen
    56000 Routine Satz entsprechend den Suchkriterien suchen
    57000 Routine Verweisliste für Geburtstage erstellen


60000 Daten dimensionieren, Texte bereitstellen
    62000 Alle Variablen
```

Aus dieser Aufteilung können Sie ersehen, wie eine Programmierplanung erfolgt. Neben den ganz links stehenden Zeilennummern 1ØØØ, 1ØØØØ, 2ØØØØ usw. finden Sie die Bezeichnungen für die zu bildenden Modulgruppen. Mit den eingerückten Zeilennummern beginnen die daneben genannten Moduluntergruppen bzw. Module.

Übungen 3

1. Welche Aufgaben hat jedes Adressenverwaltungsprogramm
   prinzipiell zu erfüllen?
   a) _____
   b) _____
   c) _____
   d) _____
   e) _____

2. Was ist modulare Programmierung?
   _____
   _____
   _____
   _____

3. Bei der Planung eines modularisierten Programms ist es unbedingt erforderlich, die _____
   Nur dann können die entsprechenden _____
   von vornherein eindeutig definiert werden.

Lösungen 3

1. Welche Aufgaben hat jedes Adressenverwaltungsprogramm
   prinzipiell zu erfüllen?
   a) *Datei anlegen*
   b) *Datei speichern*
   c) *Datei laden*
   d) *Korrektur, Zufügen, Löschen von Datensätzen*
   e) *Ausgabe von Datensätzen*

2. Was ist modulare Programmierung?
   *Bei umfangreichen Programmen wird das Gesamtproblem in
   Teilprobleme zerlegt. Zur Lösung dieser Teilprobleme werden
   einzelne Module entwickelt, getestet und schließlich in das
   Gesamtprogramm integriert.*

3. Bei der Planung eines modularisierten Programms ist es unbedingt erforderlich, die *Vergabe von Zeilennummern sorgfältig zu planen*. Nur dann können die entsprechenden *Sprungadressen* von vornherein eindeutig definiert werden.

4 MENÜAUSWAHL – LEISTUNGSANGEBOT DES PROGRAMMS

Bei komplexen Programmen stellt man den Leistungsumfang des Programms in einem Hauptmenü vor. Der Nutzer hat dann die Möglichkeit, die gewünschte Programmfunktion auszuwählen. Bevor der Leistungsumfang des Programms auf dem Bildschirm ausgegeben wird, können Sie in einem Eröffnungsbild stolz auf Ihre Programmierleistung hinweisen.

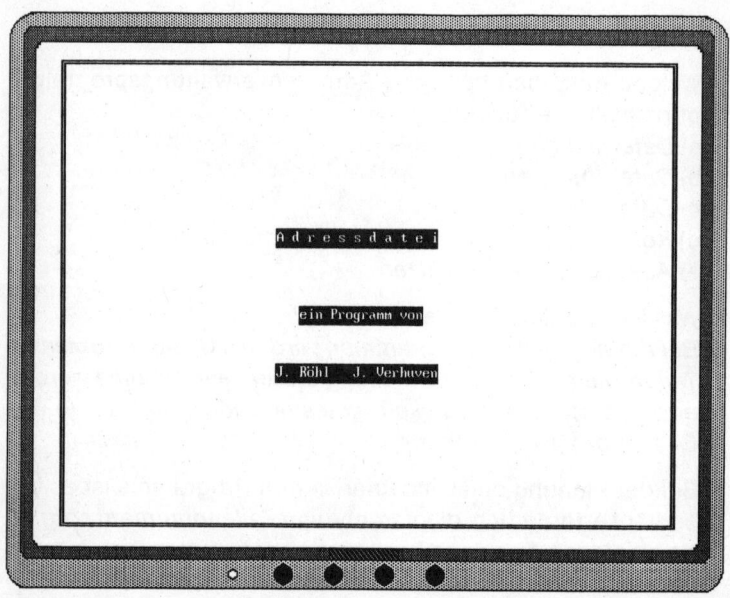

Selbstverständlich können Sie Ihren Namen in dieses Eröffnungsbild einsetzen.

Auch bei unserem Adressenverwaltungsprogramm ist ein Hauptmenü zu programmieren, in dem die bereits vorgestellten Leistungen des Programms angezeigt werden.

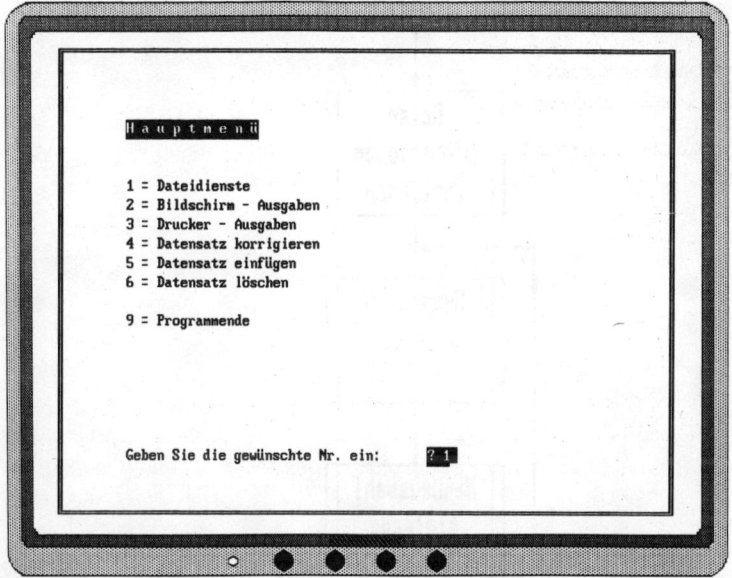

4.1 Das Hauptprogramm

Das Hauptprogramm ruft die einzelnen Leistungen des Adressenverwaltungsprogramms auf und steuert die Zusammenarbeit der einzelnen Programmodule. Dem Hauptprogramm liegt der folgende grobe Programmablaufplan zugrunde. Detaillierte Programmablaufpläne würden den Umfang dieses Buches sprengen. Außerdem kann bei dem fortgeschrittenen Programmierer vorausgesetzt werden, daß die Grobstrukturierung des Programmablaufs ausreicht, um die Umsetzung in die Programmiersprache nachzuvollziehen.

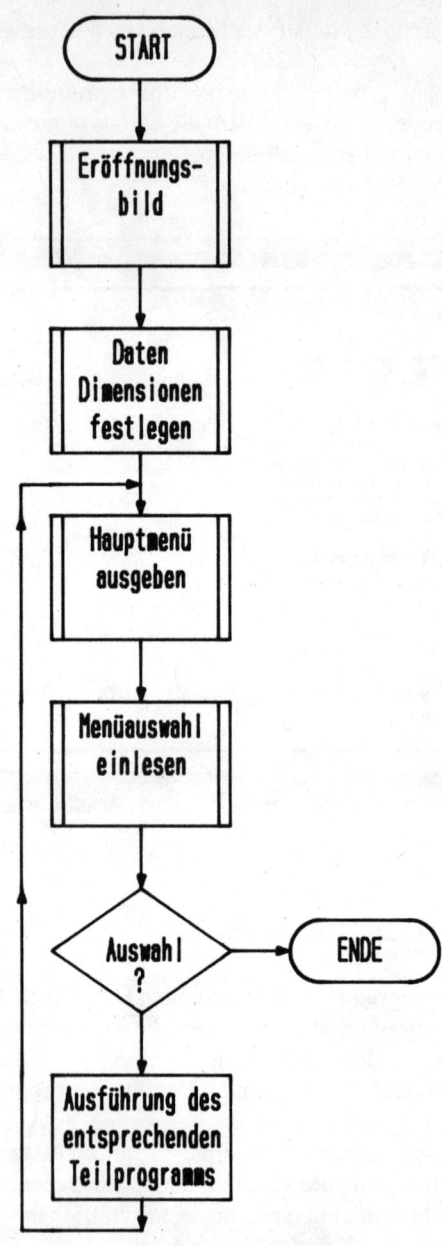

Die Umsetzung des groben Programmablaufplans ergibt folgende
Codierung:

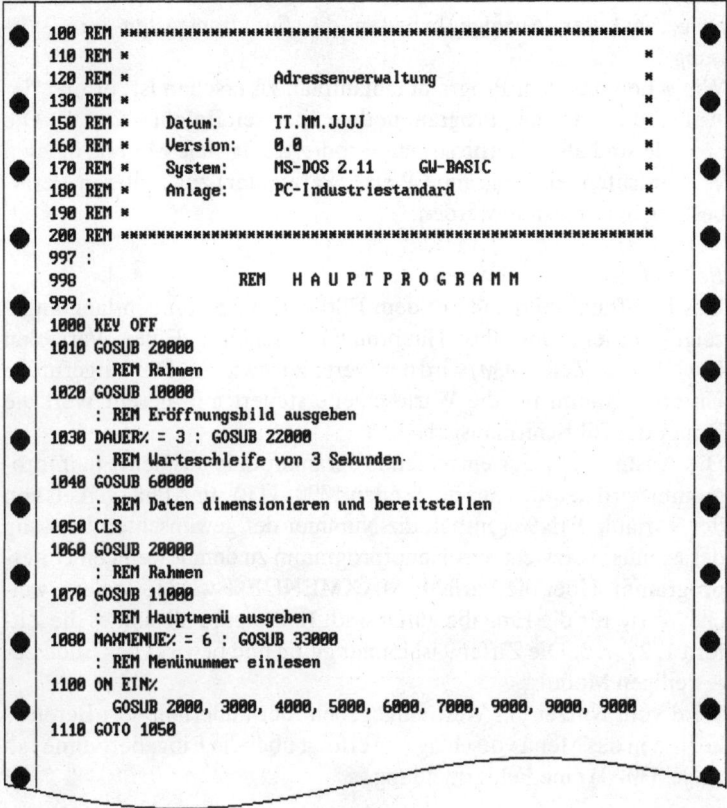

```
100 REM ××××××××××××××××××××××××××××××××××××××××××××××××××××××××××××
110 REM ×                                                            ×
120 REM ×                    Adressenverwaltung                      ×
130 REM ×                                                            ×
150 REM ×     Datum:      TT.MM.JJJJ                                 ×
160 REM ×     Version:    0.0                                        ×
170 REM ×     System:     MS-DOS 2.11    GW-BASIC                    ×
180 REM ×     Anlage:     PC-Industriestandard                      ×
190 REM ×                                                            ×
200 REM ××××××××××××××××××××××××××××××××××××××××××××××××××××××××××××
997 :
998               REM  H A U P T P R O G R A M M
999 :
1000 KEY OFF
1010 GOSUB 20000
     : REM Rahmen
1020 GOSUB 10000
     : REM Eröffnungsbild ausgeben
1030 DAUER% = 3 : GOSUB 22000
     : REM Warteschleife von 3 Sekunden
1040 GOSUB 60000
     : REM Daten dimensionieren und bereitstellen
1050 CLS
1060 GOSUB 20000
     : REM Rahmen
1070 GOSUB 11000
     : REM Hauptmenü ausgeben
1080 MAXMENUE% = 6 : GOSUB 33000
     : REM Menünummer einlesen
1100 ON EIN%
     GOSUB 2000, 3000, 4000, 5000, 6000, 7000, 9000, 9000, 9000
1110 GOTO 1050
```

▓ KEY OFF

In Zeile 1ØØØ wird mit dem Befehl KEY OFF die Anzeige der Funktionstastenbelegung in der 25. Bildschirmzeile ausgeschaltet. Mit KEY ON kann sie bei Bedarf wieder zugeschaltet werden. Auch bei ausgeschalteter Anzeige behalten die Funktionstasten ihre Wirkung.

Wie schon aus dem Programmablaufplan zu ersehen ist, erfolgt der Aufruf der einzelnen Programmodule über den Befehl GOSUB. Die Module sind als Unterprogramme codiert. Für viele Module müssen vom aufrufenden Programm Werte (Parameter) zur weiteren Verarbeitung bereitgestellt werden.

Beispiel:

Das Eröffnungsbild soll auf dem Bildschirm 3 Sekunden lang angezeigt werden, ehe das Hauptmenü erscheint. Einer Variablen DAUER% (Zeile 1Ø3Ø) wird der Wert 3 zugewiesen. Das aufgerufene Unterprogramm für die Warteschleife steuert mit diesem Wert die Dauer der Bildschirmausgabe.

Die Ansteuerung der einzelnen Programmodule aus dem Hauptprogramm wird deutlich aus den Zeilen 1Ø9Ø–111Ø. In Abhängigkeit von der Variable EIN% (enthält die Nummer der gewünschten Leistung des Menüs) verzweigt das Hauptprogramm zu dem jeweiligen Unterprogramm. Über die Variable MAXMENUE% wird festgelegt, welche Werte für die Eingabe gültig sind. In diesem Fall sind es die Ziffern 1, 2, ... 6. Die Ziffer 9 ist immer gültig und bewirkt das Ende des jeweiligen Moduls.

Wird vom Nutzer ein Wert eingegeben, der außerhalb des Bereichs liegt, den das Menü vorschlägt, so erfolgt über die Eingaberoutine (ab Zeile 33ØØØ) eine Fehlermeldung.

4.2 Eröffnungsbild

Die Texte des Eröffnungsbildes werden in einem Unterprogramm ab
Zeile 1ØØØØ programmiert.

```
9997 :
9998 REM Menüausgaben
9999 :
10000 LOCATE 10, 29 : COLOR 0, 7 :
      PRINT "A d r e ß d a t e i" : COLOR 7, 0
10010 LOCATE 14, 32 : COLOR 0, 7 :
      PRINT "ein Programm von" : COLOR 7, 0
10020 LOCATE 17, 29 : COLOR 0, 7 :
      PRINT "J. Röhl    J. Verhuven":COLOR 7, 0
10090 RETURN
```

Es ist ein guter Programmierstil, daß ein Unterprogramm niemals in
einer reinen Kommentarzeile (REM) angesprungen wird. Bei umfangreichen Programmen werden nach den Programm-Tests häufig
alle Kommentare entfernt. Dadurch wird das Programm komprimiert
und der Programmlauf wird schneller. Werden Kommentarzeilen als
Sprungadressen genutzt, so ergeben sich dann zwangsläufig Fehler
bei der Programmausführung. Daher ist der Kommentar in der Zeile
9998 codiert.

■ COLOR

Dieser Befehl dient dazu, eine Hintergrund- und die Vordergrundfarbe zu bestimmen. In unserem Eröffnungsbild werden die Texte
dunkel vor einem hellen Hintergrund ausgegeben (COLOR Ø,7). Um
die Bildschirmausgabe nach den Texten wieder auf die Standardwerte
umzustellen, muß nach der Textausgabe der Befehl COLOR 7,Ø erfolgen.
Eine farbige Gestaltung der Bildschirmausgabe ist bei Vorhandensein
eines Color-Bildschirms mit folgenden Differenzierungen möglich:

Ø schwarz	8 grau
1 blau	9 hellblau
2 grün	1Ø hellgrün
3 kobaltblau	11 hell-kobaltblau
4 rot	12 hellrot
5 violett	13 hell-violett
6 braun	14 gelb
7 weiß	15 intensives weiß

Diese Tabelle gilt nur für die Vordergrundfarbe. Für den Hintergrund können nur die Farben Ø bis 7 gewählt werden. Gerätespezifische Abweichungen sind möglich. Testen Sie bitte die Farbwiedergabe an Ihrem Gerät!

Wird zu den Werten der Vordergrundfarben die Zahl 16 addiert, so wird der auszugebende Text blinkend dargestellt.

Bei **Monochrom**-Bildschirmen werden diese Farben in einigen Fällen als Grauwerte wiedergegeben. Bei einigen Geräten allerdings erfolgt keine Differenzierung zwischen Vordergrund- und Hintergrundfarbe, so daß der Text nicht mehr zu sehen ist. Daher sollten bei monochromen Bildschirmen für die Vordergrundfarbe nur die Werte

Ø   = schwarz
1   = weiß mit Unterstreichen
2–7 = weiß

verwendet werden.

4.3 Daten dimensionieren

Zu Beginn des Programms sind alle im Adressenverwaltungsprogramm benötigten Bereichsvariablen zu dimensionieren (Zeilen 6ØØØØ–6ØØ2Ø). Außerdem werden hier den Bereichsvariablen die Fehlertexte für die Fehlermeldungen zugewiesen (Zeile 61ØØØ–61Ø1Ø). Bei der weiteren Entwicklung des Programms sind weitere Fehlermeldungen zu programmieren. Diese werden in die Zeilen 61Ø2Ø–6198Ø eingefügt.

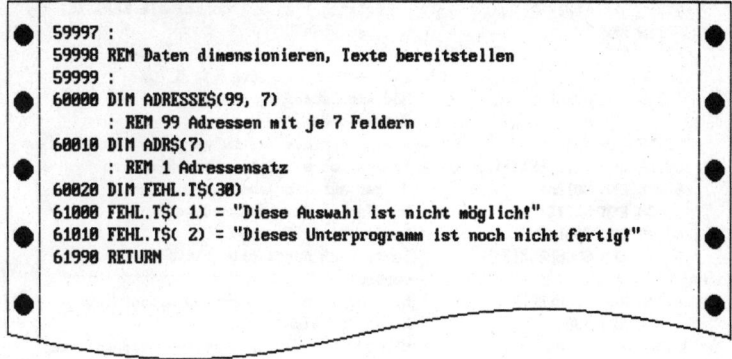

```
59997 :
59998 REM Daten dimensionieren, Texte bereitstellen
59999 :
60000 DIM ADRESSE$(99, 7)
     : REM 99 Adressen mit je 7 Feldern
60010 DIM ADR$(7)
     : REM 1 Adressensatz
60020 DIM FEHL.T$(30)
61000 FEHL.T$( 1) = "Diese Auswahl ist nicht möglich!"
61010 FEHL.T$( 2) = "Dieses Unterprogramm ist noch nicht fertig!"
61990 RETURN
```

Es empfiehlt sich, am Programmende eine Liste aller verwendeten
Variablen mit Angabe ihrer Bedeutung anzufügen. Die Übersicht-
lichkeit des Programms wird so erheblich erhöht. Diese Liste wird bei
der Entwicklung des Programms laufend ergänzt.

```
61997 :
61998 REM Alle Variablen
61999 :
62000 REM ADR$(  )          = Matrix eines Adresssatzes
62010 REM      1            = Name
62020 REM      2            = Vorname
62030 REM      3            = Straße, Hausnr.
62040 REM      4            = PLZ
62050 REM      5            = Wohnort
62060 REM      6            = Telefon
62070 REM      7            = Geburtsdatum
62080 REM ADRESSE$( , )     = Matrix der 99 Sätze
62090 REM DATEI.EXISTIERT%  = Flagge, ob Datei existiert (0=nein,1=ja)
62100 REM DATEI.GEAENDERT%  = Flagge, ob die Datei geändert wurde
62110 REM DATEINAME$        = Dateiname
62120 REM DATEINAME.ALT$    = Alter Dateiname
62130 REM DATEINAME.NEU$    = Neuer Dateiname
62140 REM DAUER%            = Dauer einer Warteschleife
62150 REM EIN               = Eingabewert für Realwerte
62160 REM EIN%              = Eingabewert für Integerwerte
62170 REM EINTEXT$          = Eingabewert für Zeichenketten
62180 REM FEHLERNR%         = Nr. des Textes der Fehlertabelle
62190 REM FEHL.T$(  )       = Tabelle der Fehlertexte
```

```
62200 REM GEBTAG%(   )      = Geburtstag (Tag und Monat) als Zahl
62210 REM I%                = Laufvariable
62220 REM J%                = Laufvariable
62230 REM LAUFWERK$         = Laufwerksbezeichnung (A, B, C)
62240 REM MAXMENUE%         = Höchster zulässiger Wert in einer
                              Menüeingabe
62250 REM MAX.SATZ%         = Anzahl der maximal zu verwaltenden Sätze
62260 REM SATZ.EXISTIERT%   = Flagge, ob ein Datensatz existiert
62270 REM SATZNR%           = Zeiger auf den jeweiligen Satz
62280 REM SEITE%            = Nr. der zu druckenden Seite
62290 REM SPALTE%           = Spalte einer Eingabe
62300 REM SUCHBEGRIFF$      = Text, nach denen Datensätze durchsucht
                              werden
62310 REM SUCHFELD%         = Nr. des zu durchsuchenden Datenfeldes
62320 REM SUCHLAENGE%       = Länge in Zeichen
62330 REM VERWEIS%(   )     = Hinweis für die Geburtstagsliste auf die
                              Position in der Adressdatei
62340 REM ZEILE%            = Zeile einer Eingabe
62350 REM ZEIT$             = Variable zur Rettung der aktuellen Zeit
```

4.4 Hauptmenü

Im Hauptmenü sind die Leistungen des Adressenverwaltungsprogramms mit den entsprechenden Wahlmöglichkeiten auf dem Bildschirm auszugeben. Die Bildschirmausgabe wird wie folgt codiert:

```
11000 LOCATE 5, 10 : COLOR 0, 7 :
      PRINT "H a u p t m e n ü" : COLOR 7,0
11010 LOCATE 8, 10 : PRINT "1 = Dateidienste"
11020 LOCATE 9, 10 : PRINT "2 = Bildschirm - Ausgaben "
11030 LOCATE 10, 10 : PRINT "3 = Drucker - Ausgaben "
11040 LOCATE 11, 10 : PRINT "4 = Datensatz korrigieren"
11050 LOCATE 12, 10 : PRINT "5 = Datensatz einfügen"
11060 LOCATE 13, 10 : PRINT "6 = Datensatz löschen"
11070 LOCATE 15, 10 : PRINT "9 = Programmende"
11090 RETURN
```

4.5 Menüauswahl einlesen

Nach der Auflistung des Menüs muß die vom Nutzer gewählte Ziffer
eingelesen werden. Sie ist Grundlage für die spätere Verzweigung in
das Unterprogramm, in dem die gewünschte Funktion programmiert
ist.

```
32997 :
32998 REM Eingabe Menünummer
32999 :
33000 LOCATE 22, 10 : PRINT "Geben Sie die gewünschte Nummer ein:"
33010 ZEILE% = 22 : SPALTE% = 50 : LAENGE% = 1 : EIN% = 0
33020 GOSUB 30000
      : REM Eingabe Integerwerte
33030 IF (EIN% <> 9) AND ((EIN% < 1) OR (EIN% > MAXMENUE%))
          THEN FEHLERNR% = 1 : GOSUB 21000 :
              GOTO 33000
33100 LOCATE 21, 10 : PRINT STRING$(69, " ");
33110 LOCATE 22, 10 : PRINT STRING$(69, " ");
33990 RETURN
```

Die Aufforderung "Geben Sie die gewünschte Nummer ein:" (Zeile
33000) erfolgt immer in der Bildschirmzeile 22. Mit Hilfe der Variablen ZEILE% und SPALTE% wird die Bildschirmposition für die
Eingabe der Auswahlziffer auf die Werte 22 und 50 festgelegt. Die
Länge des Eingabewertes ist auf eine Stelle begrenzt (LAENGE% =
1). Als Vorgabewert für die Variable EIN% wurde 0 gewählt, damit
das Programm bei einer Betätigung der <RETURN>-Taste ohne
Eingabe nicht abstürzt. Die tatsächliche Eingabe der Auswahlziffer erfolgt im Unterprogramm "Ganzzahl eingeben" (Zeile 30000–30990).
Der Eingabewert wird kontrolliert. Ist er ungleich 9 und außerdem
kleiner als 1 oder größer als der in MAXMENUE% gespeicherte
Wert (höchster zulässiger Auswahlwert des Menüs), so ist die Eingabe ungültig. In diesem Fall wird über die Variable FEHLERNR%
mit dem Wert 1 der Aufruf der Fehlerroutine (ab Zeile 21000) veranlaßt. Danach ist die Eingabe zu wiederholen (Rücksprung zur Zeile
33000).

Ist die Eingabe zulässig, werden die Ausgaben in den Zeilen 22 (Hinweistext) und eventuelle Kommentare in der Zeile 21 gelöscht. Über den Befehl RETURN erfolgt der Rücksprung in den aufrufenden Programmteil. Entsprechend dem Wert von EIN% wird in das gewählte Programmmodul verzweigt.

4.6 Unterprogramme "Ganzzahl eingeben" und "Texte eingeben"

Im weiteren Programm ist neben der Ganzzahl-Eingabe die Eingabe von Texten notwendig. Beide Unterprogramme sind in ihrer Struktur ähnlich. Hauptziel ist es, den Eingabebereich optisch hervorzuheben. Dabei ergibt sich folgende Codierung:

```
29997 :
29998 REM Unterprogramm Ganzzahl eingeben
29999 :
30000 COLOR 0, 7
30010 LOCATE ZEILE%, SPALTE%    : PRINT EIN%;
30020 LOCATE ZEILE%, SPALTE% -1 : INPUT EIN%
30030 COLOR 7, 0
30990 RETURN
```

```
31997 :
31998 REM Unterprogramm Zeichenkette eingeben
31999 :
32000 COLOR 0, 7
32010 LOCATE ZEILE%, SPALTE%    : PRINT EINTEXT$;
32020 LOCATE ZEILE%, SPALTE% -2 : INPUT EINTEXT$
32030 IF LEN(EINTEXT$) < LAENGE%
        THEN EINTEXT$ = EINTEXT$ +STRING$(LAENGE% -LEN(EINTEXT$), " ")
32040 COLOR 7, 0
32990 RETURN
```

Bei dem Aufruf des Unterprogramms "Zeichenkette eingeben" wird
die Länge der Eingabe durch LAENGE% vorgegeben. Optisch hervorgehoben wird die Eingabestelle durch den COLOR-Befehl. Durch
die Eingabe eines Textes (Zeile 32Ø2Ø: INPUT EINTEXT$) wird
diese Vorgabe überschrieben.

■ LEN(Zeichenkette)

Ist die tatsächliche Länge des Textes kürzer als die Vorgabe in
LAENGE%, so wird der Rest mit Leerzeichen aufgefüllt (Zeile
32Ø3Ø). Zu diesem Zweck erfolgt eine Abfrage (IF LEN(EINTEXT$)
< LAENGE%..). LEN(Zeichenkette) ermittelt die Länge einer Zei-
chenkette. LAENGE% – LEN(EINTEXT$) ermittelt die Anzahl
der durch EINTEXT$ nicht überschriebenen und mit Leerzeichen
aufzufüllenden Anzahl von Zeichen.

■ STRING$(Anzahl,Zeichen)

Durch die Funktion STRING$(Anzahl,Zeichen) wird ein Zeichen
entsprechend der vorgegebenen Anzahl wiederholt dargestellt. In
diesem Programmodul wird die Zeichenkette EINTEXT$, die kürzer
als die Vorgabe durch LAENGE% ist, mit Leerzeichen aufgefüllt.
Diese Programmbausteine für die Eingabe werden später durch Eingaberoutinen ersetzt, die eine bessere Plausibilitätsprüfung ermöglichen.

Übungen 4a

1. Welche Bedeutung haben die beiden folgenden BASIC-Befehle:
   a) KEY OFF _____

   _____

   b) KEY ON _____

   _____

2. In einem Unterprogramm soll an der Bildschirmposition Zeile
   2, Spalte 6Ø die Meldung "Diskettenzugriff" ausgegeben werden. Der Text soll dunkel vor einem hellen Hintergrund erscheinen (monochromer Bildschirm).

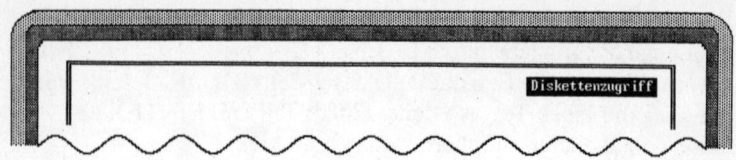

a) Notieren Sie die Folge der BASIC-Befehle!

b) Die Textausgabe soll blinken. Notieren Sie die Folge der BA-
SIC-Befehle!

3. In Kapitel 4.6 wurden zwei Unterprogramme "Ganzzahl eingeben" und "Texte eingeben" vorgestellt. Zur Vervollständigung
des Programms fehlt noch eine Routine zur Eingabe von Realzahlen.
Orientieren Sie sich am Beispiel des Unterprogramms zur Eingabe der Ganzzahlen!
Notieren Sie die Programmzeilen!
30997
30998
30999
31000
31010
31020
31030
31990

Lösungen 4a

1. Welche Bedeutung haben die beiden folgenden BASIC-Befehle:
a) KEY OFF *Hiermit wird die Anzeige der Funktionstastenbele-*
gung in der 25. Bildschirmzeile ausgeschaltet.
b) KEY ON *Hiermit wird die Anzeige der Funktionstastenbele-*
gung wieder eingeschaltet.

2. In einem Unterprogramm soll an der Bildschirmposition Zeile 2, Spalte 6Ø die Meldung "Diskettenzugriff" ausgegeben werden. Der Text soll dunkel vor einem hellen Hintergrund erscheinen (monochromer Bildschirm).

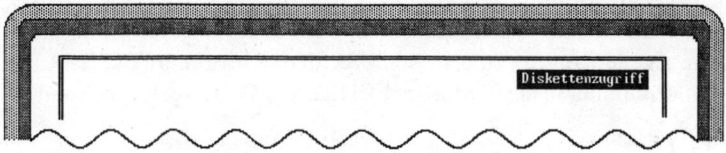

a) Notieren Sie die Folge der BASIC-Befehle!

```
20 LOCATE 2,60 : COLOR 0,7: PRINT "Diskettenzugriff": COLOR 7,0
```

b) Die Textausgabe soll blinken. Notieren Sie die Folge der BASIC-Befehle!

```
20 LOCATE 2,60 : COLOR 16,7: PRINT "Diskettenzugriff": COLOR 7,0
```

3. In Kapitel 4.6 wurden zwei Unterprogramme "Ganzzahl eingeben" und "Texte eingeben" vorgestellt. Zur Vervollständigung des Programms fehlt noch eine Routine zur Eingabe von Realzahlen.
Orientieren Sie sich am Beispiel des Unterprogramms zur Eingabe der Ganzzahlen!
Notieren Sie die Programmzeilen!

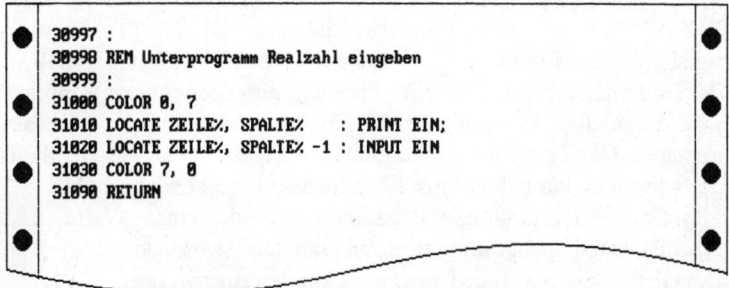

```
30997 :
30998 REM Unterprogramm Realzahl eingeben
30999 :
31000 COLOR 0, 7
31010 LOCATE ZEILE%, SPALTE%    : PRINT EIN;
31020 LOCATE ZEILE%, SPALTE% -1 : INPUT EIN
31030 COLOR 7, 0
31090 RETURN
```

4.7 Hilfsroutinen "Fehlertext" und "Warteschleife"

In einem benutzerfreundlichen Programm ist es üblich, bei Fehleingaben genau formulierte Fehlerhinweise zu geben. Die Vielzahl der Fehlermeldungen macht es sinnvoll, zur Steuerung dieser Ausgaben eine eigene Routine zu erstellen. Vor dem Aufruf muß die jeweilige Fehlernummer in der Variablen FEHLERNR% festgelegt werden.

```
20997 :
20998 REM Fehlertext ausgeben
20999 :
21000 COLOR 0, 7
21010 LOCATE 23, 10 : PRINT FEHL.T$(FEHLERNR%);
21020 BEEP
21030 DAUER% = 3 : GOSUB 22000
      : REM Warteschleife mit 3 Sekunden
21040 COLOR 7, 0
21050 LOCATE 23, 2 : PRINT STRING$(78, " ");
      : REM Meldung löschen
21090 RETURN
```

Die jeweiligen Texte werden ab Zeile 61000 in die Bereichsvariable FEHL.T$( ) eingetragen. Über die Fehlernummer (Variable FEHLERNR%) wird aus der Bereichsvariablen FEHL.T$( ) der zugehörige Fehlertext ausgewählt und entsprechend der Anweisung 21010 an der Bildschirmposition Zeile 23, Spalte 10 ausgegeben. Der Benutzer wird durch einen Piepton (21020 BEEP) auf den Fehler aufmerksam gemacht. Der Text wird 3 Sekunden lang angezeigt und anschließend gelöscht. Nun kann der Nutzer die Eingabe korrekt wiederholen.

Um flexibel im gesamten Programm sekundengenau Warte- und Anzeigezeiten programmieren zu können, wird der Variablen DAUER% die jeweilige Dauer in Sekunden zugewiesen.

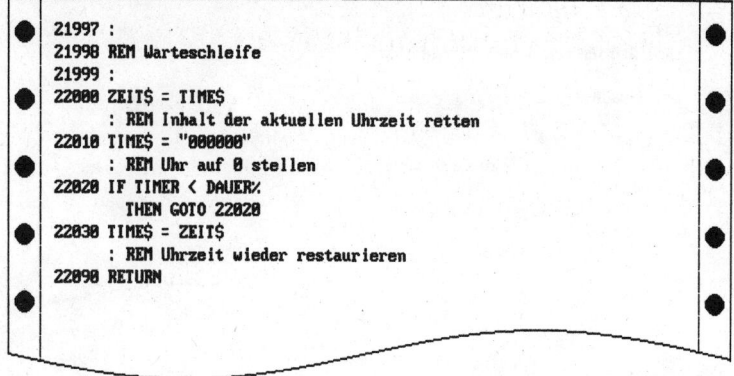

```
21997 :
21998 REM Warteschleife
21999 :
22000 ZEIT$ = TIME$
     : REM Inhalt der aktuellen Uhrzeit retten
22010 TIME$ = "000000"
     : REM Uhr auf 0 stellen
22020 IF TIMER < DAUER%
     THEN GOTO 22020
22030 TIME$ = ZEIT$
     : REM Uhrzeit wieder restaurieren
22090 RETURN
```

Die Anweisung TIME$ = "ØØØØØØ" stellt die interne Uhr auf null.
Diese Änderung ist auch auf der Betriebssystemebene wirksam. Um
die in der Uhr des Computers gespeicherte Zeitangabe zu erhalten,
wird die aktuelle Zeit in der Variable ZEIT$ gerettet. Nach Ende der
Warteschleife wird die aktuelle Zeit wieder restauriert (22Ø3Ø TIME$
= ZEIT$). Allerdings wird die Systemuhr bei jedem Aufruf um die
Wartezeit angehalten.

4.8 Die Unterprogramme der ersten Ebene –
vorerst ein Provisorium

Das Hauptprogramm aktiviert die Unterprogramme
- Dateidienste,
- Bildschirm-Ausgaben
- Drucker-Ausgaben
- Datensatz korrigieren
- Datensatz einfügen
- Datensatz löschen
- Programmende.

Diese Unterprogramme werden in den folgenden Kapiteln schrittweise entwickelt. Um das Gesamtprogramm lauffähig zu machen,
wird in diesen Unterprogrammen zunächst nur die Meldung "Dieses
Unterprogramm ist noch nicht fertig!" aktiviert.

```
1997 :
1998 REM Unterprogramm Dateidienste
1999 :
2000 GOSUB 20000
     : REM Rahmen
2010 GOSUB 12000
     : REM Menü Dateidienste ausgegen
2020 FEHLERNR% = 2 : GOSUB 21000
     : REM UP existiert noch nicht
2990 RETURN
```

```
2997 :
2998 REM Unterprogramm Bildschirm-Ausgaben
2999 :
3000 GOSUB 20000
     : REM Rahmen
3010 GOSUB 13000
     : REM Menü Ausgaben Bildschirm
3020 FEHLERNR% = 2 : GOSUB 21000
     : REM UP existiert noch nicht
3990 RETURN
```

```
3997 :
3998 REM Unterprogramm Ausgaben - Drucker
3999 :
4000 GOSUB 20000
     : REM Rahmen
4010 GOSUB 14000
     : REM Menü Ausgaben Bildschirm
4020 FEHLERNR% = 2 : GOSUB 21000
     : REM UP existiert noch nicht
4990 RETURN
```

```
4997 :
4998 REM Unterprogramm Datensatz korrigieren
4999 :
5000 GOSUB 20000
     : REM Rahmen
5010 GOSUB 15000
     : REM Menü Datensatz korrigieren
5020 FEHLERNR% = 2 : GOSUB 21000
     : REM UP existiert noch nicht
5990 RETURN
```

```
5997 :
5998 REM Unterprogramm Datensatz einfügen
5999 :
6000 GOSUB 20000
     : REM Rahmen
6010 GOSUB 16000
     : REM Menü Datensatz einfügen
6020 FEHLERNR% = 2 : GOSUB 21000
     : REM UP existiert noch nicht
6990 RETURN
```

```
6997 :
6998 REM Unterprogramm Datensatz Löschen
6999 :
7000 GOSUB 20000
     : REM Rahmen
7010 GOSUB 17000
     : REM Menü Datensatz löschen
7020 FEHLERNR% = 2 : GOSUB 21000
     : REM UP existiert noch nicht
7990 RETURN
```

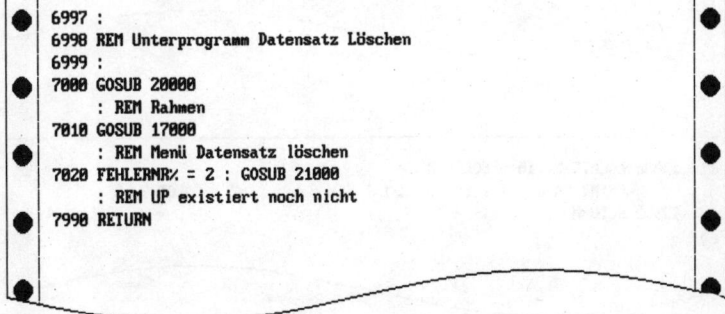

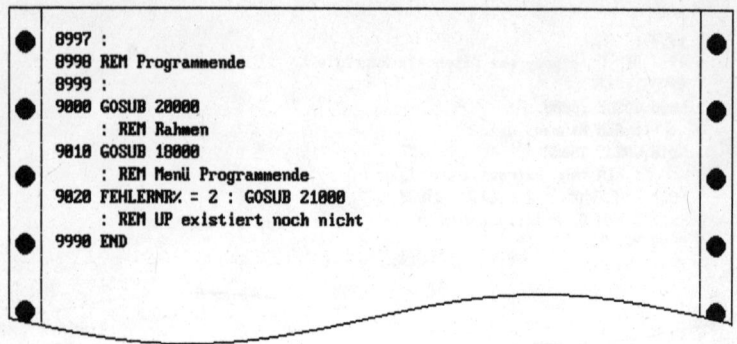

```
8997 :
8998 REM Programmende
8999 :
9000 GOSUB 20000
     : REM Rahmen
9010 GOSUB 18000
     : REM Menü Programmende
9020 FEHLERNR% = 2 : GOSUB 21000
     : REM UP existiert noch nicht
9990 END
```

Nach der Ausgabe eines Kopftextes und der Meldung erfolgt die Rückkehr zum Hauptprogramm.

In den vorliegenden Unterprogrammen wird über den Befehl GOSUB (GOSUB 12000, GOSUB 13000, ... GOSUB 18000) der jeweilige Menütext aufgerufen. Zu diesem Zeitpunkt können nur die Überschriften dieser Menütexte ausgegeben werden. Die jeweils notwendigen Texte für Untermenüs, die die Leistung des Unterprogramms angeben, werden erst bestimmt, wenn das Unterprogramm codiert wird.

```
12000 LOCATE 2, 10 : COLOR 0, 7 :
      PRINT "D a t e i d i e n s t e" : COLOR 7, 0
12090 RETURN
```

```
13000 LOCATE 2, 10 : COLOR 0, 7 :
      PRINT "A u s g a b e n   B i l d s c h i r m" : COLOR 7, 0
13090 RETURN
```

```
14000 LOCATE 2, 10 : COLOR 0, 7 :
      PRINT "A u s g a b e n   D r u c k e r" : COLOR 7, 0
14090 RETURN
```

```
15000 LOCATE 2, 10 : COLOR 0, 7 :
      PRINT "D a t e n s a t z   k o r r i g i e r e n" : COLOR 7, 0
15090 RETURN
```

```
16000 LOCATE 2, 10 : COLOR 0, 7 :
      PRINT "D a t e n s a t z   e i n f ü g e n" : COLOR 7, 0
16090 RETURN
```

```
17000 LOCATE 2, 10 : COLOR 0, 7 :
      PRINT "D a t e n s a t z   l ö s c h e n" : COLOR 7, 0
17090 RETURN
```

```
18000 LOCATE 2, 10 : COLOR 0, 7 :
      PRINT "P r o g r a m m e n d e" : COLOR 7, 0
18090 RETURN
```

Übungen 4b

In Kapitel 4.8 sind Unterprogramme codiert, die über die Sprung-
adresse 20000 die Routine "Rahmen" aufrufen. Hierdurch soll
der Bildschirm optisch besser hervorgehoben werden. Codieren
Sie das Unterprogramm "Rahmen" entsprechend der folgenden
Abbildung! Die Positionsangaben beziehen sich auf die Eckpunkte des Rahmens.

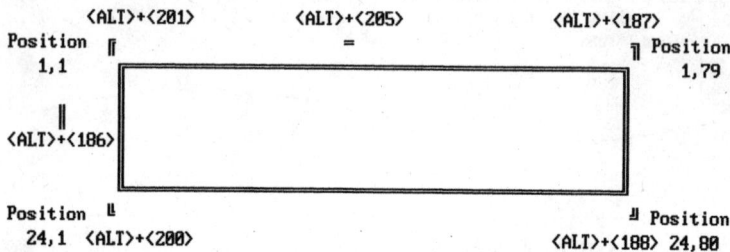

Lösungen 4b

In Kapitel 4.8 sind Unterprogramme codiert, die über die Sprung-
adresse 20000 die Routine "Rahmen" aufrufen. Hierdurch soll
der Bildschirm optisch besser hervorgehoben werden. Codieren
Sie das Unterprogramm "Rahmen" entsprechend der folgenden
Abbildung! Die Positionsangaben beziehen sich auf die Eckpunkte des Rahmens.

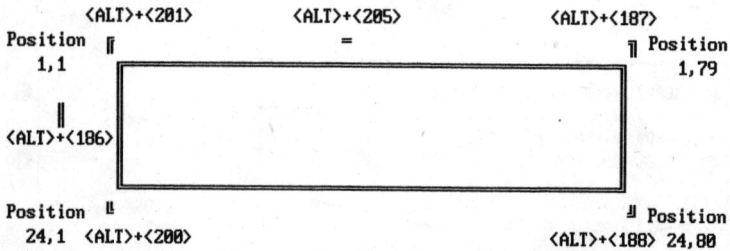

```
19997 :
19998 REM Rahmen
19999 :
20000 CLS
20010 LOCATE 1, 1 : PRINT "▊";
20020 FOR I = 2 TO 79 :
        PRINT "="; :
      NEXT I
20030 PRINT "▜";
20040 FOR I = 2 TO 24
20050   LOCATE I,  1 : PRINT "▌";
20060   LOCATE I, 80 : PRINT "▐";
20070 NEXT I
20080 LOCATE 25, 1 : PRINT "▙";
20100 FOR I = 2 TO 79 :
        PRINT "="; :
      NEXT I
20110 PRINT "▟";
20990 RETURN
```

Aufgabe:

Speichern Sie die in Kapitel 4 erstellten Programmodule zum Adressenverwaltungsprogramm unter dem Dateinamen "adr∅_∅",A (A = im ASCII-Code) auf Ihre Datendiskette.

Der Dateiname "adr∅_∅" wurde gewählt als Hinweis auf den Entwicklungsstand des vorliegenden Programms (Version ∅, Entwicklungsstand ∅ = Ausgangsbasis). Im weiteren Verlauf der Programmentwicklung werden die Entwicklungsstufen, z. B. "adr∅_1", fortgeschrieben. Sind alle notwendigen Module programmiert, erhält das Gesamtprogramm den Dateinamen "adr1_∅", d. h. Version 1, Entwicklungsstand ∅. Weitere Verbesserungen können dann sowohl über den Entwicklungsstand als auch über die Version verdeutlicht werden.

5 DATEIDIENSTE – ENTWICKLUNG DER SEQUENTIELLEN DATEIVERWALTUNG

Im Eröffnungsmenü des Hauptprogramms hat der Nutzer die Möglichkeit, die verschiedenen Dateidienste aufzurufen.

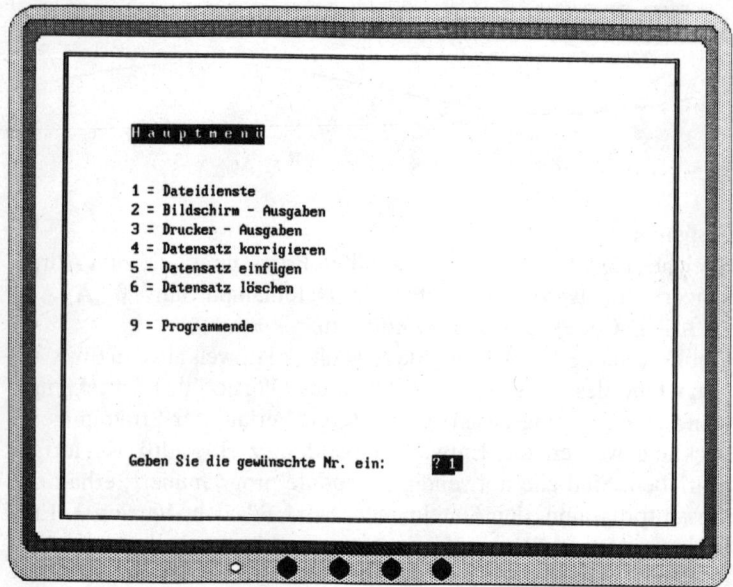

Damit das Programm bei einer Anwahl der Dateidienste nicht abstürzt, haben wir provisorisch die Meldung "Dieses Unterprogramm ist noch nicht fertig" programmiert. In diesem Kapitel wird die erste Programmfunktion "Dateidienste" mit allen notwendigen Routinen programmiert und in das Gesamtprogramm eingebunden.

5.1 Einbindung von Modulen durch die Anweisung MERGE "..."

Die Einbindung von Programmodulen kann erfolgen, indem der Programmierer die einzelnen Module sofort in das Hauptprogramm einfügt. Diese Methode ist bei so umfangreichen Programmen nicht ratsam, da beim Listen der neu erstellten Programmteile alle anderen Programmteile mit angezeigt werden. Ausgeschlossen wird dies nur durch eine Bereichsvorgabe beim LIST-Befehl, was auf die Dauer sehr umständlich ist. Noch problematischer ist diese Methode beim Testen von Programmteilen. Entweder läuft bei dem Befehl RUN das ganze Programm ab, oder der Programmierer testet wieder über Bereichsvorgaben Teile des Programms. Zweckmäßiger ist die Programmierung von eigenständigen Modulen und deren nachträgliche Einbindung in das Gesamtprogramm.

Aufgabe:
Alle in diesem Kapitel entwickelten Programmbausteine sind als ein eigenständiges Programm zu schreiben und unter dem Dateinamen "erw∅_1",A (A = im ASCII-Code) zu speichern.

▧ MERGE

BASIC unter MS-DOS bietet über den MERGE-Befehl die Möglichkeit, auf Diskette oder Festplatte gespeicherte Programmteile in ein im Arbeitsspeicher befindliches Programm einzubinden. Dabei ist folgendermaßen vorzugehen:

Arbeitsschritte	Befehl/Eingabe
1. Arbeitsspeicher löschen	NEW
2. bisheriges Programm laden	LOAD"adr∅_∅"
3. Programmerweiterung einbinden	MERGE"erw∅_1"
4. Programm testen	RUN
5. erweitertes Programm abspeichern	SAVE"adr∅_1",A

Aus der Bezeichnung "adr∅_1" ist zu erkennen, daß die erste Erweiterung (Dateidienste) in das Programm eingebunden wurde.

Auch in den folgenden Kapiteln, in denen die weiteren Programmfunktionen für die Adreßverwaltung codiert werden, ist nach dieser Methode zu verfahren.

5.2 Von Menü zu Menü

Ruft der Nutzer im Hauptmenü den Punkt "Dateidienste" über die Eingabe einer <1> auf, so soll folgendes Untermenü erscheinen:

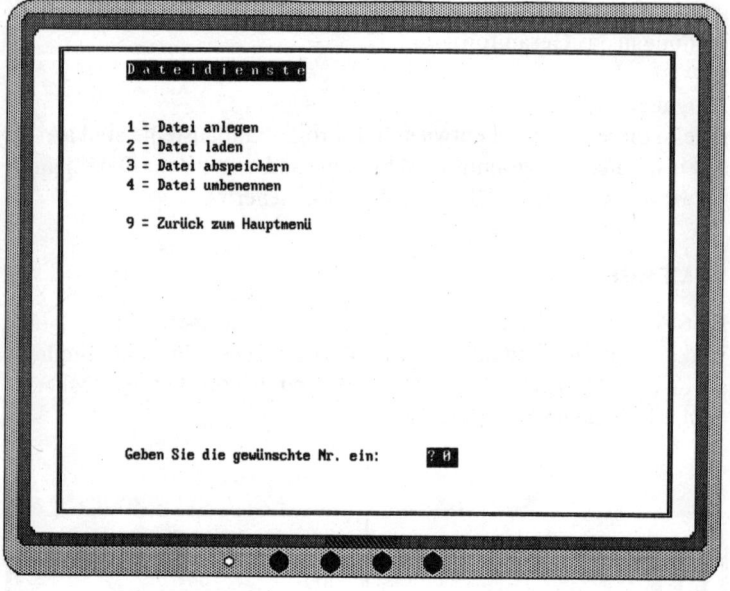

In diesem Untermenü werden vier Auswahlmöglichkeiten angeboten. An das Unterprogramm "Eingabe Menünummer" (Zeile 33∅∅∅) muß für die Plausibilitätsprüfung der Auswahlnummer der maximal zulässige Wert angegeben werden. Daher ist zu Beginn dieses Programmoduls wie folgt zu codieren:

```
2020 MAXMENUE% = 4 : GOSUB 33000
     : REM Eingabe der Menünummer
2030 IF EIN% = 9
        THEN GOTO 2980
     : REM UP-Ende
2040 ON EIN%
        GOSUB 2100, 2200, 2300, 2400
2050 GOTO 2000
```

Die Zeilen 2000 (Rahmen), 2010 (Überschrift "Dateidienste") und
2990 (RETURN) wurden bereits in dem provisorischen Modul des
Hauptprogramms codiert und können so übernommen werden. Die
Standardfehlermeldung, die dort durch die Zeile 2020 aufgerufen
wurde, wird nun überschrieben.

In Abhängigkeit von dem gewählten Menüwert verzweigt dieses Modul in die einzelnen Unterprogramme mit den entsprechenden Dateidiensten (Zeile 2040). Nach Ausführung der gewählten Funktion wird
dieses Menü erneut aufgerufen (Zeile 2050). Der Nutzer kann dieses
Modul dann durch die Eingabe einer <9> (Ende des Moduls) verlassen. Er kehrt damit in das Hauptmenü zurück.

In diesem Zusammenhang ist darauf hinzuweisen, daß aus Teilfunk-
tionen niemals eine Beendigung des Programms erfolgen darf. Es darf
nur eine Möglichkeit geben, ein Programm oder aber auch einen Programmteil zu beenden. Bei Programmteilen erfolgt immer über die
Ziffer <9> eine Rückkehr zum aufrufenden Programm. Im Hauptprogramm wird durch diese Eingabe der Programmlauf beendet.

Die Ausgabe der Texte im Untermenü "Dateidienste" wird wie folgt
codiert:

```
12010 LOCATE 5, 10 : PRINT "1 = Datei anlegen"
12020 LOCATE 6, 10 : PRINT "2 = Datei laden"
12030 LOCATE 7, 10 : PRINT "3 = Datei abspeichern"
12040 LOCATE 8, 10 : PRINT "4 = Datei umbenennen"
12050 LOCATE 10, 10 : PRINT "9 = Zurück zum Hauptmenü"
```

Die Zeilen 12000 (Überschrift des Menüs Dateidienste) und 12090 (RETURN) wurden bereits in Kapitel 4 codiert.

Die Verbindung des Hauptprogramms zu den einzelnen Dateidiensten und die Rückkehr erfolgt immer nach dem folgenden Schema:

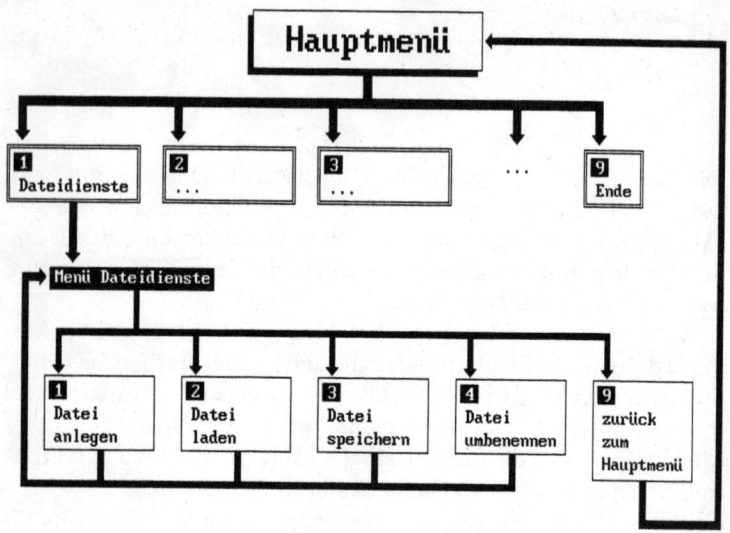

5.3 Dateidienste – Datei anlegen

Ruft der Nutzer aus dem Untermenü "Dateidienste" über die Ziffer <1> die Funktion "Datei anlegen" auf, so soll auf dem Bildschirm folgende Eingabemaske erscheinen:

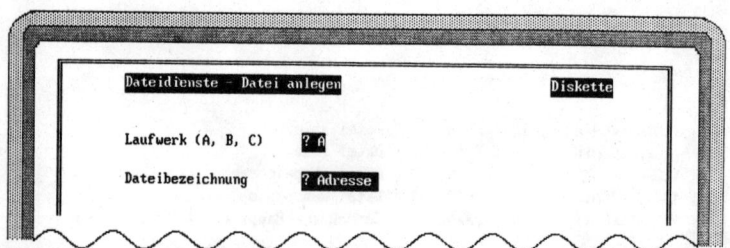

Die Codierung dieses Programmteils sieht folgendermaßen aus:

```
2097 :
2098 REM Dateidienste - Datei anlegen
2099 :
2100 GOSUB 20000
     : REM Rahmen
2105 GOSUB 12100
     : REM Ausgabe der Texte für Anlegen der Datei
2110 IF DATEI.EXISTIERT% = 1
     THEN FEHLERNR% = 3 : GOSUB 21000 :
          GOTO 2190
2111 : REM Eine Datei ist bereits im Arbeitsspeicher vorhanden
2115 GOSUB 34000
     : REM Laufwerk und Dateiname einlesen
2120 SATZNR% = 0 : SATZZAHL% = 0
2125 GOSUB 50000
     : REM Satz in Matrix kopieren
2130 LOCATE 2, 65 : COLOR 16, 7 : PRINT "Diskette"; : COLOR 7, 0
2135 ON ERROR
     GOTO 23000
     : REM Routine zur Behandlung von Diskettenfehlern
2140 OPEN "O", #1, LAUFWERK$ +":" +DATEINAME$ +".SEQ"
2150 FOR I% = 1 TO 7 :
     WRITE #1, ADRESSE$(0, I%) :
     NEXT I%
2155 CLOSE #1
2160 DATEI.EXISTIERT% = 1
2180 LOCATE 2,65 : PRINT STRING$(8, " "); : REM löscht Text "Diskette"
2190 RETURN
```

Der Nutzer muß auswählen, auf welcher Diskette (A, B) oder Festplatte (C) die Datei gespeichert werden soll. Weiterhin muß der Dateiname eingegeben werden. Für diese Aufgabe werden ihm die entsprechenden Texte in einem Unterprogramm (Zeilen 12100–12190) zur Verfügung gestellt.

```
12100 LOCATE 2, 10 : COLOR 0, 7 :
      PRINT "Dateidienste - Datei anlegen" : COLOR 7, 0
12110 LOCATE 5, 10 : PRINT "Laufwerk (A, B, C)"
12120 LOCATE 7, 10 : PRINT "Dateibezeichnung"
12190 RETURN
```

Bevor die Eingabe erfolgt, soll geprüft werden, ob bereits eine Datei im Arbeitsspeicher vorhanden ist. In einem solchen Fall hat die Variable DATEI.EXISTIERT% den Wert 1 (Zeile 211Ø). Hierdurch wird die Fehlermeldung "Datei wurde bereits angelegt" über den Bildschirm ausgegeben und ein Rücksprung in das Untermenü "Dateidienste" veranlaßt.

Nach dem Anlegen der Datei muß der Variablen DATEI.EXISTIERT% der Wert "1" zugewiesen werden (Zeile 216Ø), damit in diesem Programmlauf keine weitere Datei angelegt werden kann. Dieses Programm kann nicht gleichzeitig mehrere Adreßdateien verwalten.

Die Eingabe von Laufwerks- und Dateibezeichnung kann erfolgen, wenn im Arbeitsspeicher keine Datei vorhanden ist. Sie erfolgt über die Variable EINTEXT$, auf die die Routine zur Eingabe von Texten (Zeile 32ØØØ–3299Ø) zugreift. Nach Abarbeitung dieser Routine wird der Inhalt von EINTEXT$ der Variablen LAUFWERK$ bzw. DATEINAME$ zugewiesen.

```
33997 :
33998 REM Laufwerk und Dateiname einlesen
33999 :
34000 ZEILE% = 5 : SPALTE% = 35 : LAENGE% = 1 : EINTEXT$ = " "
34010 GOSUB 32000 : LAUFWERK$ = EINTEXT$
34020 ZEILE% = 7 : SPALTE% = 35 : LAENGE% = 8 : EINTEXT$ = "        "
34030 GOSUB 32000 : DATEINAME$ = EINTEXT$
      : REM Dateiname lesen
34090 RETURN
```

Vor Eröffnung und Anlage der Datei wird den Variablen SATZNR% (enthält die Nummer des aktuellen Datensatzes) und SATZZAHL% (enthält die Anzahl der im Arbeitsspeicher vorhandenen Datensätze) der Wert Ø zugewiesen. Der Datensatz "Ø", der nur Leerzeichen enthält, dient als Maske für die Eingabe eines neuen Satzes. Er wird daher über den Befehl GOSUB 5ØØØØ in die Adreßmatrix (Bereichsvariable ADRESSE$(..,..) mit Name, Vorname usw.) kopiert.

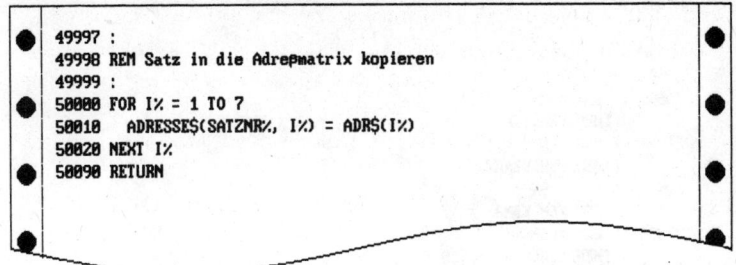

```
49997 :
49998 REM Satz in die Adreematrix kopieren
49999 :
50000 FOR I% = 1 TO 7
50010    ADRESSE$(SATZNR%, I%) = ADR$(I%)
50020 NEXT I%
50090 RETURN
```

Der Diskettenzugriff soll auf dem Bildschirm wie folgt angezeigt werden:

In Zeile 2 soll ab Spalte 65 blinkend (COLOR 16,7) das Wort "Diskette" erscheinen (Zeile 2130). Nach Ende des Diskettenzugriffs (Datei ist angelegt) wird diese Anzeige wieder gelöscht (Zeile 2180).

Treten bei dem Diskettenzugriff Fehler auf (z. B. Diskettenlaufwerk nicht geschlossen, Diskette nicht formatiert), stürzt normalerweise das Programm mit einer Fehlermeldung ab. Dieser Absturz wird durch die Anweisung ON ERROR in der Zeile 2135 abgefangen.

■ ON ERROR

Diese Anweisung dient dazu, bei Auftreten eines Fehlers zu einem bestimmten Programmteil zu verzweigen. Dieser Programmteil enthält üblicherweise Anweisungen, wie bei bestimmten Fehlern zu verfahren ist (siehe Abbildung Seite 62).

```
22997 :
22998 REM Routine zur Behandlung von Diskettenfehlern
22999 :
23000 IF ERR = 25
         THEN FEHLERNR% =  5
23010 IF ERR = 53
         THEN FEHLERNR% =  6
23020 IF ERR = 54
         THEN FEHLERNR% =  7
23030 IF ERR = 55
         THEN FEHLERNR% =  8
23040 IF ERR = 57
         THEN FEHLERNR% =  9
23050 IF ERR = 58
         THEN FEHLERNR% = 10
23060 IF ERR = 61
         THEN FEHLERNR% = 11
23070 IF ERR = 62
         THEN FEHLERNR% = 12
23080 IF ERR = 67
         THEN FEHLERNR% = 13
23090 IF ERR = 68
         THEN FEHLERNR% =  5
23100 IF ERR = 70
         THEN FEHLERNR% = 14
23110 IF ERR = 71
         THEN FEHLERNR% = 15
23120 IF ERR = 76
         THEN FEHLERNR% = 16
23170 CLOSE
23180 FEHLER% = 1 : GOSUB 21000
23190 RESUME 2980
         : REM Sprung zum Ende des Unterprogramms
```

Beispiel:
Wurde vergessen, die Laufwerksklappe zu schließen, so wird vom
Computer der internen Variablen ERR (enthält einen Fehlercode)
der Wert 71 zugewiesen. Auf Grund dieses Wertes erhält die Variable
FEHLERNR% den Wert 15. Über die Ziffer 15 wird der Text
FEHL.T$(15) in der Fehlerroutine ("Keine Diskette vorhanden oder
Diskettenklappe offen!") aufgerufen.

Achtung: Die Fehlermeldung entspricht nicht bei allen Geräten bzw. allen BASIC-Dialekten genau der tatsächlichen Ursache.

Die Fehlertexte sowie die Zuweisungen zu Variablen werden am Schluß des Kapitels codiert.

Die Anweisung ON ERROR... bleibt im Arbeitsspeicher des Computers nach ihrem Aufruf so lange aktiv, bis ihr durch einen erneuten Aufruf (neuer ON-ERROR-Befehl) eine andere Fehlerroutine zugewiesen oder bis sie durch die Anweisung ON ERROR GOTO Ø ausgeschaltet wird. Die Fehlerroutine bearbeitet einen Fehler unabhängig davon, an welcher Stelle des Programms der Fehler auftritt.

Damit die Diskettenfehlerroutine wieder ausgeschaltet wird, ist vor dem Rücksprung in das aufrufende Unterprogramm eine entsprechende Anweisung zu codieren. Hierzu dient die Zeile 298Ø:

298Ø ON ERROR GOTO Ø: REM Fehlerroutine ausschalten

Fehlt das Ausschalten der Fehlerroutine, wird jeder Fehler, auch beispielsweise ein Programmierfehler, der zu einem Syntax-Error führt, über diese Routine abgefangen. Die Fehlersuche und Korrektur des Programms wird dadurch erschwert.

■ RESUME

Die Rückverzweigung nach Auftreten eines Fehlers erfolgt über die Anweisung RESUME... Die Angabe der Zeilennummer bewirkt einen Sprung in die entsprechende Programmzeile (Zeile 298Ø RETURN). Da nach dem Öffnen der Datei (Zeile 214Ø) ein Fehler auftreten kann, muß vorsorglich in die Routine zur Behandlung von Diskettenfehlern in Zeile 2317Ø das Schließen der Datei programmiert werden (CLOSE).

An Stelle einer Zeilennummer kann neben RESUME das Wort NEXT gesetzt werden. In diesem Fall erfolgt ein Sprung in die Programmzeile, die der Anweisung folgt, durch die der Fehler verursacht wurde.

■ OPEN

Bei der sequentiellen Bearbeitung von Dateien sind immer folgende Arbeitsschritte durchzuführen:

1. Schritt: Öffnen der Datei
2. Schritt: Lesen der Datensätze in den Arbeitsspeicher
3. Schritt: Schließen der Datei
4. Schritt: Datensätze bearbeiten (zufügen, löschen, ändern)
5. Schritt: Öffnen der Datei
6. Schritt: Schreiben der Datensätze auf den externen Speicher
7. Schritt: Schließen der Datei

Das Anlegen einer neuen Datei erfordert deren Öffnung auf dem externen Speicher. Durch die Öffnung wird dem Betriebssystem mitgeteilt, daß unter dem angegebenen Dateinamen auf dem angegebenen Laufwerk eine Datei zu speichern ist.
Die allgemeine Form des Öffnungsbefehls lautet:

OPEN "Modus", #Dateinummer, Dateiname mit Laufwerksangabe

Achtung: Der Nutzer muß darauf achten, daß auf diesem Datenspeicher nicht eine Datei mit einem Dateinamen angelegt wird, der bereits für eine andere Datei verwendet wurde. Eine bereits existierende Datei wird ohne Warnung überschrieben, und ihr Inhalt ist unwiderruflich verloren.

Hinter dem Schlüsselwort OPEN ist der Modus anzugeben, in dem die Öffnung erfolgen soll. BASIC läßt folgende Möglichkeiten zu:

O = Output Ausgabe von Daten aus dem Arbeitsspeicher heraus in eine sequentielle Datei auf einen externen Datenspeicher.

I = Input Einlesen von Daten aus einer sequentiellen Datei auf einem externen Datenspeicher in den Arbeitsspeicher.

A = Append Anfügen von Datensätzen aus dem Arbeitsspeicher heraus an eine sequentielle Datei auf einem externen Datenspeicher.

R = Relativ Ein- oder Ausgabe von Daten von bzw. in eine Datei mit direktem Zugriff.

Hauptspeicher

Datei laden

INPUT

BASIC Programm

Adress- Datei

Nr.	Datensatz
1	Meier ...
2	Müller ...
3	Schulz ...
4	
...	
99	

Datei abspeichern

OUTPUT

DATEI.SEQ

---

alter Dateiinhalt

```
Heinz,Meier,Steinweg 51,4937,Lage
Egon,Müller,Erlenweg 12,4980,Bünde
Franz,Schulz,Bitgasse 1,4920,Lemgo
```

APPEND

Datei:
ADRESSE.SEQ

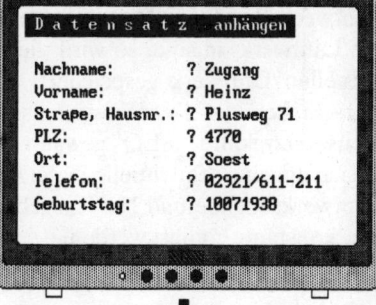

```
D a t e n s a t z   anhängen

Nachname:        ? Zugang
Vorname:         ? Heinz
Straße, Hausnr.: ? Plusweg 71
PLZ:             ? 4770
Ort:             ? Soest
Telefon:         ? 02921/611-211
Geburtstag:      ? 10071938
```

neuer Dateiinhalt

```
Heinz,Meier,Steinweg 51,4937,Lage
Egon,Müller,Erlenweg 12,4980,Bünde
Franz,Schulz,Bitgasse 1,4920,Lemgo
Heinz,Zugang,Plusweg 71,4770,Soest
```

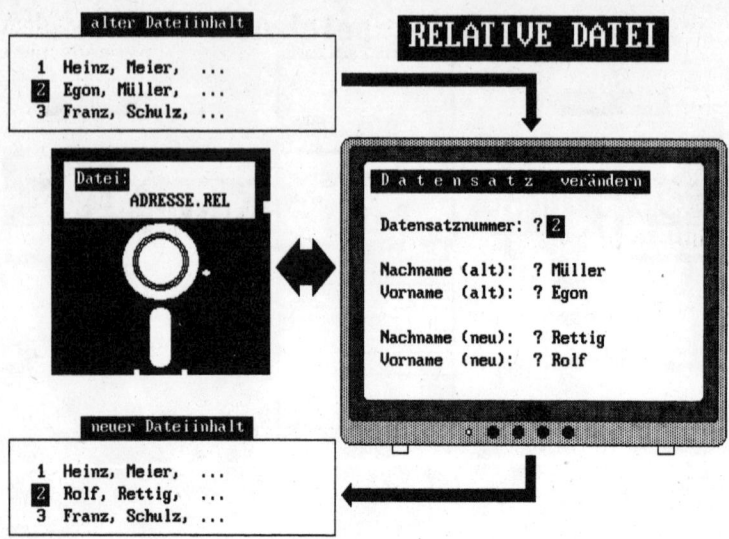

Nach der Angabe des Modus muß eine Dateinummer angegeben werden. Diese hat üblicherweise die Nummer 1. Sollen mehrere Dateien gleichzeitig verwaltet werden, so sind den einzelnen Dateien unterschiedliche Nummern zuzuordnen. Standardmäßig ist in BASIC der gleichzeitige Zugriff auf drei Dateien (Nr. #1, #2, #3) möglich.

Auf die Dateinummer folgt die Angabe des Dateinamens, dem eine Laufwerksangabe (z. B. A:) vorangestellt werden kann. Unterbleibt die Laufwerksangabe, so wird die Datei auf den Datenspeicher im aktuellen Laufwerk gespeichert. Bei der Namensbildung sind die Vorschriften des Betriebssystems MS-DOS zu beachten. Als Namenszusatz sollte ".SEQ" gewählt werden, um zu verdeutlichen, daß es sich um eine sequentielle Datei handelt.

Laufwerksangabe und Namensgebung können im OPEN-Befehl als Textkonstante codiert werden.

Beispiel: OPEN "O",#1,"A:ADRESSE.SEQ"

Unser Programm soll aber dem Nutzer die Möglichkeit bieten, mehrere verschiedene Dateien mit gleicher Datensatzstruktur zu verwalten, z. B. eine Datei mit privaten und eine andere mit beruflichen

Adressen. Daher sollen Laufwerks- und Dateiname erst nach dem Laden des Programms vom Nutzer in zwei Variablen mit den Namen LAUFWERK$ und DATEINAME$ eingegeben werden. In dem OPEN-Befehl müssen daher an Stelle des Laufwerks- und Dateinamens die Variablennamen LAUFWERK$ und DATEINAME$ eingebaut werden. Der Doppelpunkt hinter der Laufwerksangabe und der Namenszusatz ".SEQ" werden als Textkonstante eingefügt. Somit ergibt sich folgende Codierung der OPEN-Anweisung:

```
2140 OPEN "O", #1, LAUFWERK$ + ":" + DATEINAME$ + ".SEQ"
```

Hierdurch wird eine sequentielle Datei mit dem eingegebenen Namen auf dem Datenträger im gewählten Laufwerk angelegt.
So kann sich durch die Eingabe von "A" und "ADRESSE" der Dateiname "A:ADRESSE.SEQ" ergeben:

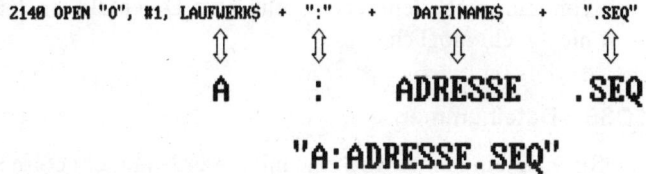

```
2140 OPEN "O", #1, LAUFWERK$ +   ":"    +   DATEINAME$    +   ".SEQ"
                       ⇩          ⇩             ⇩                ⇩
                       A      :       ADRESSE           .SEQ
```

"A:ADRESSE.SEQ"

■ WRITE #Dateinummer

Mit WRITE #1, ... werden die einzelnen Datenfelder nacheinander in die sequentielle Datei auf dem externen Datenspeicher geschrieben. Über #1 wird die Verbindung mit der Datei hergestellt, die mit dieser Dateinummer eröffnet wurde.
In unserem Programm erfolgt in Zeile 2150 die Übertragung eines leeren Datensatzes (Satznummer 0) für die Felder 1 bis 7 (Name, ... Geburtstag) in die Datei. Er steht bei der Dateiverwaltung immer als Leermaske zur Verfügung. Nach Eingabe von Datensätzen in der Funktion "Datensätze zufügen" erfolgt die Speicherung der dort eingegebenen Datenfelder auf der Diskette folgendermaßen:

Beispiel:

```
"Meierᴗᴗᴗᴗᴗᴗᴗᴗᴗᴗᴗᴗᴗᴗᴗ","Hansᴗᴗᴗᴗᴗᴗᴗᴗᴗᴗᴗᴗᴗᴗᴗᴗᴗ","Augsburger Straße 120ᴗᴗᴗᴗᴗᴗ
ᴗᴗ","8000","Münchenᴗᴗᴗᴗᴗᴗᴗᴗᴗᴗᴗᴗᴗᴗᴗᴗᴗ","089/743681ᴗᴗᴗᴗᴗᴗᴗᴗ","12021963"
```

Leerzeichen = ᴗ

Die Datensätze haben in unserem Beispiel somit immer eine feste Länge. Datenfeld für Datenfeld stehen hintereinander (Sequenz). Die Textteile in den Datenfeldern werden durch die Anweisung WRITE automatisch in Anführungszeichen gesetzt und, durch Kommata getrennt, auf der Diskette gespeichert. Dadurch ist sichergestellt, daß beim Laden der Datei von der Diskette eine exakte Zuordnung der Zeichenketten zu den zugehörigen Datenfeldern erfolgt.

Achtung: In einer Zeichenkette darf niemals ein Anführungszeichen verwendet werden, da es bei der Dateiverwaltung als Begrenzungszeichen gedeutet wird. Die exakte Zuordnung von Zeichenketten zum zugehörigen Datenfeld ist dann nicht mehr möglich.

■ CLOSE #Dateinummer

Mit CLOSE #Dateinummer wird eine mit dieser Nummer geöffnete Datei wieder geschlossen. Diese Anweisung ist für das Betriebssystem ein Signal, daß die Datei in der jetzigen Bearbeitung vollständig ist. Auf der Ebene des Betriebssystems erfolgt die vollständige Eintragung in das Inhaltsverzeichnis des Datenspeichers. Die Datei wird physikalisch geschlossen, indem eine Datei-Ende-Marke als letztes Zeichen an die Datenfelder angehängt wird. Ein erneuter Zugriff auf die Datei ist erst nach einer OPEN-Anweisung möglich.

In unserem Beispiel erfolgt die Schließung der Datei in Zeile 2155. CLOSE #1 schließt die mit #1 geöffnete Datei. Folgende Variationen des CLOSE-Befehls sind möglich:

CLOSE #1, #2, #3
schließt die unter #1, #2 und #3 geöffneten Dateien

CLOSE
schließt alle geöffneten Dateien

Übungen 5a

1. a) Mit welchem BASIC-Befehl sind eigenständig programmierte Module in ein bestehendes BASIC-Programm einzubinden?

_____

b) In welchem Modus müssen das bestehende Programm sowie die Programmerweiterung abgespeichert werden?

_____

2. Kreuzen Sie die richtigen Antworten zu dem Befehl "ON ER-
ROR..." an!
a) Diese Anweisung dient dazu, Fehlermeldungen zu verhin-
dern.   ☐
b) ON ERROR... verzweigt bei Auftreten eines Fehlers zu
einem Programmteil, der dazu dient, Fehlermeldungen ge-
zielt zu behandeln.   ☐
c) ON ERROR GOTO Ø unterdrückt die Fehlermeldung.   ☐
d) ON ERROR GOTO Ø schaltet die programmierte Fehlerbehandlung wieder aus.   ☐

3. Folgender Programmausschnitt liegt vor:

```
120 ON ERROR GOTO 1000
130 ....
200 ....
210 OPEN "I", #1, "TELEFON.SEQ"
220 IF FEHLER% = 1
    THEN FEHLER% = 0: RETURN
    : REM Abbruch
230 ....
1000 IF ERR <> 0
    THEN PRINT "Diskettenfehler!" : FEHLER% = 1
1010 RESUME NEXT
```

a) Im Programmlauf tritt bei der Öffnung der Datei (Zeile 21Ø)
ein Fehler auf. Was bewirkt in diesem Zusammenhang RE-
SUME NEXT?

_____
_____
_____
_____

b) Was bewirkt die BASIC-Anweisung in Zeile 21Ø?

_____

_____

_____

_____

c) In einem Programmodul lautet die Anweisung

122Ø OPEN "O",#1,"TELEFON.SEQ"

Wodurch unterscheidet sich diese Anweisung von der Anweisung in Zeile 22Ø?

_____

_____

_____

_____

4. Warum muß beim Schreiben von Datenfeldern in eine sequentielle Datei im WRITE-Befehl die Dateinummer (WRITE #1, ...)
angegeben werden?

_____

_____

_____

_____

5. Welche Wirkungen haben die folgenden Befehle?
   a) 89Ø CLOSE #1

_____

   b) 89Ø CLOSE

_____

_____

Lösungen 5a

1. a) Mit welchem BASIC-Befehl sind eigenständig programmierte Module in ein bestehendes BASIC-Programm einzubinden?

   Merge "Dateiname"

   b) In welchem Modus müssen das bestehende Programm sowie die Programmerweiterung abgespeichert werden?

   im ASCII-Modus   (SAVE "dateiname",A)

2. Kreuzen Sie die richtigen Antworten zu dem Befehl "ON ER-
ROR..." an!

a) Diese Anweisung dient dazu, Fehlermeldungen zu verhin-
dern. □

b) ON ERROR... verzweigt bei Auftreten eines Fehlers zu
einem Programmteil, der dazu dient, Fehlermeldungen ge-
zielt zu behandeln. ☒

c) ON ERROR GOTO Ø unterdrückt die Fehlermeldung. □

d) ON ERROR GOTO Ø schaltet die programmierte Fehlerbehandlung wieder aus. ☒

3. Folgender Programmausschnitt liegt vor:

```
120 ON ERROR GOTO 1000
130 ....
200 ....
210 OPEN "I", #1, "TELEFON.SEQ"
220 IF FEHLER% = 1
        THEN FEHLER% = 0: RETURN
    : REM Abbruch
230 ....
1000 IF ERR <> 0
        THEN PRINT "Diskettenfehler!" : FEHLER% = 1
1010 RESUME NEXT
```

a) Im Programmlauf tritt bei der Öffnung der Datei (Zeile 21Ø)
ein Fehler auf. Was bewirkt in diesem Zusammenhang RE-
SUME NEXT?

_Durch die Anweisung RESUME NEXT verzweigt das Pro-
gramm nach der Behandlung eines Fehlers zu der Anweisung (Zeile 22Ø), die der Anweisung folgt, die den Fehler
verursacht hat (Zeile 21Ø)._

b) Was bewirkt die BASIC-Anweisung in Zeile 21Ø?

_Die Datei TELEFON.SEQ wird geöffnet. Sie hat die interne
Dateinummer 1 (#1). Die Angabe "I" bewirkt, daß die Datei
für das Einlesen von Daten in den Arbeitsspeicher (input)
vorbereitet wird._

c) In einem Programmodul lautet die Anweisung

122Ø OPEN "O",#1,"TELEFON.SEQ"

Wodurch unterscheidet sich diese Anweisung von der Anweisung in Zeile 22Ø?

In diesem Fall wird die Datei "TELEFON.SEQ" geöffnet, damit Daten vom Arbeitsspeicher auf den externen Datenspeicher geschrieben (output) werden. Eine Datei mit diesem Namen wird hierdurch überschrieben.

4. Warum muß beim Schreiben von Datenfeldern in eine sequentielle Datei im WRITE-Befehl die Dateinummer (WRITE #1, ...) angegeben werden?
   Über die Dateinummer (#1) erfolgt die Verknüpfung zu der mit dieser Nummer im OPEN-Befehl geöffneten Datei. Dadurch ist sichergestellt, daß die Daten in die gewünschte Datei geschrieben werden.

5. Welche Wirkungen haben die folgenden Befehle?
   a) 89Ø CLOSE #1
      Die Datei mit #1 wird geschlossen.
   b) 89Ø CLOSE
      Alle in diesem Augenblick geöffneten Dateien werden geschlossen.

5.4 Dateidienste – Datei laden

Um eine bereits angelegte Datei weiter zu verwalten (Beispiele: Adreßdaten ändern, eine neue Adresse hinzufügen, eine Telefonliste drucken), muß die Datei vom externen Datenspeicher in den Arbeitsspeicher des Computers geladen werden. Wählt der Nutzer im Untermenü "Dateidienste" die Ziffer <2>, so erscheint folgende Darstellung auf dem Bildschirm:

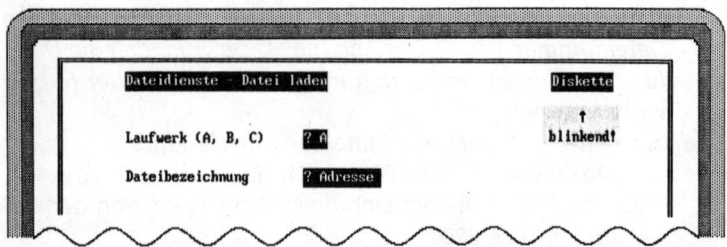

Die Codierung dieser Funktion ist folgendermaßen durchzuführen:

```
2197 :
2198 REM Dateidienste - Datei laden
2199 :
2200 GOSUB 20000
     : REM Rahmen
2205 GOSUB 12200
     : REM Ausgabe der Texte für Laden der Datei
2210 IF DATEI.EXISTIERT% = 1
        THEN FEHLERNR% = 3 : GOSUB 21000 :
             GOTO 2290
2211 : REM Eine Datei ist bereits im Arbeitsspeicher vorhanden
2215 GOSUB 34000
     : REM Laufwerk und Dateiname einlesen
2220 SATZNR% = 0 : SATZZAHL% = 0
2225 LOCATE 2, 65 : COLOR 16, 7 : PRINT "Diskette"; : COLOR 7, 0
2230 ON ERROR
        GOTO 23000
     : REM Routine zur Behandlung von Diskettenfehlern
2235 OPEN "I", #1, LAUFWERK$ +":" +DATEINAME$ +".SEQ"
2240 FOR I% = 1 TO 7 :
        INPUT #1, ADRESSE$(SATZZAHL%, I%) :
     NEXT I%
2250 IF NOT EOF(1)
        THEN SATZZAHL% = SATZZAHL% +1 :
             GOTO 2240
2255 CLOSE #1
2260 DATEI.EXISTIERT% = 1
2280 LOCATE 2, 65 : PRINT STRING$(8, " ");
2290 RETURN
```

Die Codierung dieses Programmteils folgt dem bereits bekannten Schema:

Ausgabe des Rahmens (Zeile 2200),
Ausgabe der Textzeilen (Zeile 2205)

Rahmen und Textteile sind jeweils in Unterprogrammen codiert. Für den Textteil dieser Programmfunktion ist folgendes Unterprogramm codiert:

```
12200 LOCATE 2, 10 : COLOR 0, 7:
      PRINT "Dateidienste - Datei laden" : COLOR 7, 0
12210 LOCATE 5, 10 : PRINT "Laufwerk (A, B, C)"
12220 LOCATE 7, 10 : PRINT "Dateibezeichnung"
12290 RETURN
```

Die Zeilen 221Ø bis 224Ø müssen nicht mehr erläutert werden, da die hier verwendeten Anweisungen bereits bei der Funktion "Datei anlegen" erläutert wurden.

■ INPUT #Dateinummer, Variablenname(n)

Auf Grund der Zeile 224Ø wird vom Datenspeicher die Datei Feld für Feld in den Arbeitsspeicher gelesen. Dieser Lesevorgang wird veranlaßt durch den Befehl INPUT #1,ADRESSE$(SATZZAHL%,I%). Allgemein hat der Befehl zum Einlesen von Datenfeldern folgende Form:

INPUT #Dateinummer, Variablenname(n)

In unserem Beispiel werden in einer FOR-NEXT-Schleife die sieben Datenfelder eines Datensatzes in die Bereichsvariable ADRESSE$(..,..) eingelesen.

■ EOF(Dateinummer)

Nach dem Lesen eines vollständigen Datensatzes muß abgefragt werden, ob das Ende der Datei bereits erreicht ist (Zeile 224Ø). Diese Abfrage erfolgt mit Hilfe des Befehls EOF(1). EOF steht für End Of File, das bedeutet Ende der Datei. Der Computer prüft bei diesem Befehl, ob die Ende-Marke einer Datei erreicht ist.

Wurde die Ende-Markierung nicht erreicht, wird der Wert der Variablen SATZZAHL% um 1 erhöht. Anschließend verzweigt das Programm zur Zeile 2245, um erneut einen Datensatz in den Arbeitsspeicher einzulesen.

Stellt der Computer fest, daß EOF und damit das Dateiende erreicht ist, so wird die Datei geschlossen (Zeile 2255). Nach Beendigung des Lesevorgangs enthält die Variable SATZZAHL% die Anzahl der im Arbeitsspeicher vorhandenen Datensätze.

5.5 Dateidienste – Datei speichern

In der Programmfunktion "Datei speichern" treten keine neuen Anweisungen und Befehle auf. Dieser Baustein soll daher im Rahmen der Übungsaufgaben erst am Ende des Kapitels entwickelt werden.

5.6 Dateidienste – Datei umbenennen

Die Programmfunktion Datei umbenennen entspricht in ihrer Codierung weitgehend den anderen Programmfunktionen der Dateidienste. Nach Aufruf dieser Funktion durch den Nutzer erscheint folgende Bildschirmausgabe:

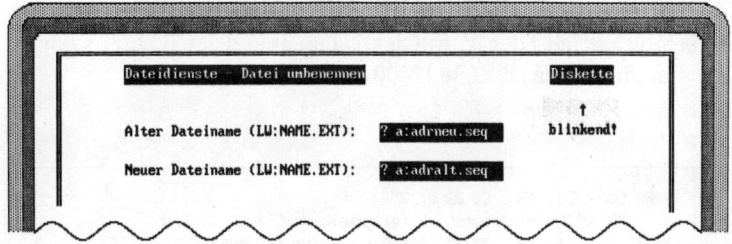

Für diesen Baustein ergibt sich folgende Codierung:

```
2397 :
2398 REM Dateidienste - Datei umbenennen
2399 :
2400 GOSUB 20000
     : REM Rahmen
2405 GOSUB 12400
     : REM Ausgabe der Texte für das Umbenennen der Datei
2410 ZEILE% = 5 : SPALTE% = 45 : LAENGE% = 14 :
     EINTEXT$ = " :         . "
2415 GOSUB 32000 : DATEINAME.ALT$ = EINTEXT$
2420 ZEILE% = 7 : SPALTE% = 45 : LAENGE% = 14 :
     EINTEXT$ = " :         . "
2425 GOSUB 32000 : DATEINAME.NEU$ = EINTEXT$
2430 LOCATE 2, 65 : COLOR 16, 7 : PRINT "Diskette";: COLOR 7, 0
2440 ON ERROR
        GOTO 23000
     : REM Routine zur Behandlung von Diskettenfehlern
2450 NAME DATEINAME.ALT$ AS DATEINAME.NEU$
2460 LOCATE 2, 65 : PRINT STRING$(8, " ");
2490 RETURN
```

Es erfolgt zunächst der Aufruf des Rahmens und der Texte. Im Unterprogramm werden ab Zeile 12400 die Texte codiert.

```
12400 LOCATE 2, 10 : COLOR 0, 7 :
      PRINT "Dateidienste - Datei umbenennen" : COLOR 7, 0
12410 LOCATE 5, 10 : PRINT "Alter Dateiname (LW:NAME.EXT):"
12420 LOCATE 7, 10 : PRINT "Neuer Dateiname (LW:NAME.EXT):"
12490 RETURN
```

Darauf folgt der zweimalige Aufruf der Eingaberoutine für die Eingabe des alten und des neuen Dateinamens. Der Diskettenzugriff wird angezeigt, und die Fehlerroutine wird aktiviert.

■ NAME alter_dateiname AS neuer_dateiname

Neu ist in diesem Programmteil nur der Befehl NAME. Er dient dazu, eine Datei umzubenennen.

Beispiel:
NAME "adresse1.seq" AS "adresse2.seq"
Der Name der Datei adresse1.seq erhält den neuen Namen "adresse2.seq"

Die Anwendung dieses Befehls ist dann sinnvoll, wenn unbedingt eine Datei mit einem Dateinamen neu angelegt werden soll, der bereits existiert. In diesem Fall kann man die bestehende Datei umbenennen und die neue Datei mit dem gewünschten Namen anlegen.

5.7 Fehlermeldungen und Zuweisungen zu den Variablen vervollständigen

Für die Programmausführung der Dateidienste wird eine Reihe von zusätzlichen Fehlertexten benötigt. Vereinbarungsgemäß werden die Fehlertexte und weitere Variablen-Zuweisungen ab Zeile 60000 codiert. In die bereits bestehenden Fehlermeldungen müssen daher die neuen Fehlermeldungen eingefügt werden (Zeile 61020–61150).

```
61020 FEHL.T$( 3) = "Datei wurde bereits angelegt!"
61030 FEHL.T$( 4) = "Datei wurde noch nicht angelegt!"
61040 FEHL.T$( 5) = "Dieses Laufwerk existiert nicht!"
61050 FEHL.T$( 6) = "Diese Datei ist auf diesem Laufwerk nicht
      vorhanden!"
61060 FEHL.T$( 7) = "Diese Datei entspricht nicht dem angegebenen
      Dateityp!"
61070 FEHL.T$( 8) = "Diese Datei ist schon für einen Zugriff geöffnet
      worden!"
61080 FEHL.T$( 9) = "Diskette eingelegt? Wenn ja, bitte überprüfen!"
61090 FEHL.T$(10) = "Eine Datei mit diesem Namen existiert schon!"
61100 FEHL.T$(11) = "Die Diskette ist voll! Bitte eine andere
      (formatierte) verwenden!"
61110 FEHL.T$(12) = "Das Ende der Datei wurde erreicht; unzulässiger
      Einleseversuch!"
61120 FEHL.T$(13) = "Zu viele Dateien, Kapazität des
      Inhaltsverzeichnisses reicht nicht!"
61130 FEHL.T$(14) = "Bitte den Schreibschutz von der Diskette
      entfernen!"
61140 FEHL.T$(15) = "Keine Diskette vorhanden oder Diskettenklappe
      offen!"
61150 FEHL.T$(16) = "Laufwerks-/ oder Pfadangabe ungültig!"
```

Die Erstellung der Leermaske für die Eingabe einer Adresse setzt einen Datensatz mit der Satznummer Ø voraus, bei dem die Datenfelder mit Leerzeichen aufgefüllt sind. Die Zuweisung der Leerzeichen in die Datenfelder erfolgt in den Zeilen 615ØØ–656Ø.

```
61500 ADR$(1) = STRING$(20, " ")
61510 ADR$(2) = STRING$(20, " ")
61520 ADR$(3) = STRING$(30, " ")
61530 ADR$(4) = STRING$( 4, " ")
61540 ADR$(5) = STRING$(25, " ")
61550 ADR$(6) = STRING$(20, " ")
61560 ADR$(7) = STRING$( 8, " ")
```

Die Voreinstellung des Programms für die mögliche Fehlermeldung "Datei wurde bereits angelegt!" muß beim Start des Programms über die Variable DATEI.EXISTIERT% mit dem Wert Ø vorgenommen werden.

```
61600 DATEI.EXISTIERT% = 0
```

Ratsam für die Dokumentation ist es, im Kommentarkopf (Zeilen 1ØØ–2ØØ) des Programms die Versionsnummer anzupassen. Durch die Zeile 16Ø wird die jeweilige Versionsnummer in den Programmkopf eingesetzt.

```
160 REM *    Version:    0.1                          *
```

Aufgabe:
Speichern Sie die in diesem Kapitel entwickelten Programmmodule unter dem Dateinamen "ERWØ_1",A (A = ASCII-Datei) auf Ihre Datendiskette!

Übungen 5b

1. Folgender Programmausschnitt liegt vor:

```
110 SATZZAHL% = 0
120 OPEN "I", #2, "GEBTAG.SEQ"
130 INPUT #2, GEBTAG(SATZZAHL%)
140 IF NOT EOF(2)
        THEN SATZZAHL% = SATZZAHL% +1 : GOTO 130
```

a) Was bewirkt die Anweisung in Zeile 13∅?

_____

_____

_____

b) Was heißt EOF?

_____

c) Warum ist eine Anweisung wie in Zeile 14∅ bei jedem Einlesen einer sequentiellen Datei notwendig?

_____

_____

_____

_____

2. Das Programmmodul "Dateidienste – Datei speichern" (vergleiche Kapitel 5.5) ist noch in Anlehnung an die übrigen Module "Dateidienste" zu codieren (siehe Abbildung Seite 80).

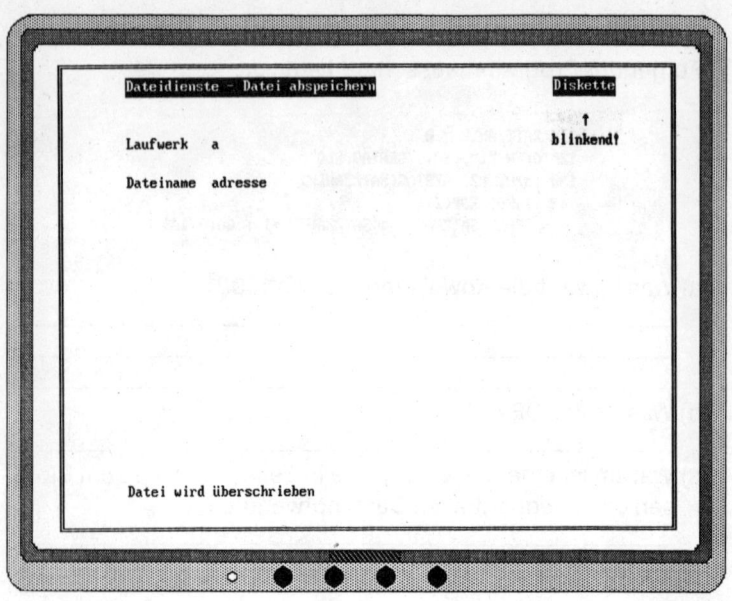

Hierfür wird folgendes Modul für die Textausgabe benötigt:

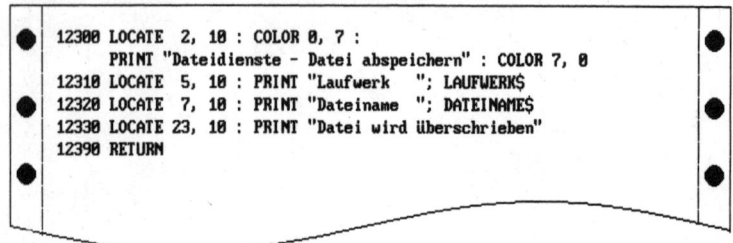

```
12300 LOCATE  2, 10 : COLOR 0, 7 :
      PRINT "Dateidienste - Datei abspeichern" : COLOR 7, 0
12310 LOCATE  5, 10 : PRINT "Laufwerk   "; LAUFWERK$
12320 LOCATE  7, 10 : PRINT "Dateiname "; DATEINAME$
12330 LOCATE 23, 10 : PRINT "Datei wird überschrieben"
12390 RETURN
```

Es liegt folgender Programmablaufplan zugrunde:

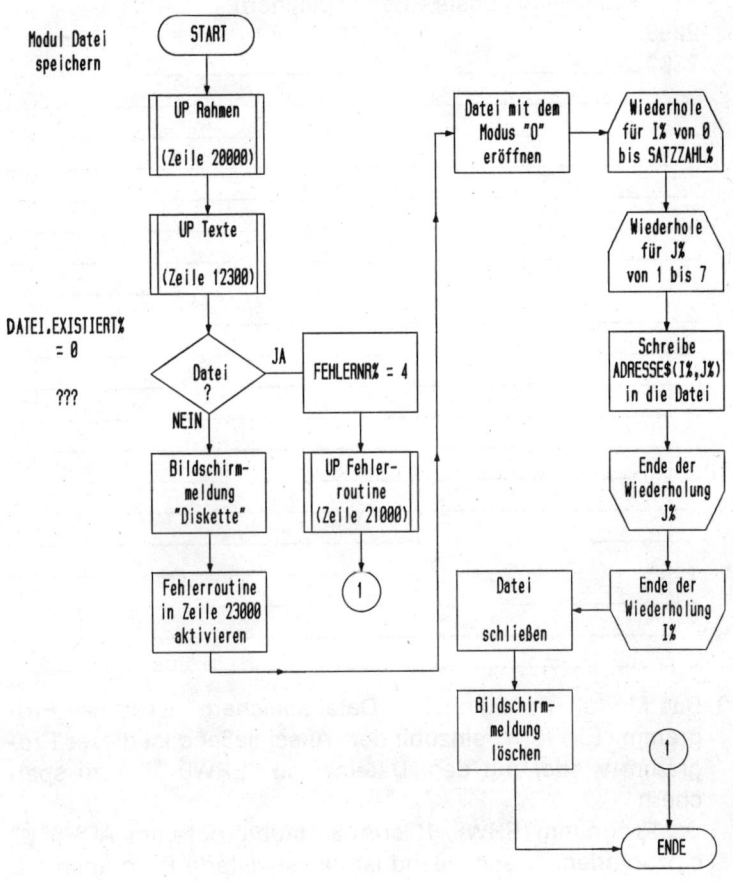

Datei speichern

Programmieren Sie die fehlenden Teile des Moduls!

2297 :
2298 REM Dateidienste – Datei speichern
2299 :
2300 _____

_____

_____

_____

_____

_____

_____

_____

_____

_____

_____

_____

_____

_____

_____

_____

_____

_____

3. Das Modul "Dateidienste – Datei speichern" ist in das Programm "ERWØ_1" einzubinden. Anschließend ist dieses Programm wieder mit dem Dateinamen "ERWØ_1",A zu speichern.

Das Programm "ERWØ_1" ist in das Hauptprogramm "ADRØ_Ø" einzubinden. Anschließend ist das erweiterte Programm mit dem Dateinamen "ADRØ_1",A zu speichern.

Welche Schritte sind hierzu erforderlich?

_____

_____

_____

_____

_____

4. Eine Datei mit dem Namen "PRIVAT88.SEQ" soll umbenannt
werden in "PRIVAT89.SEQ".
Notieren Sie die entsprechende BASIC-Anweisung!

Lösungen 5b

1. Folgender Programmausschnitt liegt vor:

```
110 SATZZAHL% = 0
120 OPEN "I", #2, "GEBTAG.SEQ"
130 INPUT #2, GEBTAG(SATZZAHL%)
140 IF NOT EOF(2)
       THEN SATZZAHL% = SATZZAHL% +1 : GOTO 140
```

a) Was bewirkt die Anweisung in Zeile 13Ø?
Aus der mit der Nummer #2 eröffneten Datei "GEBTAG-
.SEQ" wird ein Datenfeld gelesen und dem Element SATZ-
ZAHL% der Bereichsvariablen GEBTAG(..) zugewiesen.

b) Was heißt EOF?
END OF FILE = Dateiende erreicht

c) Warum ist eine Anweisung wie in Zeile 14Ø bei jedem Einlesen einer sequentiellen Datei notwendig?
Über die Eingabeanweisung INPUT #2, Variable (..) wird je-
weils nur ein Datenfeld gelesen. Dieser Lesevorgang ist zu
wiederholen, bis das Ende der Datei erreicht ist und alle Da-
ten im Arbeitsspeicher sind.

2. Das Programmodul "Dateidienste – Datei speichern" (vergleiche Kapitel 5.5) ist noch in Anlehnung an die übrigen Module
"Dateidienste" zu codieren (siehe Abbildung Seite 84).

```
2297 :
2298 REM Dateidienste - Datei speichern
2299 :
2300 GOSUB 20000
     : REM Rahmen
2305 GOSUB 12300
     : REM Ausgabe der Texte für das Speichern der Datei
2310 IF DATEI.EXISTIERT% = 0
        THEN FEHLERNR% = 4 : GOSUB 21000 :
              GOTO 2390
2315 LOCATE 2, 65 : COLOR 16, 7 : PRINT "Diskette"; : COLOR 7, 0
2320 ON ERROR
        GOTO 23000
     : REM Routine zur Behandlung von Diskettenfehlern
2330 OPEN "O", #1, LAUFWERK$ +":" +DATEINAME$ +".SEQ"
2335 FOR I% = 0 TO SATZZAHL%
2340    FOR J% = 1 TO 7 :
           WRITE #1, ADRESSE$(I%, J%) :
        NEXT J%
2345 NEXT I%
2350 CLOSE #1
2380 LOCATE 2, 65 : PRINT STRING$(8, " ");
2390 RETURN
```

3. Das Modul "Dateidienste – Datei speichern" ist in das Programm "ERWØ_1" einzubinden. Anschließend ist dieses Programm wieder mit dem Dateinamen "ERWØ_1",A zu speichern.

Das Programm "ERWØ_1" ist in das Hauptprogramm "ADRØ_Ø" einzubinden. Anschließend ist das erweiterte Programm mit dem Dateinamen "ADRØ_1",A zu speichern.

Welche Schritte sind hierzu erforderlich?

1. Speicher löschen : NEW

2. bestehendes Programm laden : LOAD "ADRØ_Ø"

3. Programmerweiterung einbinden : MERGE "ERWØ_1"

4. Programm testen : RUN

5. erweitertes Programm abspeichern: SAVE "ADRØ_1",A

4. Eine Datei mit dem Namen "PRIVAT88.SEQ" soll umbenannt werden in "PRIVAT89.SEQ".

Notieren Sie die entsprechende BASIC-Anweisung!

NAME "PRIVAT88.SEQ" AS "PRIVAT89.SEQ"

6 DATENSATZ EINFÜGEN – PROGRAMMIERUNG DER EINGABE VON DATENSÄTZEN

6.1 Programmierung des Unterprogramms

Im Kapitel 5 wurden alle Dateidienste des Adreßprogramms programmiert. Nun erfolgt die Programmierung der Funktion "Datensatz zufügen". Sie ermöglicht die Aufnahme von Datensätzen in die Datei.

Diese Funktion beginnt in Zeile 6ØØØ des Programms. Zuerst wird wie bei allen Funktionen ein Rahmen auf dem Bildschirm ausgegeben, in den anschließend Menütexte eingeblendet werden.

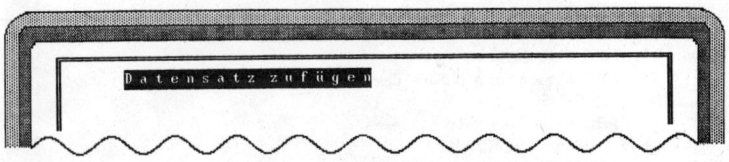

Dieser Programmteil ist in den Zeilen 6ØØØ – 6Ø1Ø codiert, die schon Bestandteil des Programms "ADRØ_Ø" sind. Die in dieser Programm-Version in Zeile 6Ø2Ø codierte Fehlermeldung "Dieses Unterprogramm ist noch nicht fertig!" wird nun überschrieben. Für die Funktion "Datensatz einfügen" sind folgende Anweisungen zu codieren (siehe Abbildung Seite 86):

```
6020 IF DATEI.EXISTIERT% = 0
        THEN FEHLERNR% = 4 : GOSUB 21000 :
              GOTO 6990
6021 : REM Datei existiert noch nicht,
            Satz kann nicht eingefügt werden
6030 IF SATZZAHL% = MAX.SATZ%
        THEN FEHLERNR% = 17 : GOSUB 21000 :
              GOTO 6990
6040 GOSUB 16100 : MAXMENUE% = 1: GOSUB 33000
      : REM Nr. einlesen
6050 IF EIN% = 9
        THEN GOTO 6990
      : REM Ende des UP
6100 SATZNR% = 0 : GOSUB 51000
      : REM Eingabebereich mit Leersatz füllen
6110 GOSUB 40000
      : REM Texte zur Eingabe ausgeben
6120 GOSUB 35000
      : REM Name hereinholen
6130 GOSUB 35100
      : REM Vorname hereinholen
6140 LOCATE 2, 65 : COLOR 16, 7 : PRINT "Suche Satz"; : COLOR 7, 0
6150 GOSUB 52000
      : REM Satz suchen
6160 LOCATE 2, 65 : PRINT STRING$(14, " ");
6170 IF SATZ.EXISTIERT% = 0
        THEN GOTO 6300
6200 GOSUB 16200 : MAXMENUE% = 1 : GOSUB 33000
      : REM weitermachen oder abbrechen
6210 IF EIN% = 9
        THEN GOTO 6000
      : REM Abbruch, zum Anfang des UP
6300 GOSUB 35200
      : REM restlichen Satz einlesen
6310 IF SATZNR% > SATZZAHL%
        THEN GOTO 6340
6320 LOCATE 2, 65 : COLOR 16, 7 : PRINT "Füge Satz ein"; : COLOR 7, 0
6330 GOSUB 53000
      : REM Platz zum Einsatz eines Satzes schaffen
6340 GOSUB 50000
      : REM Satz in Matrix kopieren
6350 LOCATE 2, 65 : PRINT STRING$(14, " ");
6360 SATZZAHL% = SATZZAHL% +1
6370 DATEI.GEAENDERT% = 1
6380 GOTO 6000
6990 RETURN
```

6.2 Abbruch des Unterprogramms

Zuerst wird überprüft (Zeile 6Ø2Ø), ob bereits eine Datei im Arbeitsspeicher vorhanden ist, in die ein Datensatz eingefügt werden kann. Trifft dies nicht zu (Variable DATEI.EXISTIERT% = Ø), dann erhält die Variable FEHLERNR% den Wert 4. Über die bereits bekannte Fehlerroutine (ab Zeile 21ØØØ) wird die Fehlermeldung "Datei wurde noch nicht angelegt!" ausgegeben und diese Funktion beendet.

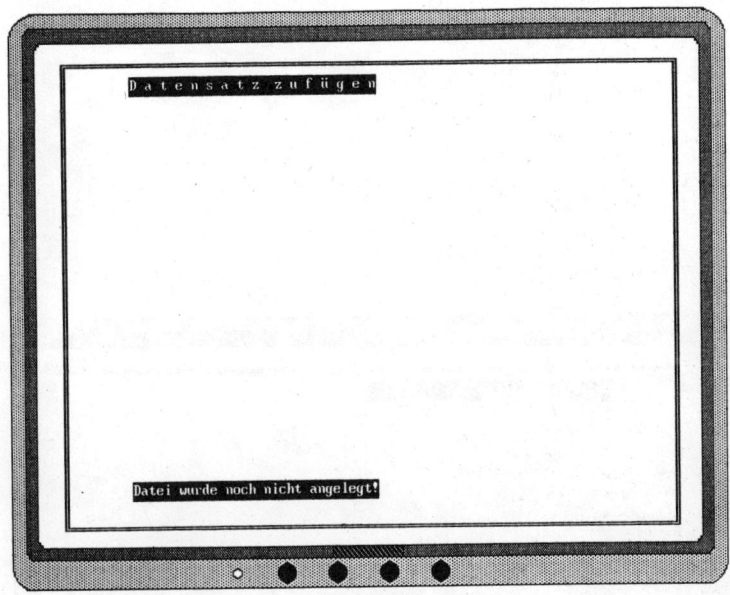

In Zeile 6Ø3Ø wird überprüft, ob die Datei bereits die maximal mögliche Anzahl von Datensätzen (MAXSATZ% = 99) enthält. Trifft dies zu, so können keine weiteren Datensätze in die Datei aufgenommen werden. Es erfolgt die Fehlermeldung "Es können keine Datensätze mehr aufgenommen werden!" und der Rücksprung zum Hauptmenü.

Falls der Nutzer versehentlich die Funktion "Datensatz einfügen" aufgerufen hat, kann er über die Eingabe einer <9> zum Hauptmenü zurückkehren (Zeile 6Ø4Ø – 6Ø5Ø). Selbstverständlich erfolgt auch hierbei eine Prüfung der möglichen Eingabewerte (hier 1 und 9). Die notwendigen Texte sind in den Zeilen 161ØØ–1619Ø codiert.

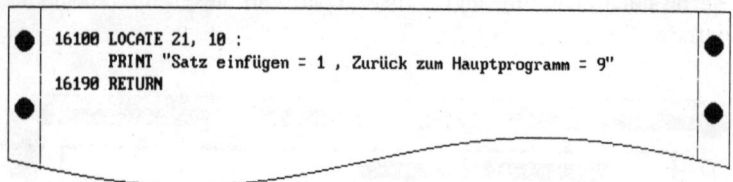

```
16100 LOCATE 21, 10 :
      PRINT "Satz einfügen = 1 , Zurück zum Hauptprogramm = 9"
16190 RETURN
```

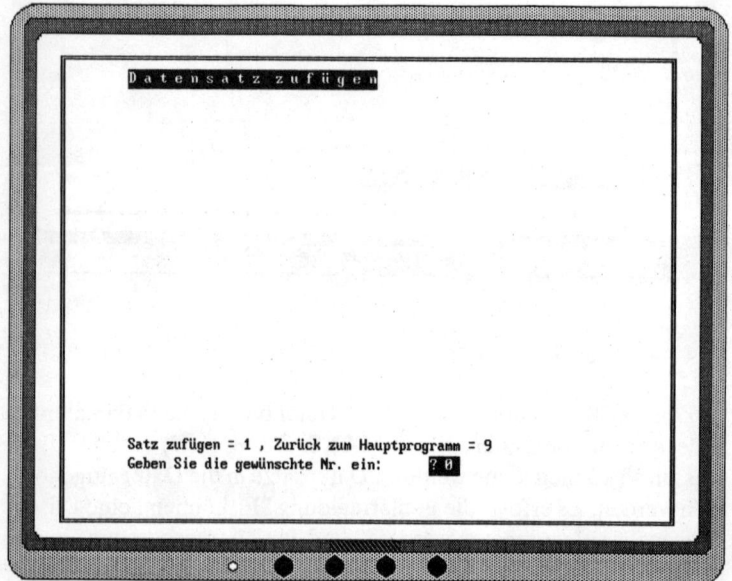

6.3 Bildschirmmaske für die Eingabe

Hat der Nutzer über die Eingabe einer <1> die Funktion "Satz einfügen" aufgerufen, so wird der unter der Satznummer Ø (SATZNR% =
Ø) gespeicherte Leersatz mit Hilfe der Routine "Satz aus der Matrix
herauskopieren" (Unterprogramm ab Zeile 51ØØØ) in die Bereichsvariable ADR$(.,.) kopiert. Diese Bereichsvariable, die zu diesem
Zeitpunkt in den Feldern für Name, Vorname usw. nur Leerzeichen
enthält, dient als Zwischenspeicher für Ein- und Ausgaben eines Datensatzes. Dieser Vorgang erfordert folgende Codierung:

```
50997 :
50998 REM Satz aus der Adreßmatrix herauskopieren
50999 :
51000 FOR I% = 1 TO 7
51010   ADR$(I%) = ADRESSE$(SATZNR%, I%)
51020 NEXT I%
51090 RETURN
```

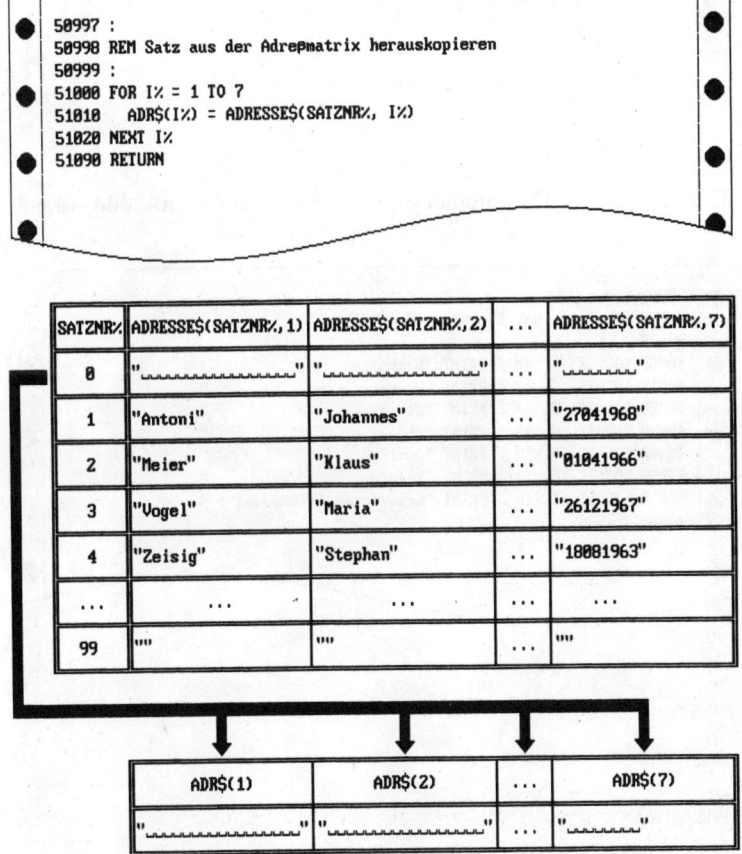

SATZNR%	ADRESSE$(SATZNR%,1)	ADRESSE$(SATZNR%,2)	...	ADRESSE$(SATZNR%,7)
0	" "	" "	...	" "
1	"Antoni"	"Johannes"	...	"27041968"
2	"Meier"	"Klaus"	...	"01041966"
3	"Vogel"	"Maria"	...	"26121967"
4	"Zeisig"	"Stephan"	...	"18081963"
...	...	...	...	...
99	""	""	...	""

ADR$(1)	ADR$(2)	...	ADR$(7)
" "	" "	...	" "

Über die Zeile 611Ø erfolgt die Ausgabe der Texte mit den Bezeichnungen für die einzelnen Datenfelder.

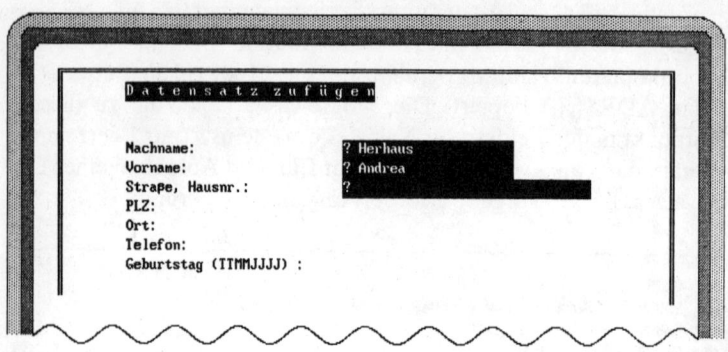

Die Texte für die Datenfelder sind codiert in den Zeilen 4ØØØØ–4ØØ9Ø.

```
39997 :
39998 REM Texte zur Eingabe und Ausgabe
39999 :
40000 LOCATE  5, 10 : PRINT "Nachname:              "
40010 LOCATE  6, 10 : PRINT "Vorname:               "
40020 LOCATE  7, 10 : PRINT "Straße, Hausnr.:       "
40030 LOCATE  8, 10 : PRINT "PLZ:                   "
40040 LOCATE  9, 10 : PRINT "Ort:                   "
40050 LOCATE 10, 10 : PRINT "Telefon:               "
40060 LOCATE 11, 10 : PRINT "Geburtstag (TTMMJJJJ) : "
40090 RETURN
```

Auf Grund der Programmzeilen 6120 und 6130 erfolgt die Eingabe des Nachnamens (Routine ab Zeile 35000) sowie des Vornamens (Routine ab Zeile 35100).

```
34997 :
34998 REM Name hereinholen
34999 :
35000 ZEILE% = 5 : SPALTE% = 40 : LAENGE% = 20 : EINTEXT$ = ADR$(1)
35010 GOSUB 32000 : ADR$(1) = EINTEXT$
      : REM Eingabetext holen
35090 RETURN
```

```
35097 :
35098 REM Vorname hereinholen
35099 :
35100 ZEILE% = 6 : SPALTE% = 40 : LAENGE% = 20 : EINTEXT$ = ADR$(2)
35110 GOSUB 32000 : ADR$(2) = EINTEXT$
35190 RETURN
```

6.4 Datensatz bereits vorhanden? – Probleme eines Suchlaufs

6.4.1 Prinzipien des Suchlaufs

Nach Abschluß der Eingaben erfolgt ein Suchlauf, bei dem festgestellt wird, ob in der Adreßdatei im internen Speicher ein Datensatz mit gleichlautendem Nachnamen und Vornamen vorhanden ist. Gleichzeitig wird ermittelt, an welcher Stelle in der Adreßdatei dieser Datensatz einzufügen ist. Diese Suche wird durch die Routine "Satz in Matrix suchen" (ab Zeile 52000) veranlaßt. Während des Suchlaufs blinkt in der linken oberen Bildschirmecke der Text "Suche Satz" (Zeile 6140 und 6160).

Dieser Suchlauf erfolgt nach folgendem Prinzip:

Ausgangssituation: SATZ.EXISTIERT% = $\emptyset$
Merker für existierenden Satz ($\emptyset$ = nein, 1 = ja)

Sonderfall 1: kein Satz in der Adreßdatei vorhanden
(SATZZAHL% = $\emptyset$).
Der eingegebene Datensatz erhält die Satznummer 1.

Sonderfall 2: Der eingegebene Name ist größer als der Name des letzten Datensatzes in der Adreßdatei. Der neue Datensatz wird angefügt.

Suchschleife: Vergleich der Nachnamen, eventuell Vergleich der Vornamen (bei identischen Nachnamen), Ermittlung der Einfügeposition.

Sonderfall 3: SATZNR% > SATZZAHL%
Die Datei wurde erfolglos nach einer Einfügestelle durchsucht. Diese Situation trifft nur zu, wenn der eingegebene Nachname mit dem letzten Nachnamen identisch ist, der Vorname des eingegebenen Satzes jedoch größer ist.

6.4.2 Algorithmus

Um den Ablauf in diesem Programmmodul transparent zu machen, wird zuerst der Programmablaufplan dargestellt.

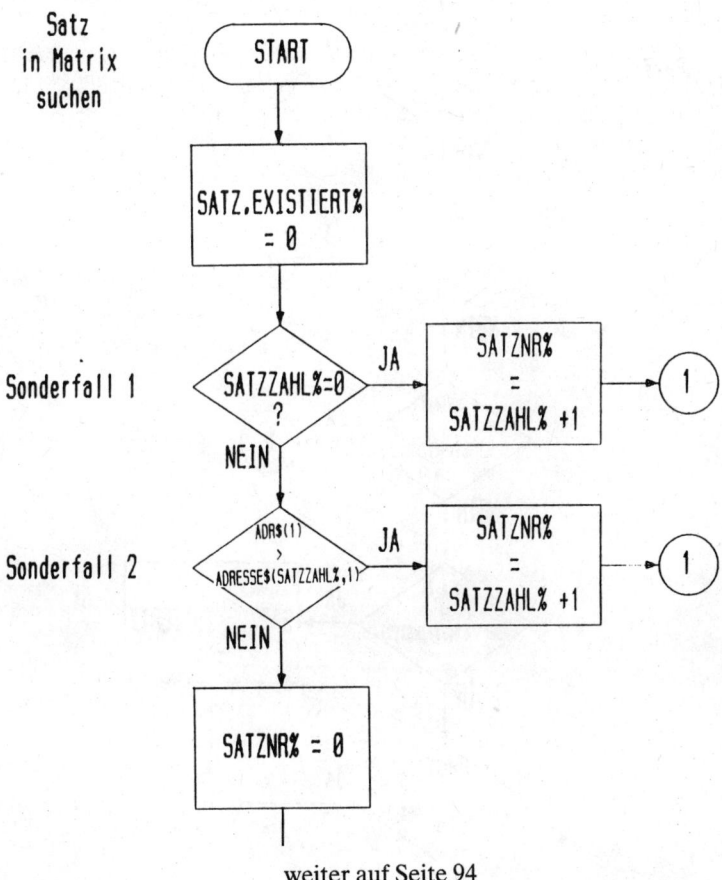

weiter auf Seite 94

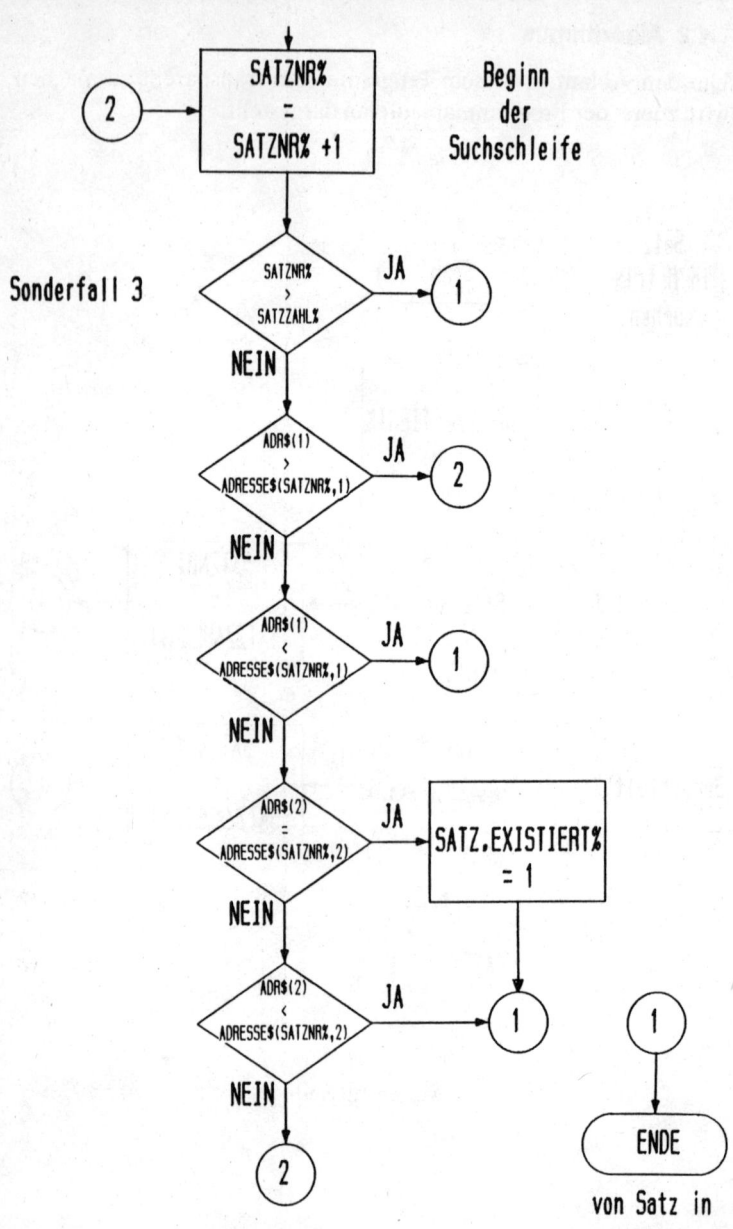

Sonderfall 3

Beginn
der
Suchschleife

ENDE

von Satz in

Matrix suchen

6.4.3 Codierung

Die Umsetzung des Programmablaufplans für das Suchmodul "Satz
in Matrix suchen" ergibt folgende Codierung:

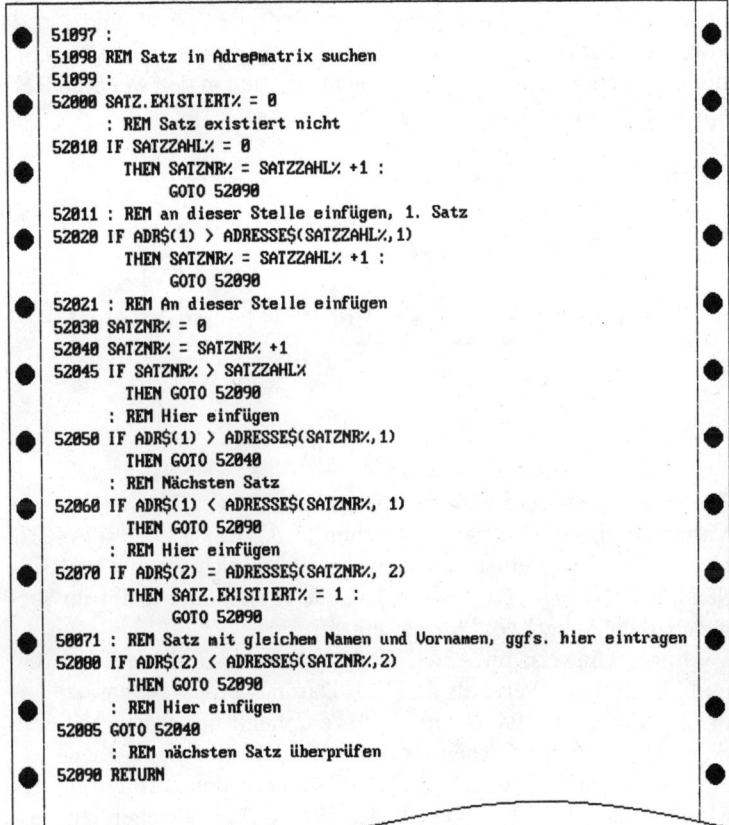

```
51097 :
51098 REM Satz in Adreßmatrix suchen
51099 :
52000 SATZ.EXISTIERT% = 0
      : REM Satz existiert nicht
52010 IF SATZZAHL% = 0
         THEN SATZNR% = SATZZAHL% +1 :
               GOTO 52090
52011 : REM an dieser Stelle einfügen, 1. Satz
52020 IF ADR$(1) > ADRESSE$(SATZZAHL%,1)
         THEN SATZNR% = SATZZAHL% +1 :
               GOTO 52090
52021 : REM An dieser Stelle einfügen
52030 SATZNR% = 0
52040 SATZNR% = SATZNR% +1
52045 IF SATZNR% > SATZZAHL%
         THEN GOTO 52090
      : REM Hier einfügen
52050 IF ADR$(1) > ADRESSE$(SATZNR%,1)
         THEN GOTO 52040
      : REM Nächsten Satz
52060 IF ADR$(1) < ADRESSE$(SATZNR%, 1)
         THEN GOTO 52090
      : REM Hier einfügen
52070 IF ADR$(2) = ADRESSE$(SATZNR%, 2)
         THEN SATZ.EXISTIERT% = 1 :
               GOTO 52090
50071 : REM Satz mit gleichem Namen und Vornamen, ggfs. hier eintragen
52080 IF ADR$(2) < ADRESSE$(SATZNR%,2)
         THEN GOTO 52090
      : REM Hier einfügen
52085 GOTO 52040
      : REM nächsten Satz überprüfen
52090 RETURN
```

6.4.4 Vergleich von Strings

In Zeile 52Ø2Ø wird der in ADR$(1) gespeicherte Nachname mit dem unter ADRESSE$(SATZZAHL%,1) gespeicherten Nachnamen verglichen. Ein Vergleich von Textvariablen ist möglich, da im Computer jeder Buchstabe einem bestimmten Zahlenwert (ASCII-Code) entspricht. Die logischen Operatoren ">", "<", "=" und "<>" können daher bei Textvariablen genauso angewendet werden wie bei numerischen Variablen. Entsprechend erfolgen in den weiteren Zeilen die für den Suchlauf notwendigen Vergleiche.

Beispiel:

Variablenname	ADR$(1)					ADRESSE$(SATZNR%,1)				
Zeichen	M	a	i	e	r	M	e	i	e	r
Dezimalwert	77	97	105	101	114	77	101	105	101	114

Das erste Zeichen des Namens ("M" = ASCII-Code 77) ist bei beiden Variablen gleich. Das zweite Zeichen in ADR$(1) ("a" = ASCII-Code 97) ist kleiner als das zweite Zeichen in ADRESSE$(SATZNR%,1) ("e" = ASCII-Code 1Ø1). Daher ergibt ein Vergleich, daß "Maier" vor "Meier" einzufügen ist.

Wichtiger Hinweis: Im ASCII-Code haben die Umlaute "Ä", "Ö" und "Ü" höhere Werte als das "Z". Darum werden Datensätze mit diesen Buchstaben falsch sortiert. Es empfiehlt sich daher, an Stelle dieser Umlaute die Zeichen "Ae", "Oe" oder "Ue" einzugeben.

Hat die Variable SATZ.EXISTIERT% nach der Ausführung des Moduls "Satz in Matrix suchen" den Wert Ø (kein gleicher Satz vorhanden), so können die restlichen Datenfelder wie Straße, PLZ usw. eingegeben werden. Zeile 63ØØ ruft das entsprechende Unterprogramm auf.

Weist die Variable SATZ.EXISTIERT% den Wert 1 auf (Zeile 62ØØ), so existiert bereits ein Datensatz mit gleichem Nachnamen und gleichem Vornamen.

In diesem Fall muß der Nutzer gefragt werden, ob die Eingabe fortgeführt (identischer Name und Vorname, aber unterschiedliche Personen mit unterschiedlichen Adressen) oder abgebrochen werden soll.

Das entsprechende Programm-Modul für die Textausgabe sieht folgendermaßen aus:

```
16200 LOCATE 21, 10 :
      PRINT "Satz existiert! Vervollständigen = 1 , Abbruch = 9"
16290 RETURN
```

Die Vervollständigung der Eingabe für einen Datensatz erfolgt über den Aufruf des Moduls 35200.

```
35197 :
35198 REM restlichen Satz hereinholen
35199 :
35200 ZEILE% =  7 : SPALTE% = 40 : LAENGE% = 30 : EINTEXT$ = ADR$(3)
35210 GOSUB 32000: ADR$(3) = EINTEXT$
35220 ZEILE% =  8 : SPALTE% = 40 : LAENGE% =  4 : EINTEXT$ = ADR$(4)
35230 GOSUB 32000
35240 IF (EINTEXT$ < "1000") OR (EINTEXT$ > "8999")
         THEN FEHLERNR% = 18 : GOSUB 21000 :
              GOTO 35220
35250 ADR$(4) = EINTEXT$
35260 ZEILE% =  9 : SPALTE% = 40 : LAENGE% = 25 : EINTEXT$ = ADR$(5)
35270 GOSUB 32000 : ADR$(5) = EINTEXT$
35280 ZEILE% = 10 : SPALTE% = 40 : LAENGE% = 20 : EINTEXT$ = ADR$(6)
35290 GOSUB 32000 : ADR$(6) = EINTEXT$
35300 ZEILE% = 11 : SPALTE% = 40 : LAENGE% =  8 : EINTEXT$ = ADR$(7)
35310 GOSUB 32000 : ADR$(7) = EINTEXT$
35390 RETURN
```

Die Bildschirmposition für die Eingabe von Straße, einschließlich Hausnummer, Postleitzahl, Ort, Telefonnummer und Geburtstag, wird durch die Variablen ZEILE%, SPALTE% und LAENGE% festgelegt. Für die Postleitzahl erfolgt eine einfache Plausibilitätsprüfung (Zeile 3524∅). Postleitzahlen, die kleiner als 1∅∅∅ oder größer als 8999 sind, werden zurückgewiesen. Die korrekte Eingabe des Datums wird nicht überprüft. Achten Sie darauf, daß es achtstellig in der Form TTMMJJJJ einzugeben ist (z. B. 13∅91961)! Eine Geburtstagsliste kann nur erstellt werden, wenn Tag und Monat korrekt eingegeben wurden.

6.4.5 Datensatz anhängen / einfügen

Hat der Suchlauf ergeben, daß der eingegebene Datensatz größer als der letzte Datensatz ist, so wird in Zeile 631∅ ein Sprung in die Zeile 634∅ veranlaßt. Dadurch wird der Aufruf der Einfügeroutine (Zeile 633∅) übersprungen, da der Datensatz nur hinter dem letzten vorhandenen Datensatz angefügt wird.

Die Einfügeroutine wird in allen Fällen aufgerufen, in denen ein Datensatz an der vom Suchlauf ermittelten Position einzufügen ist. Während der Einfügeprozedur erscheint auf dem Bildschirm die Meldung "Füge Satz ein". Die Einfügung kann nur erfolgen, wenn in der Adreßdatei an der vorgesehenen Stelle für diesen neuen Datensatz Platz geschaffen wird, indem die folgenden Datensätze um eine Position verschoben werden.

Beispiel:

SATZNR%	ADRESSE$(SATZNR%,1)	ADRESSE$(SATZNR%,2)	...	ADRESSE$(SATZNR%,7)
0	" .... "	" .... "	...	" .... "
1	"Antoni"	"Johannes"	...	"27041968"
2	"Meier"	"Klaus"	...	"01041966"
3	"Vogel"	"Maria"	...	"26121967"
4	"Zeisig"	"Stephan"	...	"18081963"
...	...	...	...	...
99	""	""	...	""

Dieser Datensatz ist in die Datei einzufügen!

ADR$(1)	ADR$(2)	...	ADR$(7)
"Herhaus"	"Andrea"	...	"19061959"

Hinter dem letzten Datensatz (Zeisig) sind auf Grund der nach dem
Start des Programms erfolgten Anweisung DIM ADRESSE$(99,7)
noch maximal 95 leere Datensätze vorgesehen. Durch das Modul
"Platz in der Matrix schaffen" wird der erste leere Datensatz an die
Einfügeposition gebracht (siehe Abbildung Seite 100).

SATZNR%	ADRESSE$(SATZNR%,1)	ADRESSE$(SATZNR%,2)	...	ADRESSE$(SATZNR%,7)
0	"＿＿＿＿＿＿＿＿＿"	"＿＿＿＿＿＿＿＿＿"	...	"＿＿＿＿＿"
1	"Antoni"	"Johannes"	...	"27041968"
2	""	""	...	""
3	"Meier"	"Klaus"	...	"01041966"
4	"Vogel"	"Maria"	...	"26121967"
5	"Zeisig"	"Stephan"	...	"18081963"
...	...	...	...	...
99	""	""	...	""

Dateiende

Für diesen Datensatz wurde Platz geschaffen!

ADR$(1)	ADR$(2)	...	ADR$(7)
"Herhaus"	"Andrea"	...	"19061959"

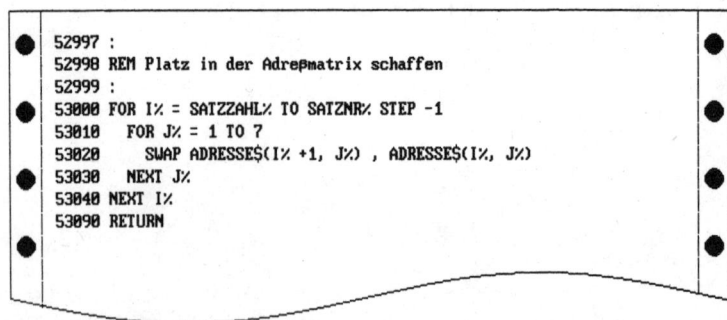

Die Codierung des Moduls ''Platz in der Matrix schaffen'' ist folgendermaßen vorzunehmen:

```
52997 :
52998 REM Platz in der Adreßmatrix schaffen
52999 :
53000 FOR I% = SATZZAHL% TO SATZNR% STEP -1
53010   FOR J% = 1 TO 7
53020     SWAP ADRESSE$(I% +1, J%) , ADRESSE$(I%, J%)
53030   NEXT J%
53040 NEXT I%
53090 RETURN
```

Die Variable SATZZAHL% gibt die Nummer des letzten Datensatzes an (im Beispiel ist es die Nr. 4 = "Zeisig"). SATZNR% enthält die Einfügeposition, die im Suchlauf ermittelt wurde (im Beispiel ist es die Nr. 2). Der erste leere Datensatz (im Beispiel ist es die Nr. 5) muß nun für alle sieben Datenfelder Datensatz für Datensatz an die Einfügestelle verschoben werden. Gleichzeitig wandern dadurch die Datensätze von der Einfügeposition bis zum Dateiende um ein Feld nach unten.

▓ SWAP ... , ...

Der Austausch der Datenfelder erfolgt mit dem Befehl SWAP Datenfeld, Datenfeld. Dieser Befehl bewirkt, daß der Inhalt zweier Datenfelder vom gleichen Typ ohne Umweg miteinander vertauscht wird.

Beispiel:

```
SATZZAHL% = 4      ADRESSE$(I%,    J%) = "Zeisig"
I%        = 4      ADRESSE$(I% +1, J%) = ""
J%        = 1
```

```
┌──────────────────────────────────────────────────────┐
│    SWAP ADRESSE$(I% +1, J%), ADRESSE$(I%, J%)          │
└──────────────────────────────────────────────────────┘
```

```
Wirkung:           ADRESSE$(I%,    J%) = ""
                   ADRESSE$(I% +1, J%) = "Zeisig"
```

6.5 Neuen Datensatz in die Adreßdatei einfügen

Nachdem für den einzufügenden Datensatz in der Adreßdatei Platz geschaffen wurde, muß nun der Inhalt des Datensatzes (Bereichsvariable ADR$(..)) auf den bereitgestellten Platz kopiert werden (im Beispiel "Herhaus", "Andrea", ... "19Ø61959"). Dies erfolgt durch den Aufruf der Routine "Satz in Matrix kopieren" in der Zeile 634Ø. Anschließend wird die Meldung "Füge Satz ein" gelöscht. Da die Datei um einen Datensatz erweitert wurde, muß die Variable SATZ-

ZAHL% um 1 erhöht werden (Zeile 636Ø). Der Merker DATEI.GE-AENDERT% ist auf 1 zu setzen (1 = ja, Ø = nein). Anschließend erfolgt ein Rücksprung an den Anfang des Unterprogramms, damit der Nutzer bei Bedarf weitere Datensätze einfügen kann.

6.6 Restarbeiten

Zur Komplettierung des Programms sind noch folgende Einfügungen notwendig:

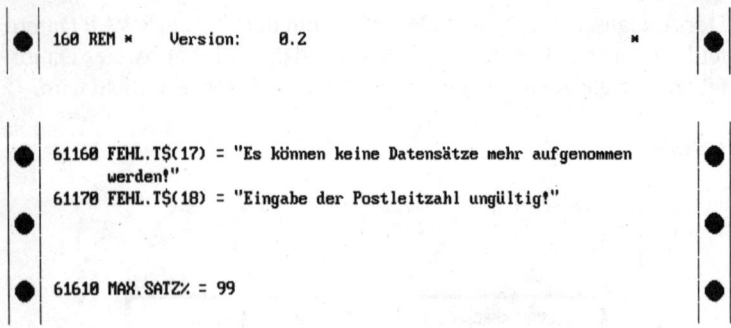

```
160 REM *     Version:    0.2                                   *
```

```
61160 FEHL.T$(17) = "Es können keine Datensätze mehr aufgenommen
       werden!"
61170 FEHL.T$(18) = "Eingabe der Postleitzahl ungültig!"
```

```
61610 MAX.SATZ% = 99
```

Durch die Zeile 16Ø wird die Versionsnummer angepaßt, die Zeilen 6116Ø und 6117Ø ergänzen die Tabelle der Fehlertexte. Mit der Zeile 6161Ø wird die Variable MAX.SATZ% auf den Wert 99 gesetzt.

6.7 Ein Programm richtig beenden

Nach Einfügen eines oder mehrerer Datensätze kann das Programm beendet werden. Durch Eingabe der Ziffer <9> verzweigt das Programm zurück zum Hauptmenü. Eine erneute Eingabe der Ziffer <9> bewirkt das Ende des Programms. Eine solche Enderoutine wäre jedoch fatal, da die durch die eingefügten Datensätze veränderte Datei noch nicht gespeichert wurde. Es muß daher eine Routine eingebunden werden, die kontrolliert, ob die geänderte Datei bereits gespeichert wurde. Ist dies nicht der Fall, muß ein entsprechender Hinweis ausgegeben werden.

Erfolgte eine Änderung der Adreßdatei (Hinzufügen, Löschen oder Korrigieren eines Datensatzes), wird ein Merker DATEI.GEAEN-DERT% auf 1 gesetzt (1=ja, Ø=nein). Dieser Merker steuert die Abfrage.

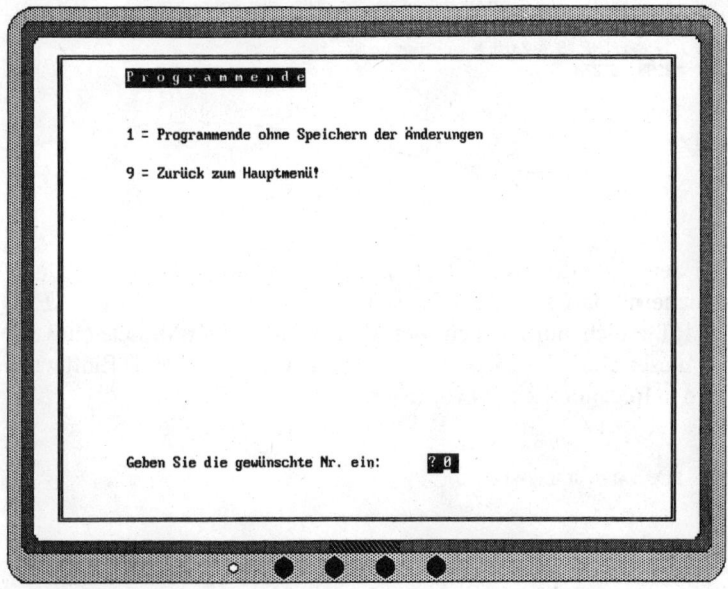

Das entsprechende Unterprogramm sieht folgendermaßen aus:

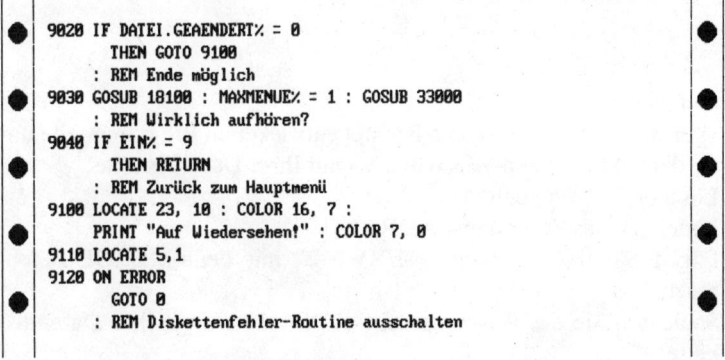

```
9020 IF DATEI.GEAENDERT% = 0
        THEN GOTO 9100
     : REM Ende möglich
9030 GOSUB 18100 : MAXMENUE% = 1 : GOSUB 33000
        : REM Wirklich aufhören?
9040 IF EIN% = 9
        THEN RETURN
     : REM Zurück zum Hauptmenü
9100 LOCATE 23, 10 : COLOR 16, 7 :
     PRINT "Auf Wiedersehen!" : COLOR 7, 0
9110 LOCATE 5,1
9120 ON ERROR
        GOTO 0
     : REM Diskettenfehler-Routine ausschalten
```

Die Ausgabetexte für die Hinweise werden durch das Modul ab Zeile 18100 bereitgestellt:

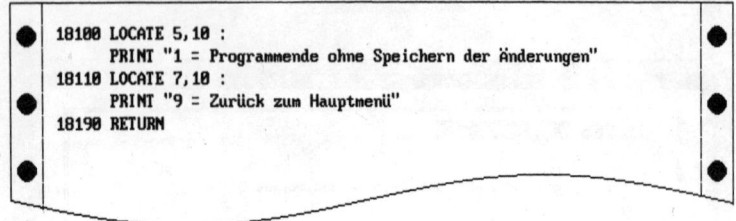

```
18100 LOCATE 5,10 :
      PRINT "1 = Programmende ohne Speichern der Änderungen"
18110 LOCATE 7,10 :
      PRINT "9 = Zurück zum Hauptmenü"
18190 RETURN
```

Bei den Dateidiensten "Datei anlegen", "Datei laden" und "Datei speichern" darf selbst aus Versehen der Merker DATEI.GEAEN-DERT% nicht auf 1 stehen. Bei Abarbeitung dieser Module muß daher dieser Merker auf 0 gesetzt werden. Die entsprechende Einfügung wird in folgenden Zeilen vorgenommen:

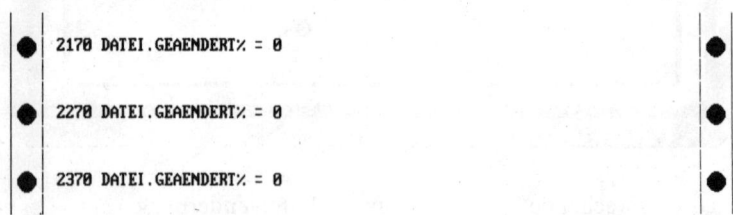

```
2170 DATEI.GEAENDERT% = 0

2270 DATEI.GEAENDERT% = 0

2370 DATEI.GEAENDERT% = 0
```

Aufgabe:
Speichern Sie die in diesem Kapitel entwickelten Programmteile unter dem Dateinamen "ERW0_2",A auf Ihrer Datendiskette!
Löschen Sie den Speicher!
Laden Sie das Programm "ADR0_1"!
Fügen Sie das Programm "ERW0_2" mit dem MERGE-Befehl hinzu!
Speichern Sie das Programm als "ADR0_2", A auf Ihre Datendiskette!

Übungen 6

1. In welchen Fällen ist ein Abbruch des Unterprogramms "Datensatz zufügen" notwendig?

a) _____

b) _____

c) _____

2. Warum wird ein leerer Datensatz in die Bereichsvariable ADR$(..) kopiert?

_____

_____

_____

3. Welche Routinen müssen aus dem Unterprogramm "Datensatz zufügen" (Zeile 612∅) nacheinander aufgerufen werden, um den Namen eingeben zu können?

Zeilennummer   Bezeichnung der Routine

a) _____

b) _____

4. Warum erfolgt nach der Eingabe des Namens und des Vornamens ein Suchlauf in der vorhandenen Adreßdatei?

_____

_____

_____

_____

5. In einer Adreßdatei ist ein Datensatz mit dem Namen "Schmidt" vorhanden. Ein neuer Datensatz "Schmitz" soll **eingefügt** werden.

a) Wie stellt der Computer fest, ob der Datensatz vor "Schmidt" oder hinter "Schmidt" eingeordnet werden muß?

_____

_____

_____

b) Wie wird in der Adreßdatei für diesen neuen Datensatz Platz geschaffen?

_____

_____

c) Welche Bedeutung hat in diesem Zusammenhang der Befehl SWAP?

_____

_____

6. Situation I: Eine Adreßdatei wurde geladen. Anschließend erfolgte die Ausgabe der Datensätze über den Drucker. Der Nutzer ruft danach das Unterprogramm "Programmende" auf.

Situation II: Eine Adreßdatei wurde geladen. Anschließend hat der Nutzer Datensätze zugefügt. Der Nutzer ruft danach das Unterprogramm "Programmende" auf.

Kann in der Situation I das Programm ohne Kontrollabfrage beendet werden?

_____

Welche Kontrollabfrage muß für die Situation II programmiert werden?

_____

_____

_____

Lösungen 6

1. In welchen Fällen ist ein Abbruch des Unterprogramms "Datensatz zufügen" notwendig?
   a) *Die Datei ist noch nicht im Arbeitsspeicher.*
   b) *Die maximale Satzzahl ist erreicht (Datei ist voll).*
   c) *Der Aufruf dieses Unterprogramms erfolgte versehentlich.*

2. Warum wird ein leerer Datensatz in die Bereichsvariable ADR$(..) kopiert?
   Die Bereichsvariable ADR$(..) dient zur Eingabe des Datensatzes (Eingabepuffer). Für die Abbildung der leeren Eingabefelder auf dem Bildschirm wird der leere Datensatz benötigt.

3. Welche Routinen müssen aus dem Unterprogramm "Datensatz zufügen" (Zeile 612Ø) nacheinander aufgerufen werden, um den Namen eingeben zu können?

Zeilennummer	Bezeichnung der Routine
a) *35ØØØ*	*Name hereinholen*
b) *32ØØØ*	*Zeichenkette eingeben*

4. Warum erfolgt nach der Eingabe des Namens und des Vornamens ein Suchlauf in der vorhandenen Adreßdatei?
Es soll festgestellt werden, ob eventuell ein Datensatz mit identischem Namen und Vornamen vorhanden ist. Die versehentliche doppelte Speicherung eines Datensatzes kann hierdurch vermieden werden.

5. In einer Adreßdatei ist ein Datensatz mit dem Namen "Schmidt" vorhanden. Ein neuer Datensatz "Schmitz" soll **eingefügt** werden.

a) Wie stellt der Computer fest, ob der Datensatz vor "Schmidt" oder hinter "Schmidt" eingeordnet werden muß?
Der Computer vergleicht die beiden Namen Zeichen für Zeichen im ASCII-Code. Auf Grund des ASCII-Wertes erfolgt eine korrekte Einordnung.

b) Wie wird in der Adreßdatei für diesen neuen Datensatz Platz geschaffen?
Der erste leere Datensatz wird schrittweise durch wiederholte Tauschvorgänge an die Einfügeposition gebracht.

c) Welche Bedeutung hat in diesem Zusammenhang der Befehl SWAP?
Mit SWAP können problemlos die Inhalte zweier Variablen gleichen Datentyps getauscht werden.

6. Situation I: Eine Adreßdatei wurde geladen. Anschließend erfolgte die Ausgabe der Datensätze über den Drucker. Der Nutzer ruft danach das Unterprogramm "Programmende" auf.

Situation II: Eine Adreßdatei wurde geladen. Anschließend hat der Nutzer Datensätze zugefügt. Der Nutzer ruft danach das Unterprogramm "Programmende" auf.

Kann in der Situation I das Programm ohne Kontrollabfrage beendet werden?
Ja, da keine Änderung der Datei erfolgte.
Welche Kontrollabfrage muß für die Situation II programmiert werden?
Der Nutzer muß gefragt werden, ob er das Programm ohne Speicherung der veränderten Datei beenden möchte oder ob er eine Speicherung über das Hauptmenü vornehmen will.

7 DATENSATZ LÖSCHEN – ENTFERNUNG ÜBERFLÜSSIGER DATENSÄTZE

7.1 Vorstellung des Unterprogramms

Bei der Erstellung des Rahmenprogramms (ADR∅_∅) wurde bereits in Zeile 7∅∅∅ der Aufruf des Rahmens und in Zeile 7∅1∅ der Aufruf der Ausgabe der Überschrift "Datensatz löschen" programmiert.

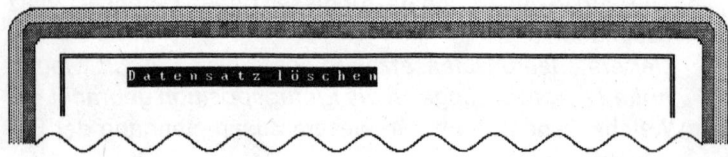

Das Unterprogramm "Datensatz löschen" ist folgendermaßen zu codieren:

```
7020 IF DATEI.EXISTIERT% = 0
        THEN FEHLERNR% = 4 : GOSUB 21000 : GOTO 7990
     : REM Datei existiert noch nicht, Satz kann nicht gelöscht werden
7030 GOSUB 17100 : MAXMENUE% = 1 : GOSUB 33000
     : REM Nr. einlesen
7040 IF EIN% = 9
        THEN GOTO 7990
     : REM Ende des UP
7100 SATZNR% = 0 : GOSUB 51000
     : REM Eingabebereich mit Leersatz füllen
7110 GOSUB 40000
     : REM Texte zur Eingabe ausgeben
7120 GOSUB 35000
     : REM Name hereinholen
7130 LOCATE 2, 65 : COLOR 16, 7 : PRINT "Suche Satz"; : COLOR 7, 0
7140 GOSUB 54000
     : REM Name suchen
7150 LOCATE 2, 65 : PRINT STRING$(14, " ");
7160 IF SATZ.EXISTIERT% = 0
        THEN FEHLERNR% = 19 : GOSUB 21000 :
            GOTO 7000
7161 : REM Kein Satz mit gleichem Namen oder nachfolgendem Namen
7200 GOSUB 51000 : GOSUB 41000
     : REM Satz auf dem Bildschirm ausgeben
7210 GOSUB 17200 : MAXMENUE% = 2 : GOSUB 33000
     : REM Eingabe Nummer
7220 IF EIN% = 2
        THEN SATZNR% = SATZNR% +1 :
            GOTO 7400
7221 : REM Nächster Satz
7230 IF EIN% = 9
        THEN GOTO 7000
     : REM Abbruch
7300 LOCATE 2, 65 : COLOR 16, 7 : PRINT "Lösche Satz"; : COLOR 7, 0
7310 IF SATZNR% < SATZZAHL%
        THEN GOSUB 55000
7311 : REM Matrix vorziehen, entfällt beim letzten Satz
7320 SATZZAHL% = SATZZAHL% -1
7330 DATEI.GEAENDERT% = 1
7340 LOCATE 2, 65 : PRINT STRING$(14, " ");
7350 FEHLERNR% = 20 : GOSUB 21000
     : REM Der Satz wird gelöscht
7400 IF SATZNR% <= SATZZAHL%
        THEN GOTO 7200
7410 FEHLERNR% = 21 : GOSUB 21000
     : REM Kein weiterer Satz vorhanden
7420 GOTO 7000
```

Die Fehlermeldung "Dieses Unterprogramm ist noch nicht fertig!" ist nun überflüssig und wird mit der Erstellung dieses Programmteils durch die neue Zeile 7Ø2Ø ersetzt.

In dieser Zeile wird wie bei dem Unterprogramm "Datensatz zufügen" geprüft, ob eine Datei angelegt bzw. in den Arbeitsspeicher geladen wurde. Steht für die Bearbeitung keine Datei zur Verfügung, wird die Fehlermeldung "Datei wurde noch nicht angelegt!" ausgegeben.

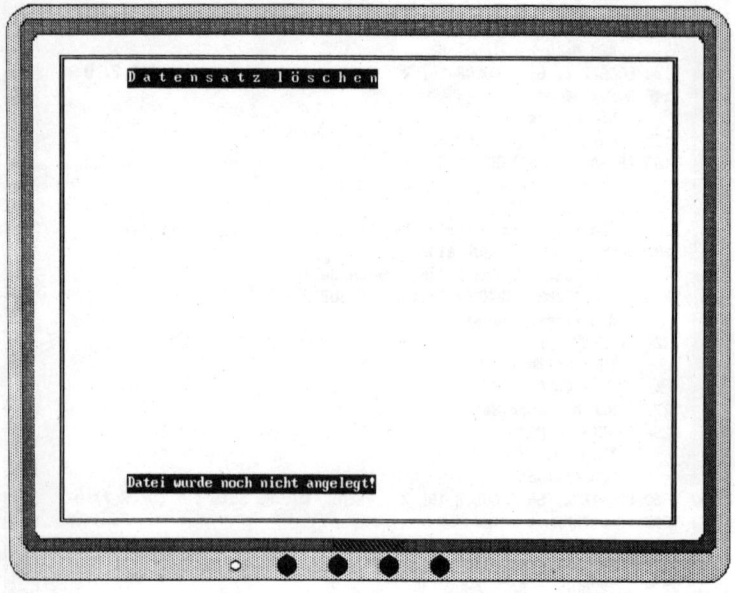

7.2 Abbruch des Unterprogramms

In Abhängigkeit von dem zur Verfügung gestellten Menü wird die Anzahl der alternativen Auswahlmöglichkeiten (MAXMENUE% = 1) festgelegt. Dieses Menü umfaßt folgenden Text:

```
17100 LOCATE 21, 10 :
      PRINT "Satz aufrufen = 1 , Zurück zum Hauptmenü = 9"
17190 RETURN
```

Über die Routine (ab Zeile 33000) erfolgt die Eingabe und Plausibilitätsprüfung. Gibt der Benutzer eine <9> ein, so wird dieses Unterprogramm ohne Bearbeitung eines Datensatzes beendet, und das Hauptmenü erneut aufgerufen.

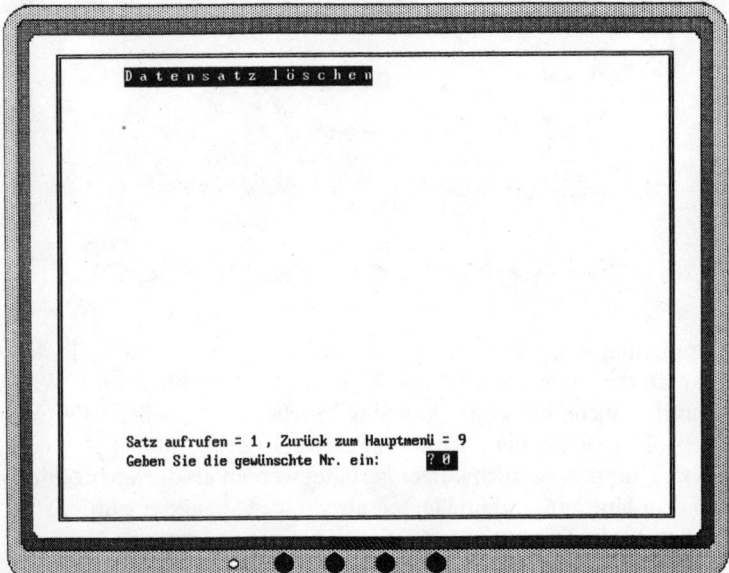

7.3 Datensatz zum Löschen suchen

Um einen Datensatz zu löschen, muß der entsprechende Datensatz
über den Namen eindeutig identifiziert werden. Bei der Eingabe dieses Namens über die Tastatur erfolgt die Ausgabe des entsprechenden
Datensatzes auf dem Bildschirm. Die Eingabe des Namens erfolgt
über die Bereichsvariable ADR$(..). Hierzu ist es notwendig, den für
solche Zwecke reservierten leeren Datensatz ADRESSE$(∅,..) in die
Bereichsvariable ADR$(..) zu kopieren. Programmtechnisch ge-
schieht dies in folgenden Schritten:

■ Zuweisung des Wertes ∅ an die Variable SATZNNR% (Zeile 71∅∅)
■ Aufruf der Routine "Satz aus der Matrix herauskopieren" (ab
  51∅∅∅)
■ Ausgabe der Feldbezeichnungen (Name, Vorname ..) auf dem
  Bildschirm (Zeile 711∅, Routine ab Zeile 4∅∅∅∅)
■ Eingabe des Namens über die Tastatur (Zeile 712∅, Routine ab
  Zeile 35∅∅∅)

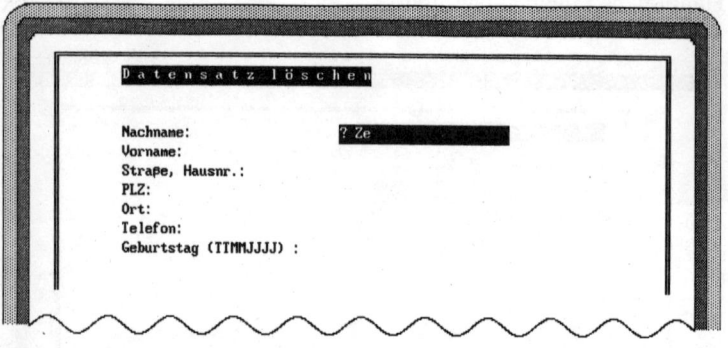

Für die nun folgende Suchroutine genügt es, wenn ein Teil – im Ex-
tremfall der erste Buchstabe – des Namens eingegeben wird. Während der Suche blinkt die Meldung "Suche Satz" (Zeilen 713∅ und
715∅). Der Aufruf der Suchroutine erfolgt in Zeile 714∅. Diese Suchroutine kann wesentlich kürzer gestaltet werden als die Suchroutine,
die vom Unterprogramm "Datensatz zufügen" benötigt wurde. Hier
wird der erste Datensatz gesucht, auf den der eingegebene Name zutrifft. Für diese Suchroutine ergibt sich folgende Codierung:

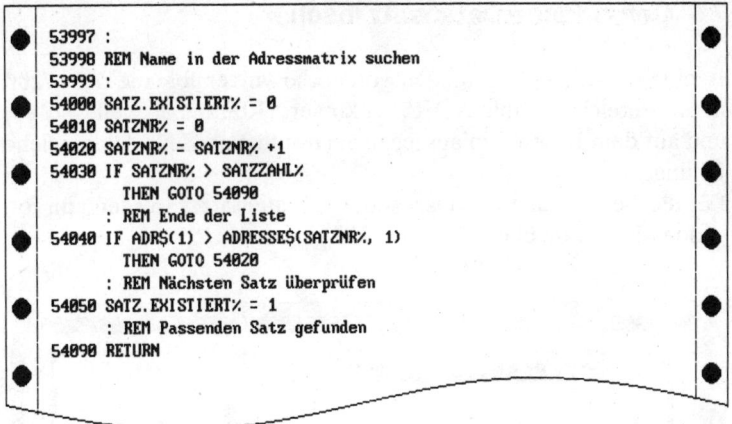

```
53997 :
53998 REM Name in der Adressmatrix suchen
53999 :
54000 SATZ.EXISTIERT% = 0
54010 SATZNR% = 0
54020 SATZNR% = SATZNR% +1
54030 IF SATZNR% > SATZZAHL%
         THEN GOTO 54090
       : REM Ende der Liste
54040 IF ADR$(1) > ADRESSE$(SATZNR%, 1)
         THEN GOTO 54020
       : REM Nächsten Satz überprüfen
54050 SATZ.EXISTIERT% = 1
       : REM Passenden Satz gefunden
54090 RETURN
```

Die Suchroutine ist folgendermaßen aufgebaut:

Der Merker SATZ.EXISTIERT% wird auf ∅ (= nein) gesetzt. Die Zählvariable für den Suchlauf SATZNR% erhält ebenfalls den Wert ∅. Zu Beginn des ersten Suchlaufs erfolgt die Erhöhung des Wertes dieser Variablen um 1 (Zeile 54∅2∅). Ist die Satznummer größer als die Anzahl der im Arbeitsspeicher befindlichen Datensätze, dann ist kein Datensatz mit einem entsprechenden Namen vorhanden (Zeile 54∅3∅). In diesem Fall wird die Routine beendet.

Ist der ASCII-Wert des eingegebenen Namens (ADR$(1)) größer als der ASCII-Wert des Namens des Datensatzes, mit dem der Vergleich erfolgt, verzweigt das Programm zur Zeile 54∅2∅, in der die Satznummer bei jedem Vergleich um 1 erhöht wird. Anschließend werden die Vergleiche erneut durchgeführt.

Ist der ASCII-Wert des eingegebenen Namens kleiner oder entspricht er dem ASCII-Wert des betrachteten Datensatzes, so wird in Zeile 54∅5∅ der Merker SATZ.EXISTIERT% auf 1 gesetzt, d. h. die Suche war erfolgreich, da ein passender Satz gefunden wurde.

Wird im Suchlauf kein Satz mit entsprechendem Namen gefunden (SATZ.EXISTIERT% = ∅), so wird über das aufrufende Unterprogramm (Zeile 716∅) die Fehlermeldung "Kein passender Satz gefunden!" ausgegeben, und das Unterprogramm "Datensatz löschen" kann erneut gestartet werden.

7.4 Gefundenen Datensatz löschen

Ist ein passender Satz gefunden worden, so wird er über die Zeile 72ØØ
in die Bereichsvariable ADR$(..) kopiert (Routine ab Zeile 51ØØØ)
und auf dem Bildschirm ausgegeben (Routine ab Zeile 41ØØØ, siehe
Übung).

Für die Bearbeitung des ausgegebenen Datensatzes werden nun folgende Menütexte über die Zeile 721Ø aufgerufen:

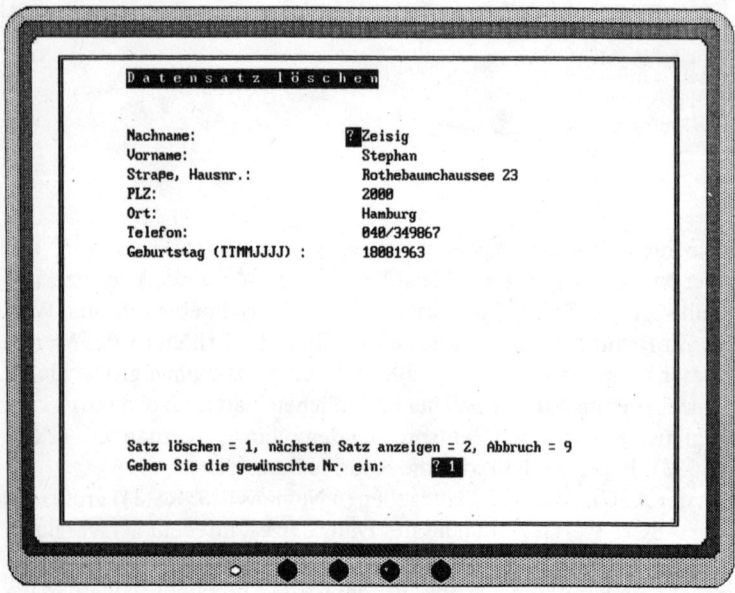

Der Text wird wie folgt programmiert:

```
17200 LOCATE 21, 10 : PRINT
      "Satz löschen = 1, nächsten Satz anzeigen = 2, Abbruch = 9"
17290 RETURN
```

In Abhängigkeit von den im Menü angebotenen Möglichkeiten wird MAXMENUE% der Wert 2 zugewiesen. Anschließend erfolgen Eingabe und Plausibilitätsprüfung in der Routine ab Zeile 33000.

In Abhängigkeit vom eingegebenen Wert wird bei EIN% = 2 (= nächsten Satz anzeigen) die SATZNR% um 1 erhöht und anschließend zur Zeile 7400 gesprungen. Dort wird die Ausgabe des folgenden Datensatzes vorbereitet. Hat der Nutzer die Menüalternative <9> gewählt, erfolgt der Sprung zum Anfang dieses Unterprogramms mit der Möglichkeit, das Unterprogramm zu beenden oder einen anderen Suchbegriff einzugeben.

Bei der Menüalternative <1> ist der auf dem Bildschirm ausgegebene Datensatz zu löschen. In Zeile 7300 wird der Löschvorgang durch die blinkende Meldung "Lösche Satz" signalisiert. Nach Beendigung des Löschvorgangs wird diese Meldung in Zeile 7340 durch Leerzeichen überschrieben.

Ist der zu löschende Datensatz nicht der letzte Datensatz der Adreßdatei, dann muß dieser Datensatz aus der Matrix ADRESSE$(..,..) entfernt werden. Dabei wird der umgekehrte Weg beschritten, wie bei der in Kapitel 6 behandelten Routine "Platz in der Matrix schaffen". Der zu löschende Satz tauscht mit Hilfe des Befehls SWAP mit seinem Nachfolger den Platz. Dieser Vorgang wird so lange wiederholt, bis der Satz das Ende der Datei erreicht hat. Die Codierung dieser Routine ab Zeile 55000 ist Teil der Übungsaufgabe.

7.5 Logische oder physikalische Löschung?

Der Datensatz wird zunächst logisch gelöscht, indem der Zähler für die Anzahl der Datensätze (SATZZAHL%) um 1 reduziert wird. War der zu löschende Datensatz zufällig der letzte Datensatz der Adreßdatei, dann genügt diese Zuweisung, um ihn logisch zu löschen. Beim Speichern der Adreßdatei bleiben alle Sätze mit SATZNR% > SATZ-ZAHL% unberücksichtigt. Sie werden also nicht in die neue Datei auf dem Datenspeicher übernommen. Somit wird der logisch gelöschte Datensatz erst beim Speichern auch physikalisch gelöscht.

In Zeile 7330 wird der Merker DATEI.GEAENDERT% auf 1 (= ja) gesetzt, damit der Nutzer beim Aufruf der Ende-Routine darauf hingewiesen wird, daß er die Adreßdatei speichern muß, wenn diese Veränderung auf Dauer berücksichtigt werden soll.

Der abschließende Hinweis "Der Datensatz wurde gelöscht!" wird über die Fehlerroutine aufgerufen (Zeile 735∅).

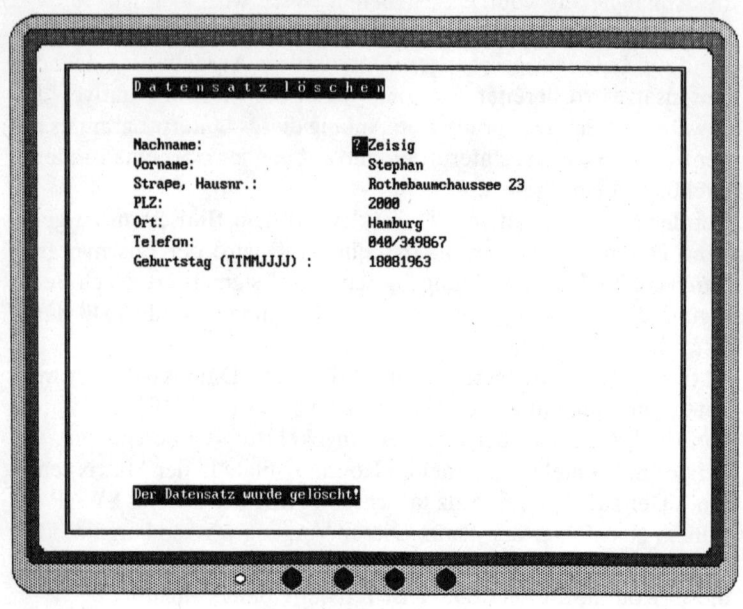

Wird ein Satz gelöscht, so erhält der nachfolgende Datensatz über den SWAP-Befehl die Nummer des gelöschten Datensatzes.

7.6 Ausgabe des folgenden Datensatzes

In Zeile 74∅∅ wird geprüft, ob die aktuelle Satznummer kleiner oder gleich ist als die im Arbeitsspeicher befindliche (reduzierte) Anzahl von Datensätzen. Trifft dies zu, so wird dieser Datensatz ausgegeben (Rücksprung zur Zeile 72∅∅). Andernfalls erscheint folgende Fehlermeldung:

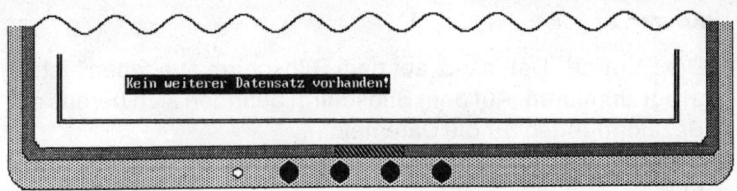

Anschließend wird an den Anfang des Unterprogramms "Datensatz löschen" verzweigt.

7.7 Restarbeiten

Zur Vervollständigung des Erweiterungsprogramms sind noch die Versionsnummer und die Fehlertexte aufzunehmen.

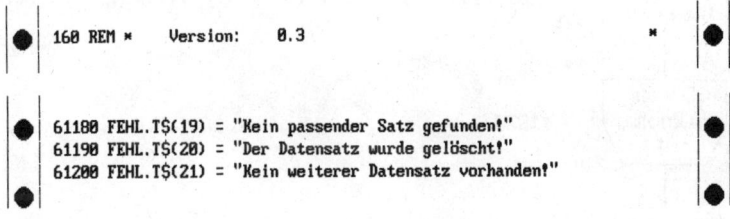

```
160 REM *   Version:   0.3                                    *
```

```
61180 FEHL.T$(19) = "Kein passender Satz gefunden!"
61190 FEHL.T$(20) = "Der Datensatz wurde gelöscht!"
61200 FEHL.T$(21) = "Kein weiterer Datensatz vorhanden!"
```

Aufgabe:
Speichern Sie die in diesem Kapitel entwickelten Programmteile unter dem Dateinamen "ERWØ_3",A auf Ihre Datendiskette!
Löschen Sie den Arbeitsspeicher!
Laden Sie das Programm "ADRØ_2"!
Fügen Sie das Programm "ERWØ_3" hinzu!
Speichern Sie das Programm als "ADRØ_3",A auf Ihre Datendiskette!

Übungen 7

1. Die Routine "Datensatz auf dem Bildschirm ausgeben" ist zu programmieren. Auf dem Bildschirm befinden sich bereits die Bezeichnungen für die Datenfelder.
Grundlage für die Codierung ist folgender Programmablaufplan:

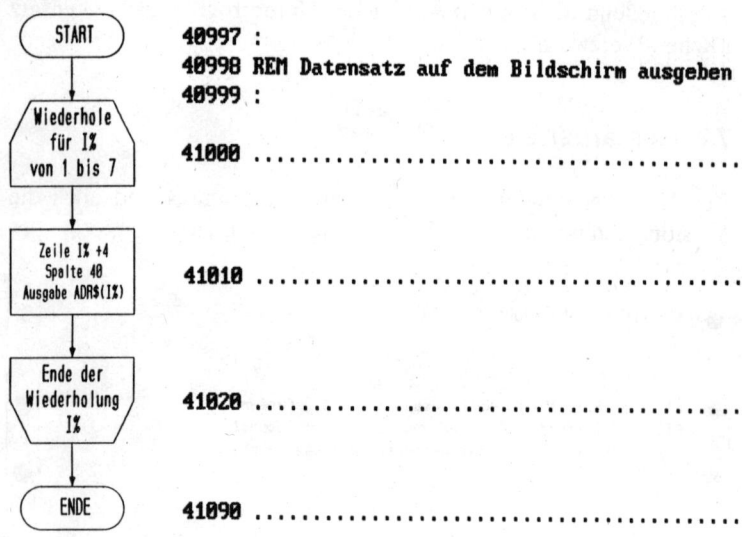

```
40997 :
40998 REM Datensatz auf dem Bildschirm ausgeben
40999 :

41000 .......................................

41010 .......................................

41020 .......................................

41090 .......................................
```

2. Die Routine zur Verschiebung des zu löschenden Datensatzes ist an Hand des folgenden Programmablaufplans zu programmieren:

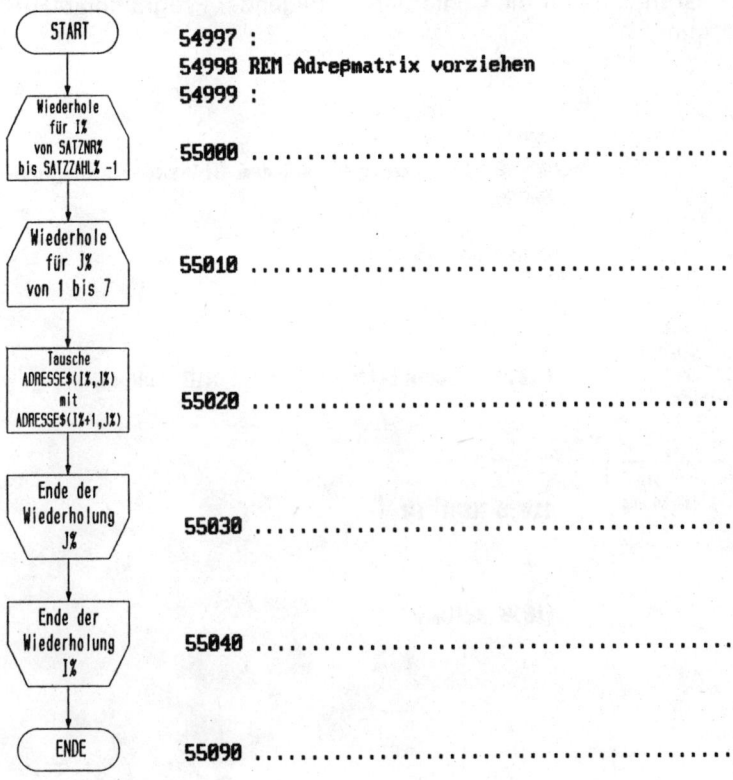

```
54997 :
54998 REM Adreßmatrix vorziehen
54999 :

55000 ...........................................

55010 ...........................................

55020 ...........................................

55030 ...........................................

55040 ...........................................

55090 ...........................................
```

Lösungen 7

1. Die Routine "Datensatz auf dem Bildschirm ausgeben" ist zu programmieren. Auf dem Bildschirm befinden sich bereits die Bezeichnungen für die Datenfelder.
   Grundlage für die Codierung ist folgender Programmablaufplan:

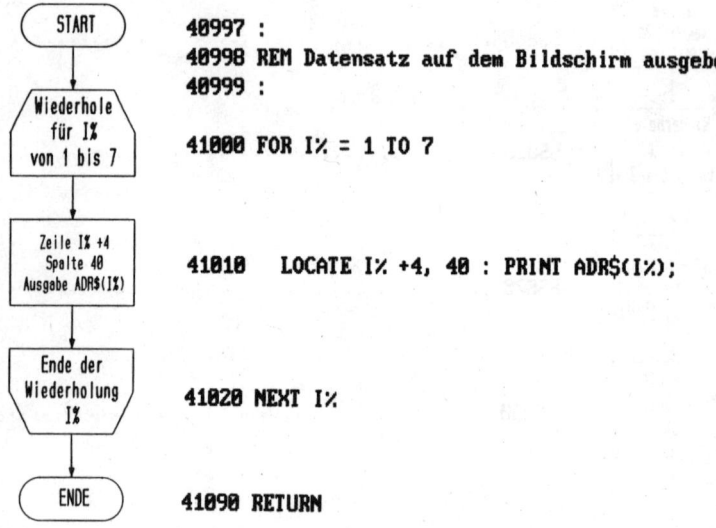

```
40997 :
40998 REM Datensatz auf dem Bildschirm ausgeben
40999 :

41000 FOR I% = 1 TO 7

41010    LOCATE I% +4, 40 : PRINT ADR$(I%);

41020 NEXT I%

41090 RETURN
```

2. Die Routine zur Verschiebung des zu löschenden Datensatzes ist an Hand des folgenden Programmablaufplans zu programmieren:

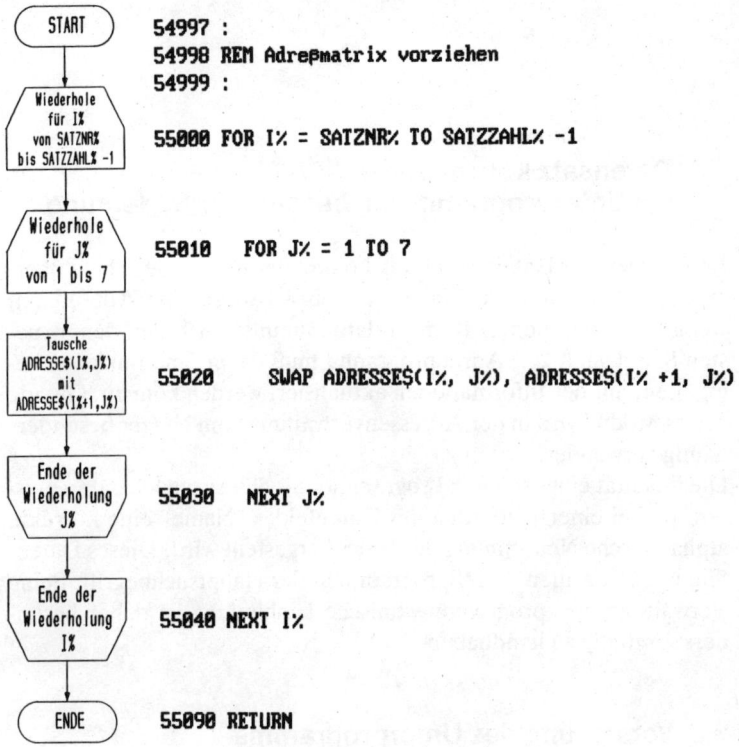

```
           54997 :
           54998 REM Adreßmatrix vorziehen
           54999 :

           55000 FOR I% = SATZNR% TO SATZZAHL% -1

           55010    FOR J% = 1 TO 7

           55020       SWAP ADRESSE$(I%, J%), ADRESSE$(I% +1, J%)

           55030    NEXT J%

           55040 NEXT I%

           55090 RETURN
```

8 DATENSATZ KORRIGIEREN – DATENPFLEGE MUSS SEIN

8.1 Datensatz korrigieren – ein Unterprogramm von besonderer Bedeutung

Im Rahmen der Dateiverwaltung kommt der Datenpflege eine überragende Bedeutung zu. Was nützt beispielsweise eine Adreßdatei, wenn Informationen, z. B. die Telefonnummer, nicht auf dem neuesten Stand sind. Ein Adreßprogramm muß daher eine Funktion beinhalten, mit der Informationen aktualisiert werden können. Gerade dieses Modul wird in der Adressenverwaltung vom Nutzer besonders häufig verwendet.

Die Qualität eines solchen Programmoduls läßt sich auch daran messen, ob bei einer Änderung des Datenfeldes "Name" eine korrekte alphabetische Neuordnung der Datei hergestellt wird. Dieses Datenfeld ist in fast allen Adreßprogrammen der Hauptsuchbegriff. Seine Verwaltung und programmtechnische Einbindung ist daher besonders sorgfältig zu handhaben.

8.2 Vorstellung des Unterprogramms

Die Entwicklung des Unterprogramms "Datensatz korrigieren" entspricht weitgehend dem Vorgehen in den letzten Kapiteln. Zuerst werden aus dem Rahmenprogramm ADRØ_Ø die Anweisungen 5ØØØ und 5Ø1Ø übernommen. Hierbei handelt es sich um die Erstellung des Rahmens sowie die Ausgabe der Überschrift.

Für die weitere Vervollständigung des Unterprogramms sind folgende Programmzeilen notwendig:

```
5020 IF DATEI.EXISTIERT% = 0
        THEN FEHLERNR% = 4 : GOSUB 21000 :
            GOTO 5990
5021 : REM Datei existiert noch nicht,
            Satz kann nicht bearbeitet werden
5030 GOSUB 15100 : MAXMENUE% = 1 : GOSUB 33000
        : REM Nr. einlesen
5040 IF EIN% = 9
        THEN GOTO 5990
        : REM Ende des UP
5100 SATZNR% = 0 : GOSUB 51000
        : REM Eingabebereich mit Leersatz füllen
5110 GOSUB 40000
        : REM Texte zur Eingabe ausgeben
5120 GOSUB 35000
        : REM Name hereinholen
5130 LOCATE 2, 65 : COLOR 16, 7 : PRINT "Suche Satz"; : COLOR 7, 0
5140 GOSUB 54000
        : REM Name suchen
5150 LOCATE 2, 65 : PRINT STRING$(14, " ");
5160 IF SATZ.EXISTIERT% = 0
        THEN FEHLERNR% = 19 : GOSUB 21000 :
            GOTO 5000
5161 : REM Kein Satz mit gleichem Namen oder nachfolgendem Namen
```

In Zeile 5Ø2Ø erfolgt die hinlänglich bekannte Prüfung, ob bereits eine Datei in den Arbeitsspeicher geladen wurde. Anschließend wird die Menüauswahl in den Bildschirm eingeblendet (Zeile 5Ø3Ø). Hierfür sind folgende Texte zu programmieren:

```
15100 LOCATE 21, 10 :
        PRINT "Satz aufrufen = 1 , Zurück zum Hauptmenü = 9"
15190 RETURN
```

Entsprechend der Anzahl der Wahlmöglichkeiten wird der Variablen MAXMENUE% der Wert 1 zugewiesen. Nach der Eingabe des Wertes (Modul 33000) erfolgt eine Plausibilitätsprüfung. Bei Eingabe einer <9> verzweigt das Programm zum Hauptmenü, bei Eingabe einer <1> kann ein Datensatz aufgerufen werden.

8.3 Datensatzsuche

Der Aufruf des Datensatzes erfordert die Ausgabe eines leeren Datensatzes auf dem Bildschirm (Zeilen 5100–5110). Anschließend kann der Suchbegriff (für das Datenfeld "Name") eingegeben werden. Hierbei genügt auch die Eingabe von Teilen des Namens.

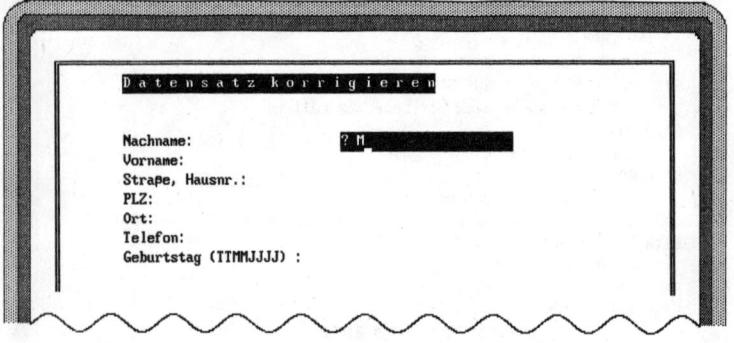

Auf Grund der Eingabe wird der erste zutreffende Datensatz gesucht. Während der Suche blinkt auf dem Bildschirm der Hinweis "Suche Satz" (Zeile 5120 und 5140). Ist die Suche erfolglos, so wird der Variablen SATZ.EXISTIERT% der Wert 0 zugewiesen. Über die bereits bekannte Fehlerroutine wird eine entsprechende Fehlermeldung ("Kein passender Satz gefunden!") auf dem Bildschirm ausgegeben und das Unterprogramm erneut gestartet.

8.4 Korrektur eines Datensatzes

War die Suche erfolgreich, so wird die gefundene Satznummer in der
Variablen HILFSSPEICHER% gesichert. Der Satz wird auf dem
Bildschirm ausgegeben. Anschließend hat der Nutzer folgende Mög-
lichkeiten:

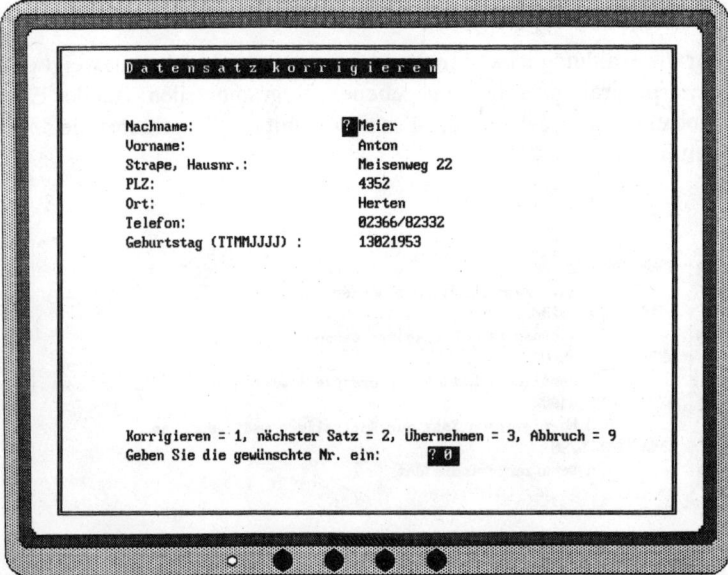

```
Datensatz korrigieren


Nachname:              ?Meier
Vorname:               Anton
Straße, Hausnr.:       Meisenweg 22
PLZ:                   4352
Ort:                   Herten
Telefon:               02366/82332
Geburtstag (TTMMJJJJ) : 13021953




Korrigieren = 1, nächster Satz = 2, Übernehmen = 3, Abbruch = 9
Geben Sie die gewünschte Nr. ein:  ? 0
```

Hierzu ist folgende Codierung notwendig:

```
5200 HILFSSPEICHER% = SATZNR%
     : REM Satznr dieses Satzes aufbewahren
5210 GOSUB 51000 : GOSUB 41000
     : REM Satz auf dem Bildschirm ausgeben
5220 GOSUB 15200 : MAXMENUE% = 3 : GOSUB 33000
     : REM Menünummer
5230 IF EIN% = 9
        THEN GOTO 5000
     : REM UP noch einmal
5240 IF EIN% = 3
        THEN GOTO 5500
     : REM Satz übernehmen
5250 IF EIN% = 2
        THEN GOTO 5400
     : REM nächsten Satz suchen
```

```
15200 LOCATE 21, 10 : PRINT
      "Korrigieren = 1, nächster Satz = 2, Übernehmen = 3, Abbruch =9"
15290 RETURN
```

Für die Wahlmöglichkeiten 2 und 3 sowie 9 des Menüs verzweigt das Unterprogramm zu den angegebenen Programmzeilen. Bei der Eingabe einer <1> arbeitet das Programm mit der Programmzeile 53ØØ weiter.

```
5300 GOSUB 35000
     : REM Name kann korrigiert werden
5310 GOSUB 35100
     : REM Vorname kann korrigiert werden
5320 GOSUB 35200
     : REM restlicher Satz kann korrigiert werden
5330 GOSUB 41000
     : REM korrigierten Satz zur Kontrolle erneut ausgeben
5340 GOTO 5220
     : REM Benutzer entscheidet
```

In diesem Programmteil werden die jeweiligen Unterprogramme zur Eingabe der Datenfelder aufgerufen. Hierdurch können die Inhalte dieser Felder überschrieben werden.

Da wir zu diesem Zeitpunkt und aus Vereinfachungsgründen die Eingabe von Daten noch über den BASIC-Befehl INPUT durchführen, ist folgendes zu beachten:

- Sind Datenfelder unverändert zu übernehmen, so muß der Cursor an das Ende des angezeigten Textes geführt werden. Erst dann ist die <RETURN>-Taste zu betätigen. Steht der Cursor am Anfang des Datenfeldes, und Sie betätigen die <RETURN>-Taste, wird ein leeres Datenfeld erzeugt.

- Beim Überschreiben des Inhalts des Datenfeldes müssen Reste des ursprünglichen Inhalts mit Leerzeichen überschrieben werden.

Beispiel:

Name: Richardi   soll geändert werden in   Meier
Bildschirmausgaben nach der Eingabe von Meier:
Name: ' Meierrdi
Die letzten drei Buchstaben müssen mit der Leertaste überschrieben werden.

Nach der Korrektur wird der Satz zur Kontrolle erneut auf dem Bildschirm ausgegeben. Durch einen Rücksprung in die Zeile 522Ø hat der Nutzer wieder die Wahlmöglichkeiten 1 bis 3 sowie 9.

8.5 Bearbeitung des nächsten Datensatzes

Die Bearbeitung der Auswahlmöglichkeit "nächster Satz = 2" erfolgt ab Zeile 54ØØ.

```
5400 SATZNR% = SATZNR% +1
5410 IF SATZNR% > SATZZAHL%
     THEN FEHLERNR% = 21 : GOSUB 21000 :
          GOTO 5000
5411 : REM Kein weiterer Satz vorhanden
5420 GOTO 5200
     : REM Diesen Satz anzeigen
```

Die Variable SATZNR% wird um 1 erhöht, damit der nächste Datensatz aufgerufen werden kann. Ist das Dateiende erreicht (SATZNR% > SATZZAHL%), so wird eine entsprechende Fehlermeldung ausgegeben und das Unterprogramm erneut gestartet. Ansonsten wird zur Zeile 52ØØ mit der Abarbeitung der folgenden Zeilen gesprungen, die die Ausgabe dieses Datensatzes und die besprochene Menüauswahl ermöglichen.

8.6 Übernahme des Datensatzes in die Adreßdatei

Nach der Korrektur eines Datensatzes ist die Übernahme in die Adreßdatei zu programmieren. Hierbei sind zwei Fälle zu unterscheiden:

■ Name und Vorname sind unverändert: Der Datensatz kann an der bisherigen Position verbleiben.

■ Name und/oder Vorname wurden geändert: Der Datensatz ist innerhalb der Adreßdatei neu einzufügen.

Die Codierung dieses Teils des Unterprogramms sieht folgendermaßen aus:

```
5500 LOCATE 2, 65 : COLOR 16, 7 : PRINT "Ändere Satz"; : COLOR 7, 0
5510 IF    (ADR$(1) = ADRESSES$(SATZNR%, 1))
         AND (ADR$(2) = ADRESSES$(SATZNR%, 2))
              THEN GOTO 5800
5511 : REM Name und Vorname unverändert, einfacher Austausch
5520 GOSUB 52000
      : REM Satz nach Name und Vorname suchen
5530 IF SATZ.EXISTIERT% = 0
      THEN GOTO 5700
      : REM Satz existiert noch nicht
5600 GOSUB 15300 : MAXMENUE% = 2 : GOSUB 33000
      : REM Nr. einlesen
5610 IF EIN% = 9
      THEN GOTO 5800
      : REM Operation abbrechen
5620 IF EIN% = 1
      THEN GOTO 5300
      : REM Satz noch einmal korrigieren
5700 SWAP SATZNR%, HILFSSPEICHER%
      : REM Tausch der Speicherinhalte
5710 IF SATZNR% < SATZZAHL%
      THEN GOSUB 55000
      : REM Matrix vorziehen
5720 SATZZAHL% = SATZZAHL% -1
5730 GOSUB 52000
      : REM Jetzt neuen Platz suchen
5740 IF SATZNR% <= SATZZAHL%
      THEN GOSUB 53000
      : REM Platz zum Einfügen des Satzes schaffen
5750 SATZZAHL% = SATZZAHL% +1
5800 GOSUB 50000
      : REM Satz in Matrix kopieren
5810 LOCATE 2, 65 : PRINT STRING$(14, " ");
5830 DATEI.GEAENDERT% = 1
5840 GOTO 5000
```

Während des Rückschreibens des geänderten Datensatzes in die Adreßdatei erscheint auf dem Bildschirm die Meldung "Ändere Satz". In Zeile 5510 wird überprüft, ob Name und Vorname unverändert sind. Bei unveränderten Datenfeldern erfolgt eine Verzweigung zur Zeile 5800. Diese Zeile veranlaßt die Überschreibung des Satzes mit den neuen Inhalten.

Ist der Name oder Vorname geändert worden, so wird das Modul "Satz in Matrix suchen", das Sie bereits aus dem Kapitel 6 kennen, aufgerufen. Die Adreßdatei wird zunächst daraufhin geprüft, ob bereits ein Datensatz mit gleichem Namen und Vornamen vorhanden ist. Findet der Computer einen solchen Datensatz (SATZ.EXISTIERT% = 1), dann muß der Nutzer entscheiden, ob der Datensatz eingefügt werden soll.

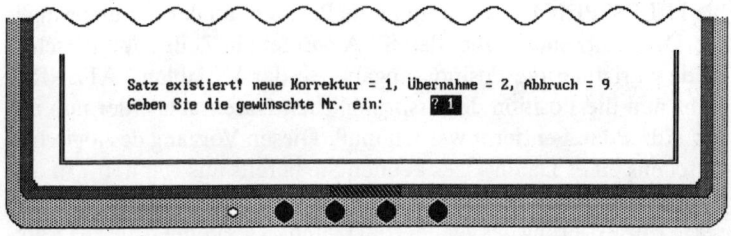

```
Satz existiert! neue Korrektur = 1, Übernahme = 2, Abbruch = 9
Geben Sie die gewünschte Nr. ein:     ? 1
```

Eingefügt werden muß er in den seltenen Fällen, in denen Adressen mit gleichem Namen und Vornamen vorhanden, die übrigen Datenfelder jedoch unterschiedlich sind.

Die Texte für die Menüauswahl in diesem Fall werden in Zeile 15300–15390 programmiert.

```
15300 LOCATE 21, 10 : PRINT
      "Satz existiert! neue Korrektur = 1, Übernahme = 2, Abbruch = 9"
15390 RETURN
```

Der Ansprung erfolgt über die Zeile 5600, in der auch die Menüsteuerung und die Plausibilitätsprüfung aufgerufen werden (GOSUB 33000). Durch Eingabe der <9> kann die augenblickliche Arbeit abgebrochen und das Unterprogramm erneut gestartet werden. Die Eingabe einer <1> bewirkt einen Rücksprung zur Zeile 5300, um eine erneute Korrektur des Datensatzes zu ermöglichen. Ein solcher Rücksprung ist beispielsweise bei fehlerhafter Eingabe des Namens oder des Vornamens notwendig. Gibt der Nutzer eine <2> ein (Übernahme), so arbeitet das Programm mit der Zeile 5700 weiter. Diese Zeile wird ebenfalls angesprungen, wenn die Adreßdatei keinen Datensatz mit gleichem Namen und Vornamen enthält (SATZ.EXISTIERT% = 0).

Die Variable SATZNR% enthält auf Grund des Suchlaufs die Position, in die der neue Datensatz einsortiert werden müßte. Die Variable HILFSSPEICHER% enthält die Position, an der der ursprüngliche Datensatz steht. Über den SWAP-Befehl in Zeile 5700 tauschen beide Variablen die Positionsangabe. In der Variablen SATZNR% steht nun die Position des ursprünglichen Datensatzes, der nun aus der Adreßdatei entfernt werden muß. Diesen Vorgang des logischen Löschens eines Datensatzes kennen Sie bereits aus Kapitel 7. In den Zeilen 5710 und 5720 ist dieser Löschvorgang programmiert. Die korrekte Einsortierung des geänderten Datensatzes kennen Sie aus Kapitel 6. In den Zeilen 5730 bis 5750 wird die neue Position des geänderten Datensatzes gesucht und an dieser Stelle der notwendige Platz zum Einfügen des Datensatzes bereitgestellt.

Zeile 5800 veranlaßt dann die Kopie des Datensatzes aus der Bereichsvariablen ADR$(..) an die richtige Position der Adreßdatei. Diese Zeile wird auch angesprungen (Zeile 5510), wenn Name und Vorname eines Datensatzes nicht geändert, aber andere Datenfelder, wie beispielsweise PLZ, Ort, Straße usw. korrigiert wurden.

Nach Änderung der Adreßdatei wird die Bildschirmmeldung "Ändere Satz" wieder gelöscht (Zeile 5810) und der Merker DATEI.GE-AENDERT% auf 1 gesetzt. Anschließend wird das Unterprogramm "Datensatz korrigieren" erneut gestartet.

Übungen 8

1. In einer Adreßdatei soll ein Datensatz korrigiert werden. Als Suchbegriff werden der Name oder Teile des Namens eingegeben. Welche Schritte muß das Programm danach ausführen, damit eine Korrektur des Datensatzes erfolgt?

   Schritt 1: _____

   Schritt 2: _____

   Schritt 3: _____

   Schritt 4: _____

   Schritt 5: _____

2. Nach der Korrektur eines Datensatzes erscheint in unserem Adreßprogramm erneut der Datensatz auf dem Bildschirm. Das Untermenü bietet die Möglichkeiten "Korrigieren", "nächster Satz", "Übernehmen" oder "Abbruch".
   Warum wird der Datensatz nach der Korrektur nicht automatisch in die Adreßdatei übernommen?

   _____

   _____

   _____

   _____

3. Bei der Korrektur des Namens in einem Satz der Adreßdatei findet das Programm beim Suchlauf einen Satz mit dem gleichen Suchbegriff (gleicher Name und gleicher Vorname). Welche Möglichkeiten sollte ein Adreßprogramm in diesem Fall bereithalten?

   _____

   _____

   _____

4. Immer wenn ein neues Modul für das Adreßprogramm erstellt wurde, erfolgte ein exakter Hinweis auf den Stand der Programmentwicklung.

   a) Welchen Hinweis gibt ein Softwareproduzent zum Stand der Programmentwicklung und -pflege?

   _____

   _____

   b) Codieren Sie für das Adreßprogramm die Zeile mit diesem korrekten Hinweis!

Lösungen 8

1. In einer Adreßdatei soll ein Datensatz korrigiert werden. Als Suchbegriff werden der Name oder Teile des Namens eingegeben. Welche Schritte muß das Programm danach ausführen, damit eine Korrektur des Datensatzes erfolgt?
   Schritt 1: Suchen des Datensatzes (ggf. wiederholt)
   Schritt 2: Ausgabe des Datensatzes
   Schritt 3: Korrektur des Datensatzes
   Schritt 4: evtl. Löschen des alten Satzes und Platz schaffen
   Schritt 5: Datensatz zurückschreiben

2. Nach der Korrektur eines Datensatzes erscheint in unserem Adreßprogramm erneut der Datensatz auf dem Bildschirm. Das Untermenü bietet die Möglichkeiten "Korrigieren", "nächster Satz", "Übernehmen" oder "Abbruch".
   Warum wird der Datensatz nach der Korrektur nicht automatisch in die Adreßdatei übernommen?
   Es besteht die Möglichkeit, daß bei der Korrektur eine fehlerhafte Eingabe erfolgte. Daher muß die Möglichkeit bestehen, eine Korrektur ohne erneuten Aufruf dieses Unterprogramms zu wiederholen.

3. Bei der Korrektur des Namens in einem Satz der Adreßdatei findet das Programm beim Suchlauf einen Satz mit dem gleichen Suchbegriff (gleicher Name und gleicher Vorname). Welche Möglichkeiten sollte ein Adreßprogramm in diesem Fall bereithalten?
   erneute Korrektur des Datensatzes
   Übernahme des Datensatzes
   Abbruch des Unterprogramms

4. Immer wenn ein neues Modul für das Adreßprogramm erstellt wurde, erfolgt ein exakter Hinweis auf den Stand der Programmentwicklung.
   a) Welchen Hinweis gibt ein Softwareproduzent zum Stand der Programmentwicklung und -pflege?
      Er dokumentiert den Programmstand durch eine Versionsnummer.
   b) Codieren Sie für das Adreßprogramm die Zeile mit diesem korrekten Hinweis!

● 160 REM ×   Version: 0.4   ×   ●

Aufgabe:

Speichern Sie die in diesem Kapitel entwickelten Programmteile unter dem Dateinamen "ERWØ_4",A auf Ihre Datendiskette!

Löschen Sie den Speicher!

Laden Sie das Programm "ADRØ_3"!

Fügen Sie das Programm "ERWØ_4" hinzu!

Speichern Sie das Programm als "ADRØ_4",A auf Ihre Datendiskette!

9 BILDSCHIRM-AUSGABE VON DATENSÄTZEN

9.1 Codierung des Unterprogramms

Bei der Entwicklung des Unterprogramms "Bildschirm-Ausgabe" ist aus dem Hauptprogramm zunächst die Ausgabe des Rahmens und der Überschrift (Zeile 3000 und 3010) zu übernehmen. Die übliche Prüfung, ob eine Adreßdatei im Arbeitsspeicher vorhanden ist, und die Ausgabe des Menüs einschließlich der Eingabe der Auswahlziffer erfordern folgende Codierung:

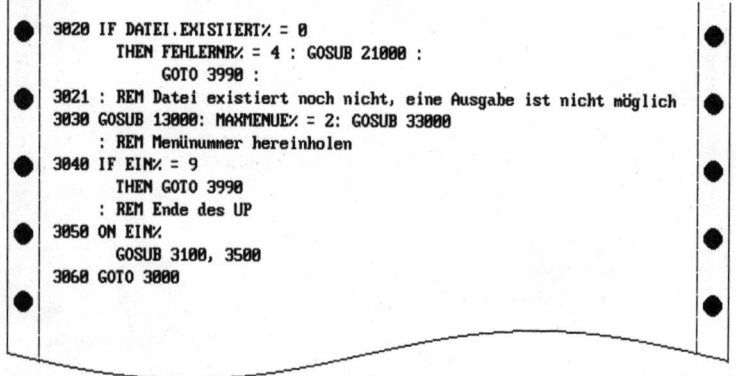

```
3020 IF DATEI.EXISTIERT% = 0
         THEN FEHLERNR% = 4 : GOSUB 21000 :
             GOTO 3990 :
3021 : REM Datei existiert noch nicht, eine Ausgabe ist nicht möglich
3030 GOSUB 13000: MAXMENUE% = 2: GOSUB 33000
         : REM Menünummer hereinholen
3040 IF EIN% = 9
         THEN GOTO 3990
         : REM Ende des UP
3050 ON EIN%
         GOSUB 3100, 3500
3060 GOTO 3000
```

Die Texte des Menüs sind in den Zeilen 13000 bis 13090 codiert. Die Zeile 13000 wurde bereits im Hauptprogramm (ADR0_0) erstellt. Die im Hauptprogramm codierte Meldung "Dieses Unterprogramm ist noch nicht fertig!" wird mit Erstellung dieses Programmteils überschrieben.

```
13010 LOCATE 5, 10: PRINT " 1 = Datensätze alphabetisch ausgeben"
13020 LOCATE 6, 10: PRINT " 2 = Datensätze selektiert ausgeben"
13030 LOCATE 8, 10: PRINT " 9 = Zurück zum Hauptprogramm"
13090 RETURN
```

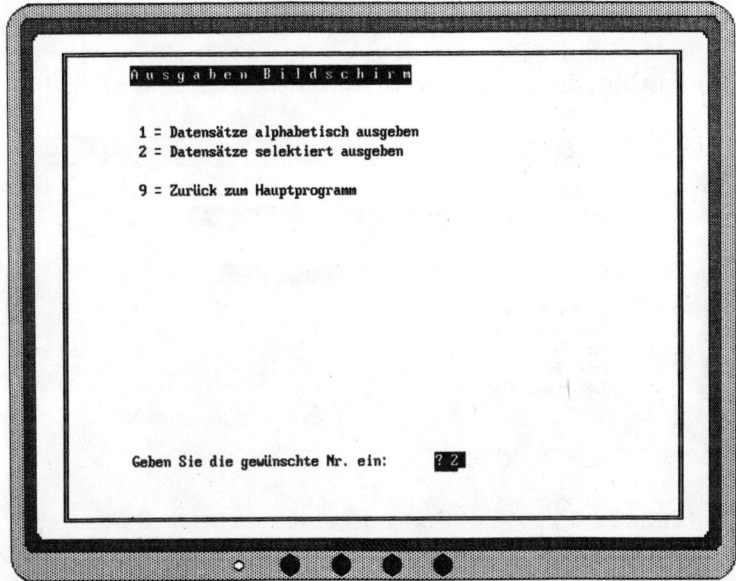

9.2 Datensätze alphabetisch ausgeben

Die Struktur des Unterprogramms "Datensatz alphabetisch ausgeben" ist vergleichbar mit der Struktur des Unterprogramms "Datensatz korrigieren".

Nach Aufruf des Rahmens erfolgt die Ausgabe der Überschrift, und dem Nutzer wird die Möglichkeit gegeben, das Unterprogramm zu beenden. Will er mit diesem Programmodul weiterarbeiten, wird ein

leerer Satz mit den Namen der Datenfelder auf dem Bildschirm ausgegeben. Der Nutzer gibt den Namen oder Teile des Namens eines
Datensatzes ein. Diese Art des Vorgehens erlaubt eine Ausgabe von
Datensätzen in alphabetischer Reihenfolge ab einer beliebigen Stelle
in der Datei. Der Nutzer ist nicht – wie bei vielen Adressenverwal-
tungsprogrammen – gezwungen, alle Datensätze bis zum gesuchten
Datensatz durchzublättern.

Beispiel:
Gesucht wird der Datensatz "Haase". Ein direkter Einstieg in die
Datei ist über den entsprechenden Datensatz "Haase" möglich.

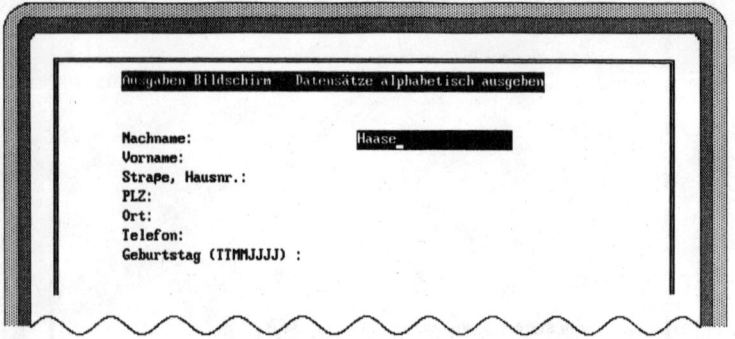

Auf Grund des Suchbegriffs wird der erste zutreffende Datensatz gesucht und – sofern vorhanden – auf dem Bildschirm ausgegeben. Existiert kein entsprechender Datensatz, so erfolgt eine Fehlermeldung
auf dem Bildschirm, und das Unterprogramm "Bildschirm-Ausgabe"
wird erneut aufgerufen.
Nach der Ausgabe eines Datensatzes wird geprüft, ob in der Datei
noch weitere Datensätze vorhanden sind. Ist der ausgegebene Datensatz der letzte Datensatz der Datei, so erfolgt die bereits bekannte
Fehlermeldung "Kein weiterer Datensatz vorhanden!". Andernfalls
hat der Nutzer die Möglichkeit, über die Menüalternative "nächster
Satz" die Ausgabe der Datensätze in alphabetischer Reihenfolge fort-
zusetzen oder aber das Unterprogramm zu beenden.
Die Codierung dieses Programmoduls dürfte auf Grund der bereits
bekannten Struktur keine Schwierigkeiten bereiten. Sie ist daher ein
Teil der Übungen.

9.3 Datensätze selektiert ausgeben

Dieses Programmodul erlaubt eine gezielte Ausgabe von Datensätzen nach Suchkriterien, die der Nutzer beliebig festlegen kann.

Beispiel:
Der Nutzer möchte sich alle Datensätze der Personen anzeigen lassen, die im Februar Geburtstag haben.

Nach Aufruf des Programmoduls "Datensätze selektiert ausgeben" (Menünummer 2) erfolgt die Ausgabe des Rahmens, der Überschrift und der Feldbezeichnungen. Anschließend gibt der Nutzer die Nummer des Feldes ein, das als Suchfeld dienen soll. Bezogen auf unser Beispiel muß der Nutzer die <7> (Geburtstag) eingeben. Durch die Eingabe einer <9> kann der Nutzer wie üblich das Programm bei Bedarf abbrechen.

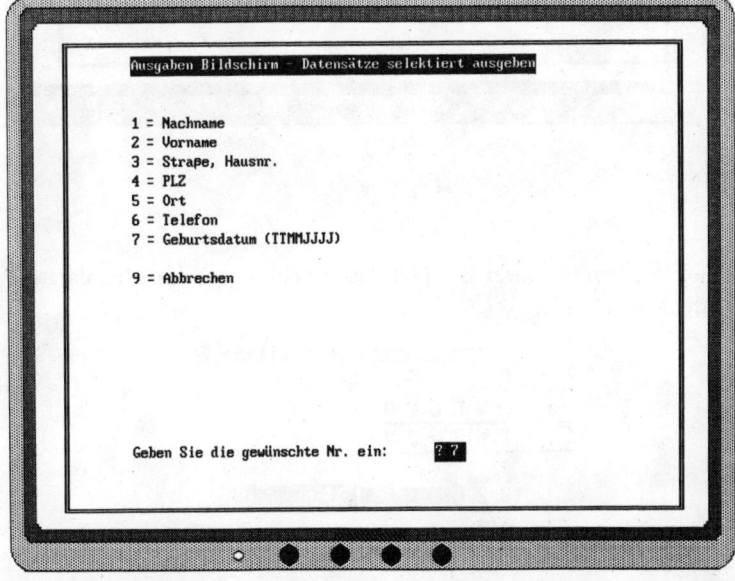

Nach Auswahl des Feldes "Geburtsdatum (TTMMJJJJ)" muß der
Nutzer im Dialog
■ die Länge des Suchbegriffs in Zeichen (im Beispiel 2) festlegen,
■ die Position, ab der gesucht wird, eingeben (im Beispiel 3)
■ den Suchbegriff festlegen (im Beispiel Ø2).

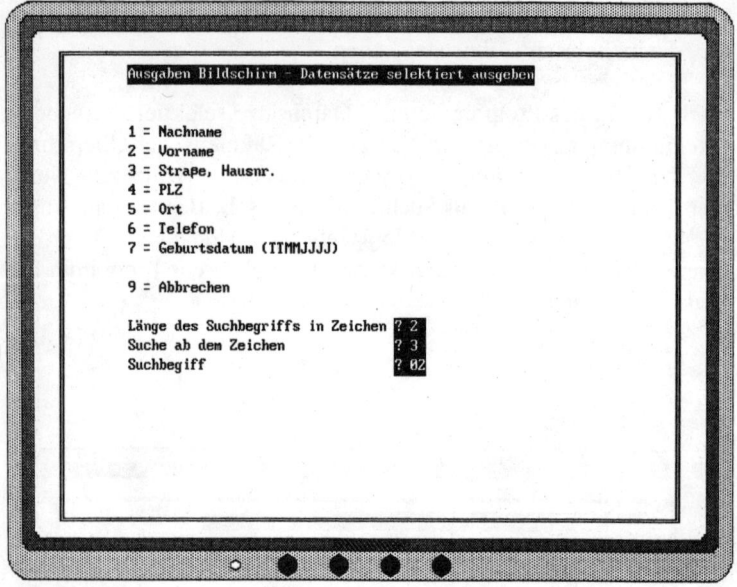

Die Eingaben für unser Beispiel lassen sich folgendermaßen darstel-
len:

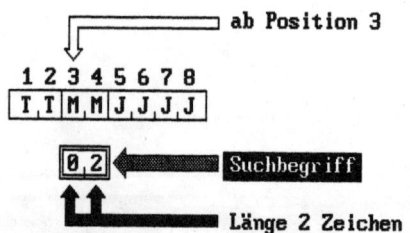

Auf Grund dieser Eingaben wird nach einem Datensatz gesucht, auf den diese Gesichtspunkte zutreffen.

In unserem Beispiel wird der erste Datensatz ausgegeben, auf den das Suchkriterium "Geburtstag im Februar" (Monat Ø2) zutrifft.

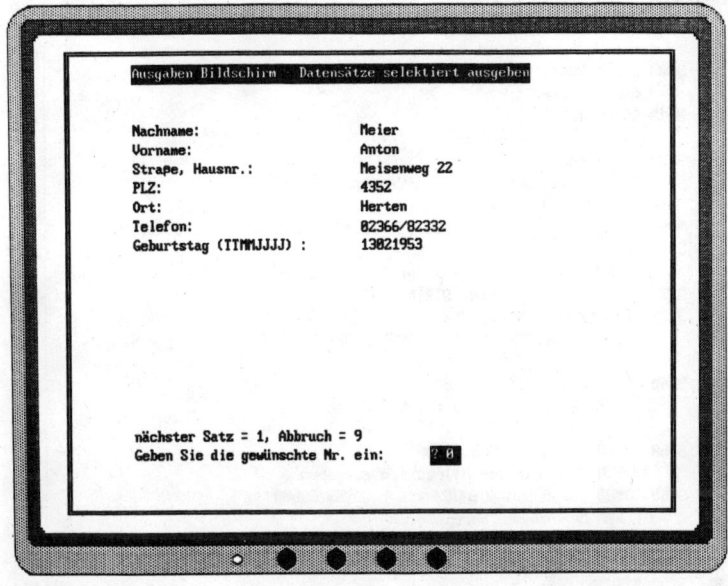

Dieses Programmodul mit den zugehörigen Routinen ist folgendermaßen zu codieren (siehe Abbildungen Seite 140ff):

```
3497 :
3498 REM Rem Datensätze selektiert ausgeben
3499 :
3500 CLS : GOSUB 20000
     : REM Rahmen
3510 GOSUB 36000
     : REM Suchkriterien für die selektive Ausgabe
3520 IF SUCHFELD% = 9
        THEN GOTO 3790
     : REM UP abbrechen
3600 CLS : GOSUB 20000
     : REM Rahmen
3610 GOSUB 13200
     : REM Texte ausgeben
3620 GOSUB 40000
     : REM Texte mit den Feldbezeichnungen ausgeben
3630 SATZNR% = 0
3700 LOCATE 2, 65 : COLOR 16, 7 : PRINT "Suche Satz"; : COLOR 7, 0
3710 GOSUB 56000
     : REM Satz entsprechend den Suchkriterien suchen
3720 LOCATE 2, 65 : PRINT STRING$(14, " ");
3730 IF SATZNR% > SATZZAHL%
        THEN FEHLERNR% = 21 : GOSUB 21000 :
             GOTO 3790
3740 IF SATZ.EXISTIERT% = 0
        THEN FEHLERNR% = 19 : GOSUB 21000 :
             GOTO 3790
3750 GOSUB 51000 : GOSUB 41000
     : REM Satz auf dem Bildschirm ausgeben
3760 GOSUB 13300 : MAXMENUE% = 1 : GOSUB 33000
     : REM Menünummer hereinholen
3770 IF EIN% = 1
        THEN GOTO 3700
3790 RETURN
```

```
13200 LOCATE 2, 10 : COLOR 0, 7 :
      PRINT "Ausgaben Bildschirm - Datensätze selektiert ausgeben" :
      COLOR 7, 0
13290 RETURN
```

```
13300 LOCATE 21, 10 : PRINT "nächster Satz = 1, Abbruch = 9"
13390 RETURN
```

```
13400 LOCATE  5, 10 : PRINT "1 = Nachname"
13410 LOCATE  6, 10 : PRINT "2 = Vorname"
13420 LOCATE  7, 10 : PRINT "3 = Straße, Hausnr."
13430 LOCATE  8, 10 : PRINT "4 = PLZ"
13440 LOCATE  9, 10 : PRINT "5 = Ort"
13450 LOCATE 10, 10 : PRINT "6 = Telefon"
13460 LOCATE 11, 10 : PRINT "7 = Geburtsdatum (TTMMJJJJ)"
13470 LOCATE 13, 10 : PRINT "9 = Abbrechen"
13490 RETURN
```

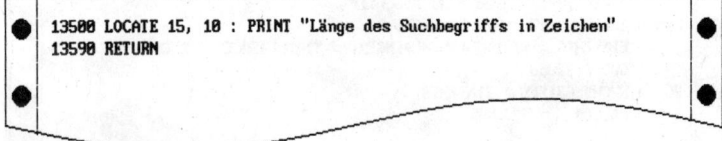

```
13500 LOCATE 15, 10 : PRINT "Länge des Suchbegriffs in Zeichen"
13590 RETURN
```

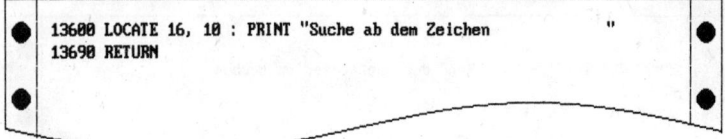

```
13600 LOCATE 16, 10 : PRINT "Suche ab dem Zeichen              "
13690 RETURN
```

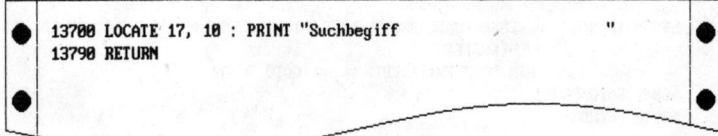

```
13700 LOCATE 17, 10 : PRINT "Suchbegiff                       "
13790 RETURN
```

```
35997 :
35998 REM Suchkriterien für die selektive Ausgabe herheinholen
35999 :
36000 GOSUB 13200 : GOSUB 13400
       : REM Texte ausgeben
36010 MAXMENUE% = 7 : GOSUB 33000
       : REM Suchfeld eingeben
36020 SUCHFELD% = EIN%
       : REM Suchfeld festhalten
36030 IF EIN% = 9
         THEN GOTO 36990
36040 GOSUB 13500
       : REM Textausgabe - Laenge des Suchbegriffs
36050 ZEILE% = 15 : SPALTE% = 45 : EIN% = 0 : LAENGE% = 2 :
       GOSUB 30000
36060 IF EIN% <= 0
         THEN GOTO 36050
36070 SUCHLAENGE% = EIN%
36080 GOSUB 13600
       : REM Textausgabe - Suche ab Zeichen
36090 ZEILE% = 16 : SPALTE% = 45 : EIN% = 0 : LAENGE% = 2 :
       GOSUB 30000
36100 IF EIN% <= 0
         THEN GOTO 36090
36110 SUCHBEGINN% = EIN%
36120 GOSUB 13700
       : REM Textausgabe - Suchbegriff
36130 ZEILE% = 17 : SPALTE% = 46 :
       EINTEXT$ = STRING$(SUCHLAENGE%, " ") : LAENGE% = SUCHLAENGE% :
       GOSUB 32000
36140 SUCHBEGRIFF$ = EINTEXT$
36990 RETURN
```

```
55997 :
55998 REM Satz entsprechend den Suchkriterien suchen
55999 :
56000 SATZ.EXISTIERT% = 0
       : REM nicht gefunden
56010 SATZNR% = SATZNR% +1
56020 IF SATZNR% > SATZZAHL%
         THEN GOTO 56990
       : REM Dateiende erreicht
56030 IF MID$( ADRESSE$(SATZNR%, SUCHFELD%), SUCHBEGINN%, SUCHLAENGE%)
             = SUCHBEGRIFF$
                 THEN SATZ.EXISTIERT% = 1 : GOTO 56990
56040 GOTO 56010
56990 RETURN
```

Diese Programmteile enthalten bis auf eine Ausnahme keine neuen und erläuterungsbedürftigen BASIC-Befehle. Der Leser kann das Programm auf Grund der ausführlichen Kommentierung des Programmablaufs mit den zusätzlichen REM-Erläuterungen nachvollziehen.

Lediglich die Routine "Satz entsprechend den Suchkriterien suchen" enthält einen Befehl, der bislang nicht verwendet wurde.

■ MID$(Ausgangsstring, Position, Anzahl der Zeichen)

Mit dieser Funktion kann festgestellt werden, ob eine Zeichenkette in einer anderen Zeichenkette enthalten ist. Sie hat die allgemeine Form:

MID$(Ausgangsstring, Position, Anzahl der Zeichen)

In dem Modul "Datensätze selektiert ausgeben" gibt der Nutzer die Nummer des Suchfeldes (SUCHFELD%), die Länge des Suchbegriffs in Zeichen (SUCHLAENGE%), die Suchposition (SUCHBEGINN%) und den Suchbegriff (SUCHBEGRIFF$) ein. Auf Grund dieser Eingaben sucht das Programm nach dem ersten Datensatz, auf den diese Gesichtspunkte zutreffen. Programmtechnisch wird die Suche in der Zeile 56030 folgendermaßen gelöst:

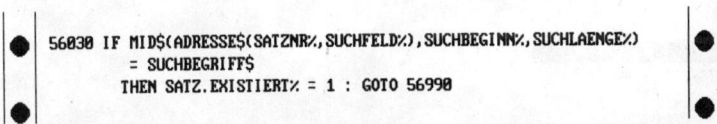

```
56030 IF MID$(ADRESSE$(SATZNR%,SUCHFELD%),SUCHBEGINN%,SUCHLAENGE%)
      = SUCHBEGRIFF$
      THEN SATZ.EXISTIERT% = 1 : GOTO 56990
```

Als Ausgangsstring wird aus der Matrix ADRESSE$(..,..) das Feld genommen, das der Nutzer als Suchfeld ausgewählt hat, in unserem Beispiel das Feld 7 (Geburtsdatum). Über die SATZNR% werden in einer Schleife von 1 bis zur maximalen Satzzahl alle Datensätze daraufhin durchsucht, ob im siebten Feld an der angegebenen Stelle der Suchbegriff "02" enthalten ist.

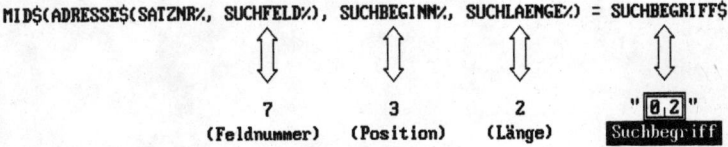

Auf Grund des Befehls MID$(..,..,..) mit den abgebildeten Inhalten prüft somit das Programm in allen Datensätzen im Feld "Geburtsdatum", ob ab der dritten Position der Text "Ø2" (Monat Februar) enthalten ist.

Trifft dies zu, so wird der Merker SATZ.EXISTIERT% auf 1 gesetzt und die Suchroutine verlassen. Anschließend wird dieser Datensatz ausgegeben. Wählt der Nutzer die Option "nächster Satz", wird die Suchroutine erneut aufgerufen und die Datei weiter nach einem passenden Satz durchsucht.

SATZNR%	ADRESSE$(SATZNR%,1)	ADRESSE$(SATZNR%,2)	...	ADRESSE$(SATZNR%,7)
0	"＿＿＿＿＿＿＿＿"	"＿＿＿＿＿＿＿＿"	...	"＿＿＿＿"
1	"Antoni"	"Johannes"	...	"27 04 1968"
2	"Meier"	"Klaus"	...	"13 02 1953"
3	"Vogel"	"Maria"	...	"26 12 1967"
4	"Zeisig"	"Stephan"	...	"18 08 1963"
...	...	...	...	...
99	""	""	...	""

SATZ.EXISTIERT% = 1

Übungen 9

1. Das Programmodul "Datensätze alphabetisch ausgeben" ist zu programmieren. Der Codierung liegt folgender Programmablaufplan zugrunde:

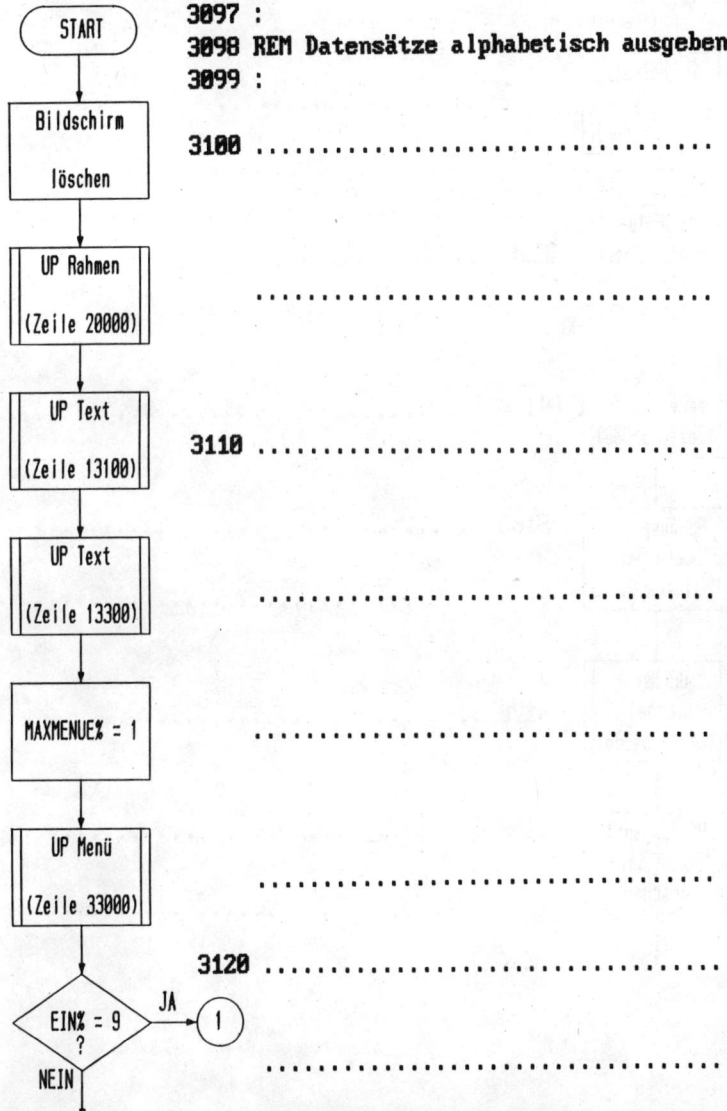

```
3097 :
3098 REM Datensätze alphabetisch ausgeben
3099 :

3100 ...................................

     ...................................

3110 ...................................

     ...................................

     ...................................

     ...................................

3120 ...................................

     ...................................
```

```
                    SATZNR% = 0        3130 ....................................

                    UP Leersatz
                                            ....................................
                    (Zeile 51000)

                    UP Feld-
                    bezeichnungen      3140 ....................................
                    (Zeile 40000)

                    UP Namen
                    hereinholen        3150 ....................................
                    (Zeile 35000)

                    BS-Ausgabe:        3160 ....................................
                    "Suche Satz"
                    Position 2, 65          ....................................

                    UP Name
                    suchen             3170 ....................................
                    (Zeile 54000)

                    BS-Ausgabe:        3180 ....................................
                    "Suche Satz"
                    löschen                 ....................................
```

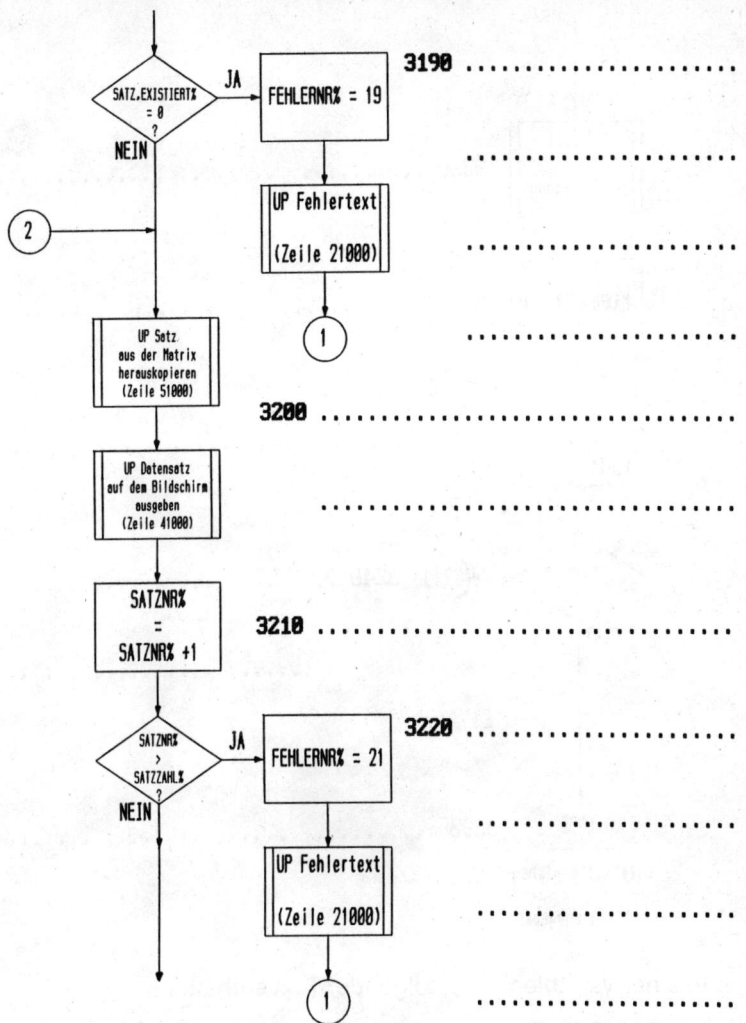

3190 ....

....

....

....

3200 ....

....

3210 ....

3220 ....

....

....

....

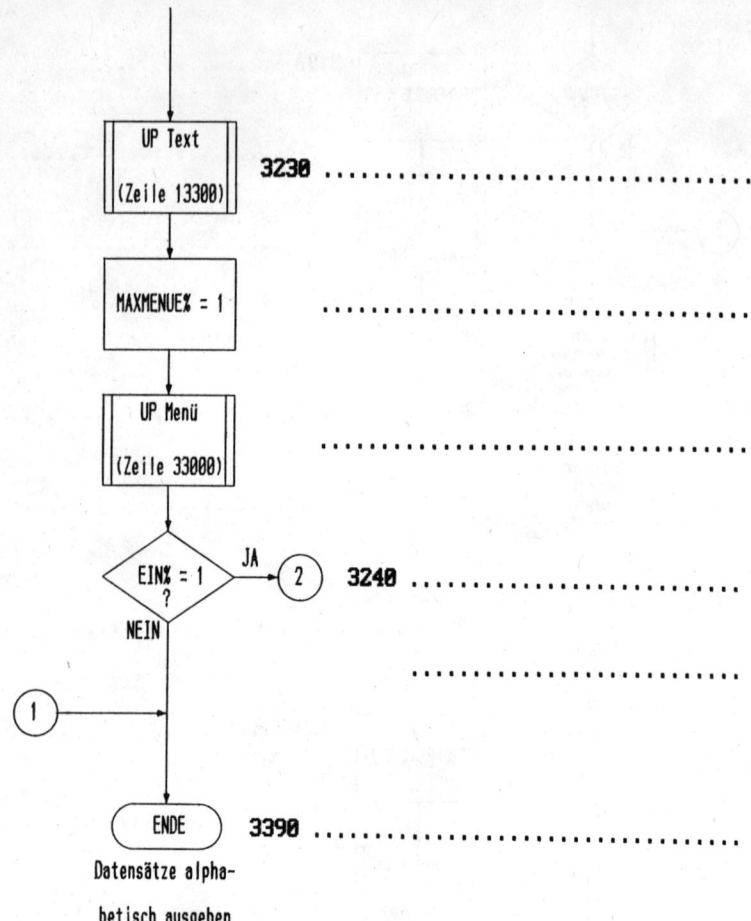

UP Text (Zeile 13300)	**3230** ....
MAXMENUE% = 1	....
UP Menü (Zeile 33000)	....
EIN% = 1 ? → JA ②	**3240** ....
	....
ENDE	**3390** ....

Datensätze alpha-

betisch ausgeben

2. In einer Variablen A$ ist folgender Text enthalten:

"BASIC für Fortgeschrittene".

Folgende Programmzeile liegt vor:

1ØØØ B$ = MID$(A$,11,16)

Welcher Text wurde der Stringvariablen B$ zugewiesen?

Lösungen 9:

1. Das Programmmodul "Datensätze alphabetisch ausgeben" ist zu programmieren. Der Codierung liegt folgender Programm-ablaufplan zugrunde:

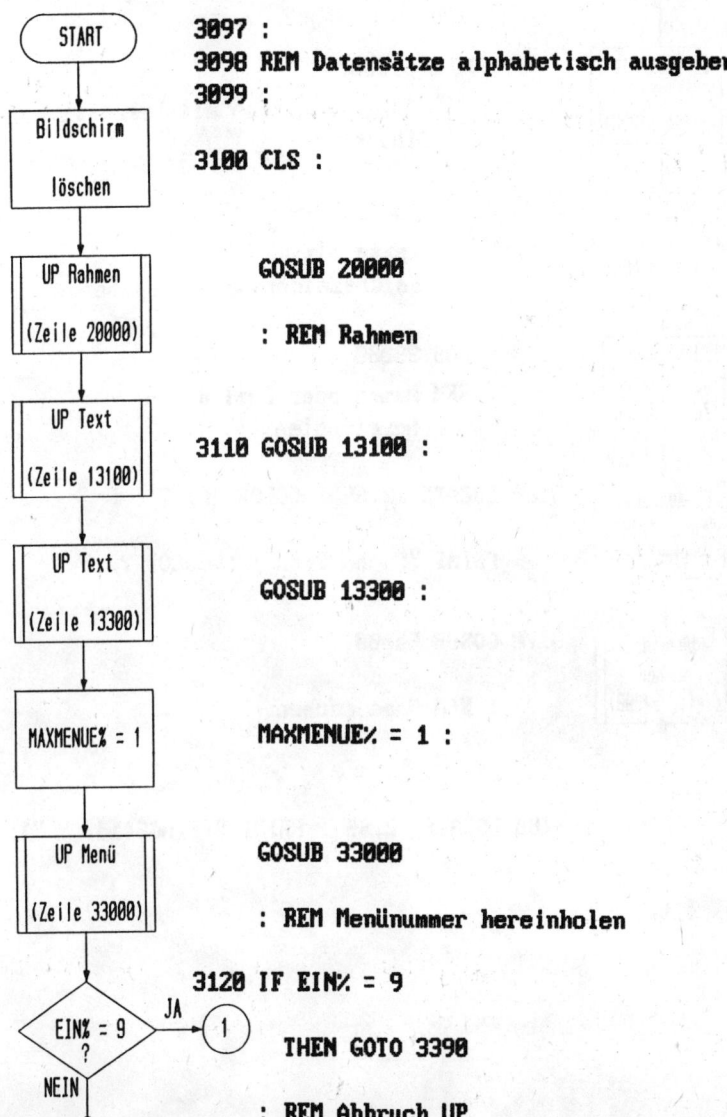

```
START

3097 :
3098 REM Datensätze alphabetisch ausgeben
3099 :

Bildschirm
löschen

3100 CLS :

UP Rahmen          GOSUB 20000
(Zeile 20000)
                     : REM Rahmen

UP Text            3110 GOSUB 13100 :
(Zeile 13100)

UP Text            GOSUB 13300 :
(Zeile 13300)

MAXMENUE% = 1      MAXMENUE% = 1 :

UP Menü            GOSUB 33000
(Zeile 33000)
                     : REM Menünummer hereinholen

                   3120 IF EIN% = 9
EIN% = 9    JA  (1)
   ?                    THEN GOTO 3390
NEIN
                     : REM Abbruch UP
```

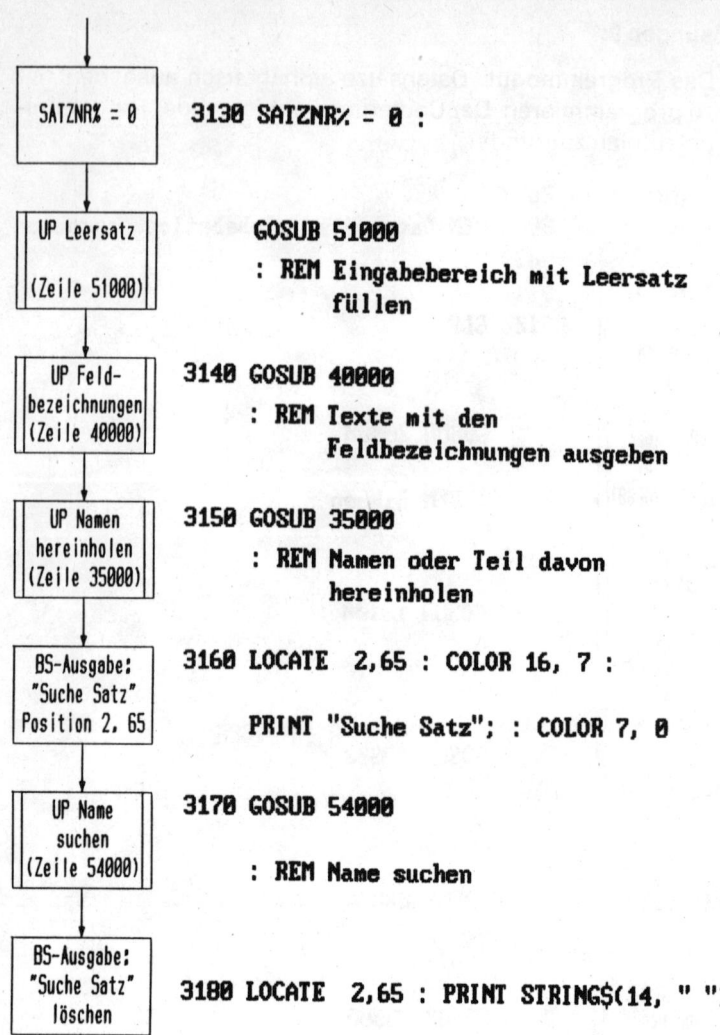

SATZNR% = 0	`3130 SATZNR% = 0 :`
UP Leersatz (Zeile 51000)	`GOSUB 51000` `: REM Eingabebereich mit Leersatz füllen`
UP Feld-bezeichnungen (Zeile 40000)	`3140 GOSUB 40000` `: REM Texte mit den Feldbezeichnungen ausgeben`
UP Namen hereinholen (Zeile 35000)	`3150 GOSUB 35000` `: REM Namen oder Teil davon hereinholen`
BS-Ausgabe: "Suche Satz" Position 2, 65	`3160 LOCATE 2,65 : COLOR 16, 7 :` `PRINT "Suche Satz"; : COLOR 7, 0`
UP Name suchen (Zeile 54000)	`3170 GOSUB 54000` `: REM Name suchen`
BS-Ausgabe: "Suche Satz" löschen	`3180 LOCATE 2,65 : PRINT STRING$(14, " ");`

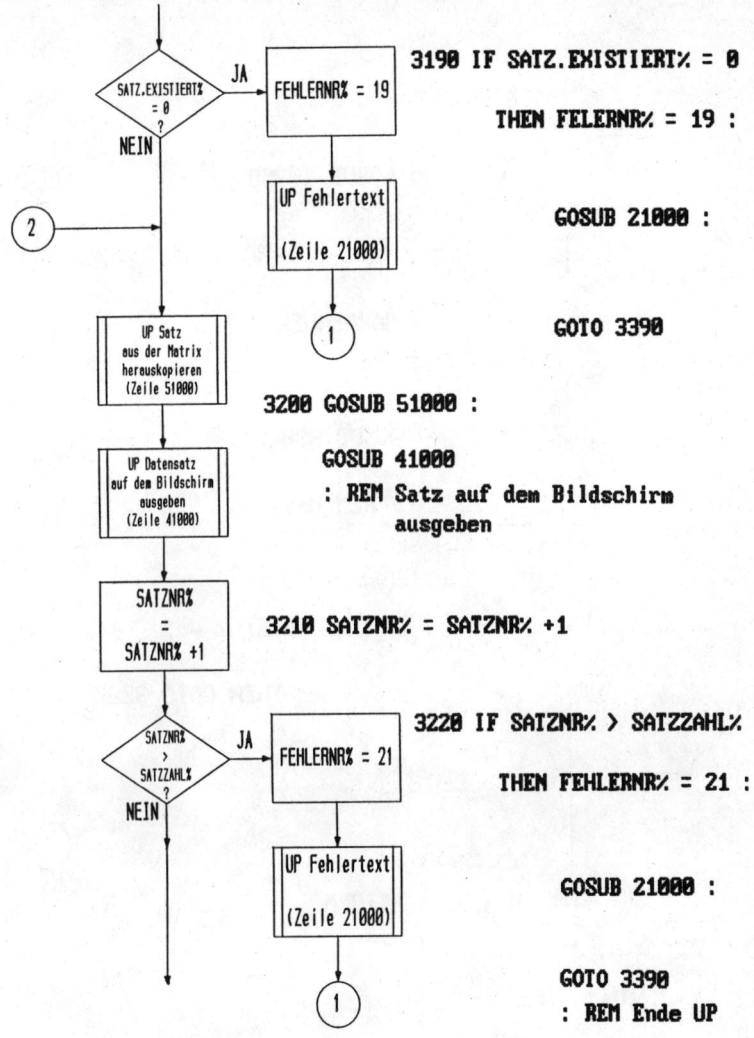

3190 IF SATZ.EXISTIERT% = 0

THEN FELERNR% = 19 :

GOSUB 21000 :

GOTO 3390

3200 GOSUB 51000 :

GOSUB 41000
: REM Satz auf dem Bildschirm
ausgeben

3210 SATZNR% = SATZNR% +1

3220 IF SATZNR% > SATZZAHL%

THEN FEHLERNR% = 21 :

GOSUB 21000 :

GOTO 3390
: REM Ende UP

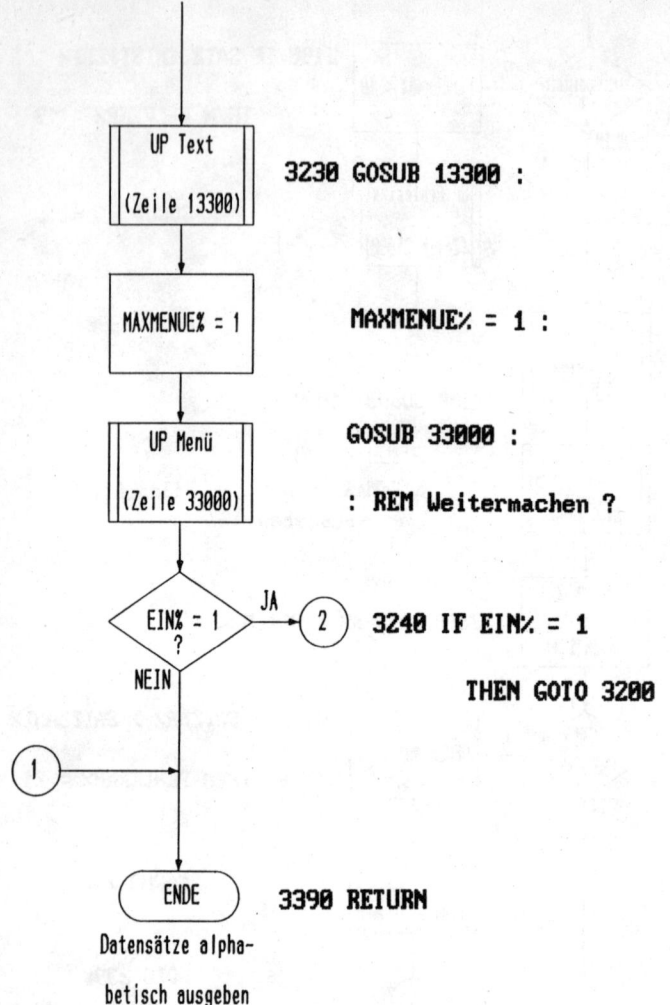

UP Text
(Zeile 13300)

3230 GOSUB 13300 :

MAXMENUE% = 1

MAXMENUE% = 1 :

UP Menü
(Zeile 33000)

GOSUB 33000 :

: REM Weitermachen ?

EIN% = 1 ? — JA ② 3240 IF EIN% = 1

NEIN

THEN GOTO 3200

①

ENDE   3390 RETURN

Datensätze alpha-
betisch ausgeben

In Zeile 3110 erfolgt der Aufruf der Routine 13100, mit der die ergänzenden Texte auf dem Bildschirm ausgegeben werden. Einschließlich der Fortschreibung der Versionsnummer sind daher noch folgende Zeilen zu codieren:

```
13100 LOCATE 2, 10 : COLOR 0, 7 : PRINT
      "Ausgaben Bildschirm - Datensätze alphabetisch ausgeben" :
      COLOR 7, 0
13190 RETURN
```

```
160 REM *    Version:   0.5                              *
```

2. In einer Variablen A$ ist folgender Text enthalten:

"BASIC für Fortgeschrittene".

Folgende Programmzeile liegt vor:

1000 B$ = MID$(A$,11,16)

Welcher Text wurde der Stringvariablen B$ zugewiesen?
Fortgeschrittene

Aufgabe:
Speichern Sie die in diesem Kapitel entwickelten Programmteile unter dem Dateinamen "ERW0_5",A auf Ihre Datendiskette!
Löschen Sie den Speicher!
Laden Sie das Programm "ADR0_4"!
Fügen Sie das Programm "ERW0_5" hinzu!
Speichern Sie das Programm als "ADR0_5",A auf Ihre Datendiskette!

10 AUSDRUCKEN VON DATENSÄTZEN

10.1 Vorstellung des Unterprogramms

Die Entwicklung des Moduls "Ausgaben Drucker" erfolgt in ähnlicher Weise wie für die Bildschirmausgabe von Datensätzen. Für die Dialogführung werden zunächst der Rahmen und die Ausgabe der Überschrift aus dem ursprünglichen Hauptprogramm übernommen. Vor Ausgabe der Menütexte prüft das Programm, ob eine Datei im Arbeitsspeicher vorhanden ist (Zeile 4Ø2Ø).

Um mögliche Druckerfehler abzufangen, wird eine ON ERROR-Anweisung aktiviert (Zeile 4Ø3Ø). Tritt ein Druckerfehler auf, z. B. der Drucker ist nicht eingeschaltet oder das Papier ist alle, verzweigt das Programm zu einer entsprechenden Fehlerroutine (ab Zeile 24ØØØ), und ein Fehlerhinweis wird ausgegeben.

Nach diesen vorbereitenden Befehlen wird das Menü ausgegeben. Der Nutzer hat hier die Wahl zwischen drei Möglichkeiten. Je nach Wahl verzweigt das Programm zur gewünschten Druckausgabe, oder es erfolgt der Rücksprung zum Hauptprogramm.

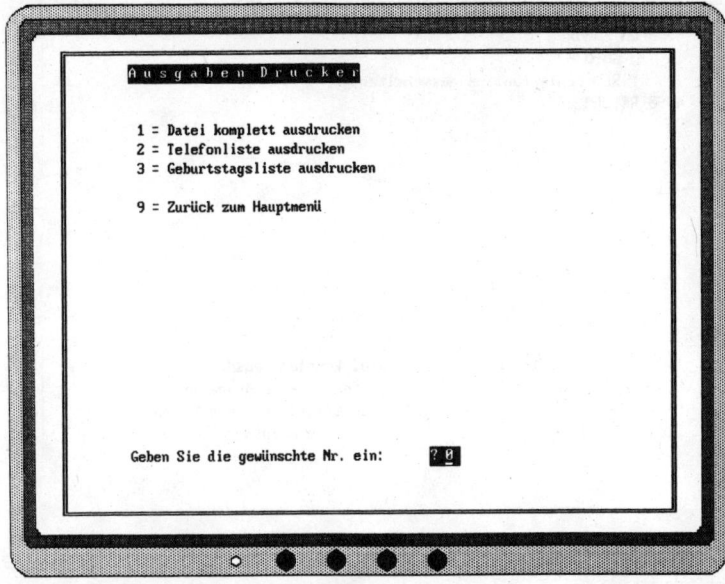

Diese Programmteile einschließlich der notwendigen Texte werden folgendermaßen codiert:

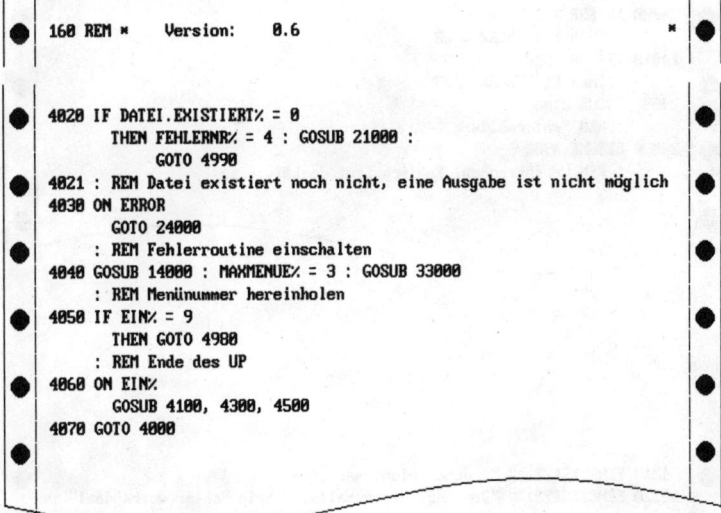

```
160 REM *    Version:    0.6                                        *

4020 IF DATEI.EXISTIERT% = 0
        THEN FEHLERNR% = 4 : GOSUB 21000 :
            GOTO 4990
4021 : REM Datei existiert noch nicht, eine Ausgabe ist nicht möglich
4030 ON ERROR
        GOTO 24000
        : REM Fehlerroutine einschalten
4040 GOSUB 14000 : MAXMENUE% = 3 : GOSUB 33000
        : REM Menünummer hereinholen
4050 IF EIN% = 9
        THEN GOTO 4980
        : REM Ende des UP
4060 ON EIN%
        GOSUB 4100, 4300, 4500
4070 GOTO 4000
```

```
4980 ON ERROR
        GOTO 0
      : REM Fehlerroutine ausschalten
4990 RETURN
```

```
14010 LOCATE 5, 10: PRINT " 1 = Datei komplett ausdrucken"
14020 LOCATE 6, 10: PRINT " 2 = Telefonliste ausdrucken"
14030 LOCATE 7, 10: PRINT " 3 = Geburtstagsliste ausdrucken"
14040 LOCATE 9, 10: PRINT " 9 = Zurück zum Hauptmenü"
```

```
23997 :
23998 REM Routine zur Behandlung von Druckerfehlern
23999 :
24000 IF ERR = 25
        THEN FEHLERNR% = 22
24010 IF ERR = 27
        THEN FEHLERNR% = 23
24080 GOSUB 21000
      : REM Fehlermeldung
24090 RESUME 4980
      : REM UP abbrechen, Fehleraufruf deaktivieren
```

```
61210 FEHL.T$(22) = "Drucker nicht ansprechbar!"
61220 FEHL.T$(23) = "Drucker ausgeschaltet / kein Papier vorhanden!"
```

Aus der Codierung ist zu ersehen, daß dieses Programmodul immer über die Anweisung in Zeile 4980 abgeschlossen wird. Dadurch wird sichergestellt, daß die über ON ERROR aktivierte Fehlerroutine wieder ausgeschaltet und nicht aus anderen Programmteilen her aufgerufen wird.

10.2 Datei komplett ausdrucken

Der erste Teil des Unterprogramms "Datei komplett ausdrucken" folgt dem mittlerweile hinreichend bekannten Ablauf:
- ■ Bildschirm löschen,
- ■ Ausgabe des Rahmens,
- ■ Ausgabe der Texte mit Hinweis auf Abbruchmöglichkeit,
- ■ Eingabe der Menünummer,
- ■ Ausgabe der blinkenden Meldung "Drucker".

Hierfür sind folgende Programmzeilen notwendig:

```
4097 :
4098 REM Datei komplett ausdrucken
4099 :
4100 CLS : GOSUB 20000
     : REM Rahmen
4110 GOSUB 14100 : MAXMENUE% = 1 : GOSUB 33000
     : REM Menünummer hereinholen
4120 IF EIN% = 9
     THEN GOTO 4290
     : REM Abbruch UP
4130 LOCATE 2, 65 : COLOR 16, 7 : PRINT "Drucker"; : COLOR 7, 0
4140 SEITE% = 1
```

```
14100 LOCATE  2, 10 : COLOR 0, 7 :
      PRINT "Ausgaben Drucker - Datei komplett ausdrucken" : COLOR 7,0
14110 LOCATE 21, 10 : PRINT "Drucker ok, Ausdruck = 1, Abbruch = 9"
14190 RETURN
```

Mit diesem Programmteil erzielen Sie folgenden Bildschirmdialog:

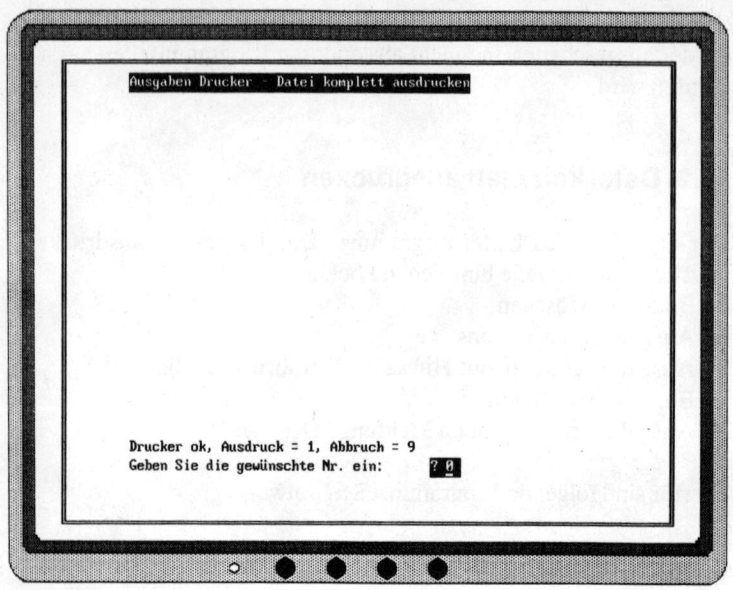

Die Anweisung in Zeile 4140 dient schon zur Vorbereitung der Druckausgabe. Der Variablen SEITE% wird der Ausgangswert 1 zugewiesen. Über diese Variable werden die auszudruckenden Seiten fortlaufend numeriert.

Der Ausdruck der Datei sieht so aus:

```
    Datei ADRESSEN  Seite: 1

Antoni           Johannes      27041968 0201/1234567
Westenhellweg 4a              4300 Essen

Meier            Anton         13021953 02366/82322
Meisenweg 22                  4352 Herten

Vogel            Maria         26121967 089/743681
Augsburger Straße 120         8000 München

Zeisig           Stefan        18081963 040/349867
Rothebaumchaussee 23          2000 Hamburg 1
```

Im Kopf werden das Wort "Datei" mit dem Namen der bearbeiteten
Datei sowie das Wort "Seite" mit der Seitennummer ausgegeben. Es
folgen alle Datensätze mit den Datenfeldern

Name, Vorname, Geburtsdatum, Telefonnummer
Straße, Postleitzahl, Wohnort

Diese Druckausgabe erfordert folgende Codierung:

```
4200 LPRINT :
     LPRINT TAB(10) "Datei "; DATEINAME$; "  Seite:"; SEITE% :
     LPRINT
4210 FOR I%= 1 TO SATZZAHL%
4220    LPRINT "      "; ADRESSE$(I%, 1); " "; ADRESSE$(I%,2); " ";
                ADRESSE$(I%, 7); " "; ADRESSE$(I%, 6)
4230    LPRINT "      "; ADRESSE$(I%, 3); " "; ADRESSE$(I%,4); " ";
                ADRESSE$(I%, 5)
4240    LPRINT
4250    IF (I% MOD 22) = 0
           THEN LPRINT CHR$(12) : SEITE% = SEITE% +1 : LPRINT : LPRINT
                TAB(10) "Datei ";DATEINAME$;"  Seite:"; SEITE% : LPRINT
4260    NEXT I%
4270 LPRINT CHR$(12);
     : REM Seitenvorschub
4280 LOCATE  2, 65 : PRINT STRING$(7, " ");
4290 RETURN
```

Bei der Codierung der Druckausgabe wurde unterstellt, daß Endlos-
papier mit einer Länge von 3Ø,5 cm und einer Breite von 21 cm verwendet wird. Bei dieser Länge können 72 Zeilen auf einer Seite gedruckt werden. Für den Kopf werden drei Zeilen benötigt. Jede
Adresse benötigt zwei Zeilen für die Daten und eine Leerzeile. Daher
lassen sich 22 Datensätze auf eine Seite drucken. Umfaßt die Datei
mehr Datensätze, muß sichergestellt werden, daß ein Seitenvorschub
mit erneuter Ausgabe der Kopfzeile erfolgt.

Die Codierung der Kopfzeile in Zeile 42ØØ enthält keine neuen Befehle. Die Schleife (Zeilen 421Ø bis 426Ø) bewirkt den Druck der Datensätze entsprechend der abgebildeten Vorgabe. Die Abstände zwischen den einzelnen Datenfeldern werden über Leerstrings gesteuert
(Zeilen 422Ø und 423Ø).

Der Seitenvorschub ist in Zeile 425Ø codiert. In dieser Anweisung sind
mehrere neue Befehle enthalten.

■ MOD

Diese Funktion dient dazu, den Restwert einer Integerdivision von
zwei ganzzahligen Werten zu ermitteln.

Beispiel:

A% = 45 MOD 22   45 dividiert durch 22 ergibt den Restwert 1,
                       der der Variablen A% zugewiesen wird.

I% = 44
IF (I% MOD 22) = Ø THEN ...

44 dividiert durch 22 ergibt den Restwert Ø; also wird der THEN-
Zweig der Anweisung ausgeführt.

Der MOD-Befehl hat die allgemeine Form:

    Integerausdruck MOD Integerausdruck

Das Ergebnis dieser Division kann zu einem Vergleich herangezogen
oder einer anderen Variablen zugewiesen werden.

In Zeile 425Ø dient der MOD-Befehl dazu, nach Ausgabe des 22. Datensatzes einen Seitenvorschub zu veranlassen. Daher wird I% (Nummer des jeweiligen Datensatzes) durch 22 dividiert. Ergibt sich ein
Restwert von Ø, muß ein Seitenvorschub ausgelöst werden.

■ CHR$()

Mit der Funktion CHR$(..) ist es möglich, ein Zeichen (auch Steuerzeichen) über die Nummer des ASCII-Codes zu erzeugen. In unserem Programm (Zeile 425Ø) wird über CHR$(12) der Code für den Befehl FF (= Form Feed = Vorschub auf den Anfang der neuen Seite) an den Drucker gesandt.

In Zeile 427Ø dient die Anweisung LPRINT CHR$(12) dazu, nach dem Druck der gesamten Datei eine neue leere Seite vorzuschieben.

10.3 Telefonliste ausdrucken

Der Nutzer benötigt in vielen Fällen nicht alle Daten einer Datei, sondern gezielte Informationen aus bestimmten Datenfeldern. Ein typisches Beispiel hierfür ist eine Liste mit den Telefonnummern der gespeicherten Personen.

Die Codierung des Programms für das Drucken dieser Liste entspricht weitgehend dem Programmschema für das Drucken der kompletten Datei. Zu berücksichtigen ist lediglich, daß nur bestimmte Datenfelder ausgedruckt werden und daß die Liste eine etwas andere Form hat.

Die Codierung dieses Programmoduls ist Teil der nachfolgenden Übungen.

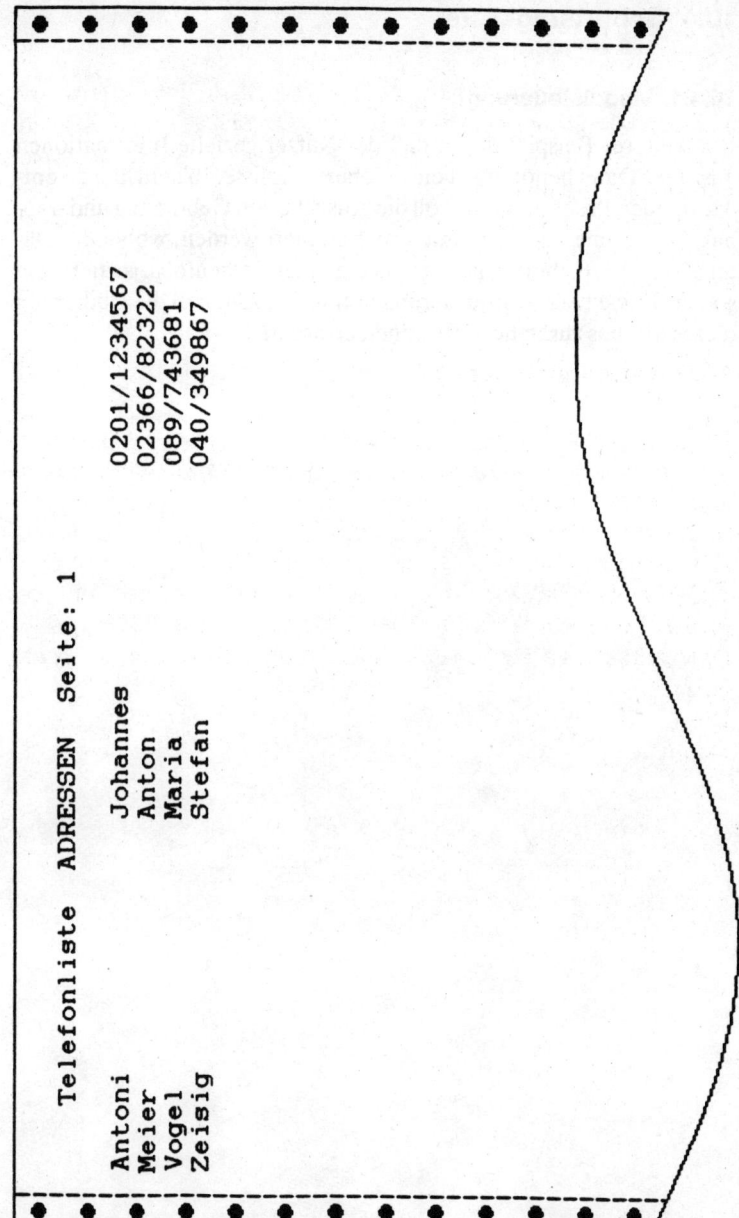

```
Telefonliste  ADRESSEN  Seite: 1

Antoni    Johannes    0201/1234567
Meier     Anton       02366/82322
Vogel     Maria       089/743681
Zeisig    Stefan      040/349867
```

10.4 Geburtstagsliste

10.4.1 Modulsteuerung

Ein weiteres Beispiel dafür, daß der Nutzer gezielte Informationen aus einer Datei benötigt, ist eine Geburtstagsliste. In dem hier zu entwickelnden Programmodul soll die Ausgabe von Geburtstag und -monat, Nachname und Vorname programmiert werden, wobei die Datensätze nach Geburtstagen in aufsteigender Reihenfolge sortiert sein sollen. Diese neuen Anforderungen führen dazu, daß die Codierung dieses Moduls zusätzliche Routinen erfordert.

```
Geburtstagsliste ADRESSEN  Seite: 1

13.02 Meier    Anton
27.04 Antoni   Johannes
18.08 Zeisig   Stefan
26.12 Vogel    Maria
```

Die ersten Programmschritte dieses Moduls bis zur Ausgabe der Menütexte erfolgen nach dem bekannten Ablauf.

```
4497 :
4498 REM Geburtstagsliste ausdrucken
4499 :
4500 CLS : GOSUB 20000
     : REM Rahmen
4510 GOSUB 14300 : MAXMENUE% = 1 : GOSUB 33000
     : REM Menünummer hereinholen
4520 IF EIN% = 9
     THEN GOTO 4690
     : REM Abbruch UP
```

```
14300 LOCATE  2, 10 : COLOR 0, 7 :
      PRINT "Ausgaben Drucker - Geburtstagsliste" : COLOR 7, 0
14310 LOCATE 21, 10 : PRINT "Drucker ok, Ausdruck = 1, Abbruch = 9"
14390 RETURN
```

Die Ausgabe der Geburtstagsliste, die nach dem Geburtstag sortiert ist, erfordert nicht eine Sortierung der kompletten Adreßdatei. Es genügt, wenn aus der Gesamtdatei eine auf die Geburtstage reduzierte Liste erzeugt wird. Neben dem Geburtstag ist ebenfalls ein Zeiger zu verwalten, der die Position des zum jeweiligen Geburtstag gehörenden Datensatzes enthält. Diese Liste wird sortiert. Dabei wird der Zeiger jeweils mitgeführt. Bei der Druckausgabe greift das Programm über diesen Zeiger auf den jeweiligen kompletten Datensatz zurück und druckt die gewünschten Datenfelder.

Der Aufruf für die Erstellung der Liste und für die folgende Sortierung erfolgt in der Zeile 4540. Während dieser Vorgänge blinkt auf dem Bildschirm der Hinweistext "Sortieren".

```
4530 LOCATE 2, 65 : COLOR 16, 7 : PRINT "Sortieren"; : COLOR 7, 0
4540 GOSUB 57000
     : REM Verweisliste für Geburtstage erstellen
4550 LOCATE 2, 65 : PRINT STRING$(9, " ");
```

Die Erstellung der Verweisliste und die Sortierung werden veranlaßt durch die Routine "Verweisliste für Geburtstage erstellen" (ab Zeile 57ØØØ). Für diese Routine werden die Bereichsvariablen GEB-TAG%(..) und VERWEIS%(..) benötigt.

```
60030 DIM GEBTAG%(99), VERWEIS%(99)
```

Die Dimensionierung der beiden Bereichsvariablen auf 99 Elemente ergibt sich aus der maximalen Kapazität der Adreßdatei, die ebenfalls auf maximal 99 Datensätze begrenzt ist.

10.4.2 Sortierte Geburtstagsliste erstellen

Die Erstellung einer Geburtstagsliste, sortiert nach dem Geburtsdatum, ist folgendermaßen zu codieren:

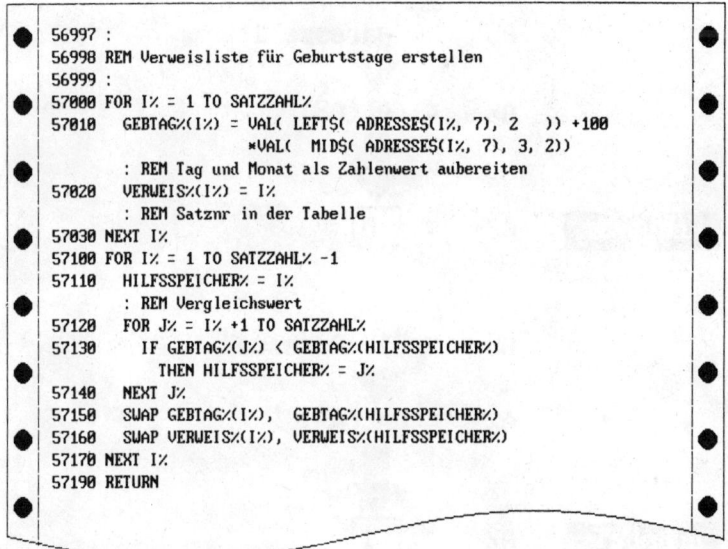

```
56997 :
56998 REM Verweisliste für Geburtstage erstellen
56999 :
57000 FOR I% = 1 TO SATZZAHL%
57010    GEBTAG%(I%) = VAL( LEFT$( ADRESSE$(I%, 7), 2  )) +100
                       *VAL(  MID$( ADRESSE$(I%, 7), 3, 2))
         : REM Tag und Monat als Zahlenwert aubereiten
57020    VERWEIS%(I%) = I%
         : REM Satznr in der Tabelle
57030 NEXT I%
57100 FOR I% = 1 TO SATZZAHL% -1
57110    HILFSSPEICHER% = I%
         : REM Vergleichswert
57120    FOR J% = I% +1 TO SATZZAHL%
57130       IF GEBTAG%(J%) < GEBTAG%(HILFSSPEICHER%)
            THEN HILFSSPEICHER% = J%
57140    NEXT J%
57150    SWAP GEBTAG%(I%),  GEBTAG%(HILFSSPEICHER%)
57160    SWAP VERWEIS%(I%), VERWEIS%(HILFSSPEICHER%)
57170 NEXT I%
57190 RETURN
```

In den Zeilen 57000 bis 57030 werden aus dem Datenfeld "Geburtsdatum" (= Feld 7) der Tag und der Monat herausgelöst und in einen Zahlenwert umgewandelt. Hierzu dienen die BASIC-Befehle VAL(..), LEFT$(..,..) und MID$(..,..,..).

■ VAL()

Mit der Anweisung VAL(..) wird ein Textausdruck in einen Zahlenwert umgewandelt.

Beispiele:

A$ = "31" ⟸ String

A% = VAL(A$)

Ergebnis: A% = 31 ⟸ Zahlenwert

A$ = "Adresse 1"

A% = VAL(A$)

Ergebnis: A% = 0

A$ = "1. Adresse"

A% = VAL(A$)

Ergebnis: A% = 1

Das erste Zeichen der umzuwandelnden Zeichenkette muß ein ".", "+", "–" oder eine Ziffer sein; auch Leerzeichen werden akzeptiert. Die Zeichen ".", "+", "–" oder " " werden nur in Kombination mit Ziffern angenommen. Die Umwandlung erfolgt zeichenweise von links nach rechts und wird bei Auftreten eines nicht gültigen Zeichens (Buchstaben, übrige Sonderzeichen) beendet.

Die Verwendung von VAL(..) ist insbesondere bei der Umwandlung eines als String gespeicherten Datums in einen numerischen Wert sinnvoll. Dieser Befehl stellt die Umkehrung des Befehls STR$(..) dar, mit dem ein numerischer Wert in eine Zeichenkette umgewandelt wird.

- ■ **LEFT**$(Ausgangsstring,Anzahl der Zeichen)
- ■ **RIGHT**$(Ausgangsstring,Anzahl der Zeichen)

Häufig ist es bei der oben geschilderten Umwandlung notwendig, nur Teile der Zeichenkette umzuwandeln. In unserem Programm sind beispielsweise gesondert die ersten beiden Zeichen in einen Zahlenwert für den Tag und die Zeichen 3 und 4 in einen Zahlenwert für den Monat umzuwandeln.

Um die ersten beiden Zeichen aus der Zeichenkette zu kopieren, wird der Befehl LEFT$(Ausgangsstring,Anzahl der Zeichen) verwendet.

Aus dem Ausgangsstring wird – links beginnend – ein Teilstring kopiert, wobei die Länge durch die angegebene Anzahl der Zeichen bestimmt wird.

Beispiel:

ADRESSE$(1, 7)　　　　= **"27041968"**

↓

LEFT$(ADRESSE$(1, 7), 2)　　= **"27"**

Die Kombination mit der Funktion VAL(..) lautet:

ADRESSE$(1,7)   = **"27041968"**

GEBTAG%(1)   = **VAL(LEFT$(ADRESSE$(1,7),2)**

Ergebnis: **GEBTAG%(1) =** $\boxed{27}$

Ergebnis:
Der Befehl RIGHT$(Ausgangsstring, Anzahl der Zeichen) bietet die
Möglichkeit, Teilstrings – an der rechten Seite des Ausgangsstrings
beginnend – mit der angegebenen Anzahl der Zeichen zu kopieren.

Beispiel:

ADRESSE$(1,7)   = **"27041968"**

RIGHT$(ADRESSE$(1,7),4)   =   **"1968"**

In Zeile 57010 werden mit den Befehlen LEFT$(..,..) und
MID$(..,..,..) der Tag und der Monat des jeweiligen Geburtsdatums
aus dem Feld "Geburtsdatum" (Feld 7) kopiert. Nun müssen Tag und
Monat zu einem Sortierkriterium zusammengefaßt werden. Bei der
Programmierung dieser Zeile haben wir uns folgende Lösung ge-
dacht:
Der Zahlenwert des Monats wird mit 100 multipliziert und zu dem
Ergebnis wird der Zahlenwert des Tages addiert.

Beispiel:

ADRESSE\$(1, 7)   = "27041968"

$$\times 100 = 400$$
$$= 27$$

GEBTAG%(1)   = 427

Mit dem Ergebnis (im Beispiel: 427) haben wir einen Zahlenwert, der einfach sortiert werden kann und zu einer korrekten Reihenfolge nach dem Geburtstag in aufsteigender Reihenfolge führt.

Die Sortierung der in GEBTAG%(..) gespeicherten Zahlenwerte erfolgt in der Schleife, die die Zeilen 57100 bis 57170 umfaßt. Der hier verwendete Sortieralgorithmus wurde bewußt einfach gehalten. Ein geübter Programmierer kann hier schnellere Sortieralgorithmen verwenden, doch bei maximal 99 Elementen genügt dieser Algorithmus.

Der Vorgang des Sortierens der Liste GEBTAG%(..) im Arbeitsspeicher wird an Hand unserer kleinen Adreßdatei dargestellt. Die Liste GEBTAG%(..) hat vor der Sortierung folgenden Inhalt:

GEBTAG%(1)	GEBTAG%(2)	GEBTAG%(3)	GEBTAG%(4)
427	401	1226	818

In der äußeren Schleife (I%) wird der Variablen HILFSSPEICHER% zunächst der jeweilige Wert der Laufvariablen zugewiesen. Beim ersten Schleifendurchlauf erhält diese Variable somit den Wert 1. In der inneren Schleife (J%) wird nun jeder nachfolgende Wert der Liste GEBTAG%(..) mit diesem ersten Wert der Liste GEBTAG%(..) verglichen. Ist einer der nachfolgenden Werte kleiner als das erste Element der Liste, so wird der Variablen HILFSSPEICHER% die Position dieses Wertes zugewiesen.

Beispiel: 1. Durchlauf der äußeren Schleife:

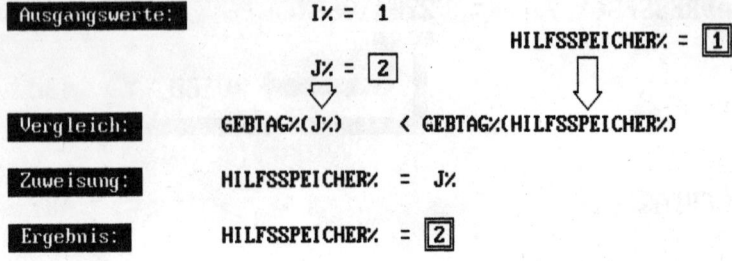

Ausgangswerte:	I% = 1
	J% = 2	HILFSSPEICHER% = 1
Vergleich:	GEBTAG%(J%) < GEBTAG%(HILFSSPEICHER%)
Zuweisung:	HILFSSPEICHER% = J%
Ergebnis:	HILFSSPEICHER% = 2

Da die weiteren Werte der Liste GEBTAG%(..) größer sind (Prüfung in der inneren Schleife), erfolgt keine neue Zuweisung an die Variable HILFSSPEICHER%.

Nach Beendigung der Vergleiche in der inneren Schleife tauscht das kleinste Element (HILFSSPEICHER% = 2) seinen Platz mit dem ersten Element (I% = 1). Hierfür wird der bekannte Befehl SWAP .. , .. verwendet (Zeilen 515Ø und 516Ø).

GEBTAG%(1)	GEBTAG%(2)	GEBTAG%(3)	GEBTAG%(4)
4Ø1	427	1226	818

Gleichzeitig mit dem Tausch der Elemente von GEBTAG%(..) müssen die Elemente der Liste VERWEIS%(..) (Zeiger auf ADRESSE$(..)) ausgetauscht werden. Nur so kann nach der Sortierung zu dem entsprechenden Geburtstag auch der zugehörige Datensatz aus der Adreßdatei gefunden werden.

Nach Abschluß des ersten Durchlaufs wird die Variable I% um 1 erhöht. Nun wird nacheinander das zweite Element der Liste GEBTAG%(..) mit allen folgenden Elementen verglichen (innere Schleife). Nötigenfalls erfolgt wieder ein Platztausch der Elemente aus den Listen GEBTAG%(..) und VERWEIS%(..). Dieser Vorgang wird wiederholt, bis die gesamte Liste sortiert ist.

Nach der Sortierung verzweigt das Programm zurück in das Unterprogramm "Geburtstagsliste ausdrucken". Hier ist jetzt die Druckausgabe der Geburtstagsliste zu codieren.

```
4560 SEITEZ = 1
4600 LOCATE 2, 65 : COLOR 16, 7 : PRINT "Drucker"; : COLOR 7, 0
4610 LPRINT : LPRINT TAB(10) "Geburtstagsliste "; DATEINAMES;
                " Seite:"; SEITEZ : LPRINT
4620 FOR IZ = 1 TO SATZZAHLZ
4630   LPRINT "     "; LEFT$(ADRESSE$(VERWEISZ(IZ), 7), 2);".";
       MID$(ADRESSE$(VERWEISZ(IZ), 7), 3, 2);" ";
       ADRESSE$(VERWEISZ(IZ), 1);" "; ADRESSE$(VERWEISZ(IZ), 2)
4640   IF (IZ MOD 66) = 0 THEN LPRINT CHR$(12) : SEITEZ = SEITEZ +1 :
                           LPRINT :LPRINT TAB(10) "Geburtstagsliste ";
                           DATEINAMES; " Seite:"; SEITEZ : LPRINT
4650 NEXT IZ
4660 LPRINT CHR$(12);
     : REM Seitenvorschub
4670 LOCATE 2, 65 : PRINT STRING$(7, " ");
4690 RETURN
```

Wie in dem Unterprogramm "Datei komplett ausdrucken" wird auch hier zuerst der Variablen SEITE% der Wert 1 (Zeile 456Ø) zugewiesen. Es wird dann die blinkende Meldung "Drucker" veranlaßt (Zeile 46ØØ).

Anschließend wird die Kopfzeile (Zeile 461Ø) gedruckt. Entsprechend der abgebildeten Vorgabe der Geburtstagsliste werden Geburtstag und -monat, getrennt durch einen Punkt, sowie Nachname und Vorname ausgedruckt (Zeile 463Ø).

Der Zugriff auf die Satznummer erfolgt über die sortierte Bereichsvariable VERWEIS%(..). Diese fungiert als Zeiger auf den Datensatz in der Adreßdatei ADRESSE$(..,..). Über die bekannten Befehle LEFT$(..,..) und MID$(..,..,..) werden die entsprechenden Teilstrings aus dem Datenfeld "Geburtsdatum" kopiert.

Der Seitenvorschub wird auch hier mit der MOD-Funktion programmiert. Es ist allerdings zu berücksichtigen, daß bei dieser Liste 66 Datenzeilen auf einer Seite gedruckt werden können (Zeile 464Ø).

Nach dem Drucken der Liste wird noch einmal eine Seite vorgeschoben (Zeile 466Ø) und die Meldung "Drucker" gelöscht (Zeile 467Ø).

Übungen 10

1. Entsprechend dem Unterprogramm "Datei komplett ausdruk-
ken" ist ein Unterprogramm "Telefonliste ausdrucken" zu er-
stellen. Folgende Unterschiede sind zu beachten:
■ Die Menütexte sind ab Zeile 14200 codiert.
■ In die Kopfzeile ist das Wort "Telefonliste" aufzunehmen.
■ Die Datenfelder 1,2 und 6 sind entsprechend der Vorga-
be zu drucken.
■ Die Seite umfaßt maximal 66 Datenzeilen.

Die codierten Menütexte lauten:

```
14200 LOCATE 2, 10 : COLOR 0, 7 :
      PRINT "Ausgaben Drucker - Telefonliste" : COLOR 7, 0
14210 LOCATE 21, 10 : PRINT "Drucker ok, Ausdruck = 1, Abbruch = 9"
14290 RETURN
```

Codieren Sie nun das Unterprogramm!

4297 _____

4298 _____

4299 _____

4300 _____

4310 _____

_____

4320 _____

4330 _____

4340 _____

4400 _____

_____

4410 _____

4420 _____

_____

4430 _____

_____

_____

4440 _____

4450 _____

4460 _____

4490 _____

2. Auf einer DIN-A4-Seite mit einer Seitenlänge von 29,7 cm können maximal 70 Zeilen gedruckt werden. Oben sind vier Zeilen für einen Kopf und unten mindestens drei freie Zeilen zu reservieren. Für jeden Datensatz werden vier Zeilen benötigt.
Notieren Sie die Abfrage, durch die der Seitenvorschub korrekt ausgelöst wird!

_____

3. Welcher Steuerbefehl muß an den Drucker gesandt werden, damit dort ein Seitenvorschub erfolgt?

_____

4. Bei der Berechnung von Zinsen sollen das Anlagedatum (ANL$) und das Abrechnungsdatum (ABR$) in folgender Form eingegeben werden:

"TT.MM"

Für die Berechnung der Zinstage sind sowohl die Tage (TT) als auch die Monate (MM) aus den Strings ANL$ und ABR$ herauszulösen und in Zahlenwerte umzuwandeln, die den Variablen ANLTAG%, ANLMON%, ABRTAG% und ABRMON% zugewiesen werden.

Mit Hilfe dieser numerischen Variablen sollen die Zinstage (ZINSTAGE%) nach folgender Formel berechnet werden:

ZINSTAGE% = ABRTAG% − ANLTAG% + (ABRMON% − ANLMON%) * 30

Vervollständigen Sie das folgende Programm!

```
50 INPUT ANL$
...
80 INPUT ABR$
90 _____
100 _____
110 _____
120 _____
130 _____
140 PRINT "Zinstage: "; ZINSTAGE%
```

Lösungen 10

1. Für das Unterprogramm "Telefonliste ausdrucken" müßten Sie folgende Programmzeilen codiert haben:

```
4298 REM Telefonliste ausdrucken
4299 :
4300 CLS : GOSUB 20000
     : REM Rahmen
4310 GOSUB 14200 : MAXMENUE% = 1 : GOSUB 33000
     : REM Menünummer hereinholen
4320 IF EIN% = 9
        THEN GOTO 4490
     : REM Abbruch UP
4330 LOCATE 2, 65 : COLOR 16, 7 : PRINT "Drucker"; : COLOR 7, 0
4340 SEITE% = 1
4400 LPRINT :
     LPRINT TAB(10) "Telefonliste "; DATEINAME$; " Seite:"; SEITE% :
     LPRINT
4410 FOR I%= 1 TO SATZZAHL%
4420   LPRINT "     "; ADRESSE$(I%, 1); " "; ADRESSE$(I%, 2); " ";
              ADRESSE$(I%, 6)
4430   IF (I% MOD 66) = 0 THEN LPRINT CHR$(12) : SEITE% = SEITE% +1 :
                          LPRINT:LPRINT TAB(10) "Telefonliste ";
                          DATEINAME$; " Seite:"; SEITE% : LPRINT
4440   NEXT I%
4450 LPRINT CHR$(12);
4460 LOCATE 2, 65 : PRINT STRINGS$(7, " ");
4490 RETURN
```

2. Auf einer DIN-A4-Seite mit einer Seitenlänge von 29,7 cm können maximal 7Ø Zeilen gedruckt werden. Oben sind vier Zeilen für einen Kopf und unten mindestens drei freie Zeilen zu reservieren. Für jeden Datensatz werden vier Zeilen benötigt.
Notieren Sie die Abfrage, durch die der Seitenvorschub korrekt ausgelöst wird.

IF (I% MOD 15) = Ø THEN

(7Ø Zeilen – 4 Zeilen – 3 Zeilen = 63 Zeilen
63 Zeilen / 4 Zeilen = 15 Datensätze je Seite)

3. Welcher Steuerbefehl muß an den Drucker gesandt werden, damit dort ein Seitenvorschub erfolgt?

LPRINT CHR$(12)

4. Bei der Berechnung von Zinsen sollen das Anlagedatum (ANL$) und das Abrechnungsdatum (ABR$) in folgender Form eingegeben werden:

"TT.MM".

Für die Berechnung der Zinstage sind sowohl die Tage (TT) als auch die Monate (MM) aus den Strings ANL$ und ABR$ herauszulösen und in Zahlenwerte umzuwandeln, die den Variablen ANLTAG%, ANLMON%, ABRTAG% und ABRMON% zugewiesen werden.

Mit Hilfe dieser numerischen Variablen sollen die Zinstage (ZINSTAGE%) nach folgender Formel berechnet werden:

ZINSTAGE% = ABRTAG% − ANLTAG% + (ABRMON% − ANLMON%) * 3∅

Vervollständigen Sie das folgende Programm!

```
5∅ INPUT ANL$
...
8∅ INPUT ABR$
90 ANLTAG% = VAL( LEFT$( ANL$, 2))
100 ANLMON% = VAL( RIGHT$(ANL$, 2))
110 ABRTAG% = VAL( LEFT$( ABR$, 2))
120 ABRMON% = VAL( RIGHT$(ABR$, 2))
130 ZINSTAGE% = ABRTAG% -ANLTAG% +(ABRMON% -ANLMON%) *30
14∅PRINT "Zinstage: "; ZINSTAGE%
```

Aufgabe:
Speichern Sie die in diesem Kapitel entwickelten Programmteile unter dem Dateinamen "ERW∅_6",A auf Ihre Datendiskette!
Löschen Sie den Speicher!
Laden Sie das Programm "ADR∅_5"!
Fügen Sie das Programm "ERW∅_6" hinzu!
Speichern Sie das Programm als "ADR∅_6",A auf Ihre Datendiskette!

11 VERBESSERUNG DER LAUFFÄHIGKEIT

Mit der Version ADRØ_6 liegt nun das lauffähige Programm einer Adressenverwaltung vor. Der modulare Aufbau und die umfangreiche Dokumentation haben Ihnen hoffentlich geholfen, alle Programmierschritte nachzuvollziehen. Ausgehend von diesem Programm, müßten Sie in der Lage sein, ein Adressenverwaltungsprogramm auf Ihre speziellen Bedürfnisse hin zu programmieren. Auch ist es möglich, dieses Programm mit den notwendigen Modifikationen für die Verwaltung anders strukturierter Dateien zu verwenden.

Beispiele: Schallplattensammlung, Bücherdatei, Vereinsverwaltung

Teile der Dokumentation sind in Form von REM-Anweisungen Bestandteil des Programms. In der Entwicklungs- und Testphase ist es sicherlich sinnvoll, Kommentare mit Informationen direkt dem Programm entnehmen zu können.

Diese Kommentarzeilen haben folgende Nachteile:
- Sie belegen Speicherplatz sowohl auf dem externen Speicher als auch im (kleinen) Arbeitsspeicher.
- Sie verlangsamen den Programmablauf.
- Das Laden des Programms benötigt mehr Zeit.

Nach der Entwicklungs- und Testphase muß das Programm optimiert werden. Üblicherweise werden nun die Kommentare aus dem Programm entfernt und eine Programmversion ohne Kommentare erstellt.

Vorsicht:
Die Optimierung des Programms darf nur in einer Programmkopie erfolgen. Die Originalversion mit allen Kommentaren sollte zur Dokumentation und Programmsicherung erhalten bleiben. Treten im Programmbetrieb nach einiger Zeit Fehler auf, so kann die Fehlersuche und -korrektur wesentlich einfacher mit der kommentierten Version erfolgen.

In BASIC können die Kommentarzeilen mit Hilfe des DELETE-Befehls entfernt werden. Kommentare am Ende einer Zeile sind einfach mit der Tastenkombination <CTRL> + <E> zu entfernen. Hierdurch wird eine Zeile von der augenblicklichen Cursorposition bis zum Zeilenende gelöscht.

Eine elegantere Möglichkeit zur Entfernung der Kommentare bieten Textverarbeitungsprogramme wie z. B. WORD. Die Bearbeitung des BASIC-Programms in einem Textverarbeitungsprogramm setzt voraus, daß das Programm im ASCII-Code auf dem Datenspeicher gespeichert wurde. In das Textverarbeitungsprogramm wird das BASIC-Programm wie ein Text geladen. Mit Hilfe der Funktion "Suchen" können Kommentare über den Suchbegriff "REM" schnell gefunden werden. Das Löschen der entsprechenden Kommentarzeilen bzw. der Kommentare in Programmzeilen ist dann wesentlich einfacher als im BASIC-Editor. Dort müssen die benötigten Zeilen zunächst mit dem LIST-Befehl auf den Bildschirm gebracht werden.

Die Optimierung eines Programms durch die Entfernung der Kommentare hat bei diesem relativ überschaubaren Adreßprogramm folgende Auswirkungen:

	mit Kommentaren	ohne Kommentare
belegte Speicherkapazität auf der Diskette	ca. 34 000 Byte	ca. 23 000 Byte
freier Arbeitsspeicher nach dem Laden des Programms:	ca. 34 000 Byte	ca. 45 000 Byte

Der Platzbedarf auf der Diskette reduziert sich um ein Drittel. Der Arbeitsspeicher wird vom Programm mit Kommentierung bis zur Hälfte seiner gesamten Kapazität (ca. 6∅ KB) belegt. Durch die Optimierung bleiben jedoch ca. drei Viertel des Arbeitsspeichers frei für die Daten.

Eine weitere Optimierung erreichen Sie, indem Sie das unkommentierte Programm nicht mehr mit der Option "..",A abspeichern. Die Speicherung erfolgt dann nicht mehr im ASCII-Code, sondern in komprimierter Form. Hierdurch wird nochmals Speicherkapazität auf der Diskette eingespart und der Ladevorgang nochmals erheblich beschleunigt, weil eine Umwandlung entfällt.

Tüftler haben die Möglichkeit, mehrere Programmzeilen zu einer Programmzeile zusammenzufassen und dabei die Anweisungen durch Doppelpunkte zu trennen. Zu beachten ist hierbei aber, daß hinter Zeilennummern, die als Ansprungadressen benötigt werden, unmittelbar die anzuspringenden Befehle stehen müssen.

Falls Sie über einen BASIC-Compiler verfügen, bietet sich die Compilierung des Programms an. Dadurch wird das Programm in den Maschinencode übersetzt und in dieser Form gespeichert. Die Arbeitsgeschwindigkeit wird dadurch vor allem bei umfangreichen Dateien erheblich erhöht.

Aufgabe:

Kopieren Sie das Programm ADR∅_6.BAS, und geben Sie der Kopie den Namen ADR1_∅.BAS!

Entfernen Sie aus dem Programm ADR1_∅.BAS alle Kommentare!

Speichern Sie dieses Programm erneut unter dem Namen
ADR1_∅. BAS (ohne die Option A) auf Ihre Datendiskette!

12 EINE ELEGANTE MENÜAUSWAHL – MENÜSTEUERUNG DURCH CURSORTASTEN

12.1 Arbeiten mit der Menüsteuerung

Bei der Menüauswahl in dem Adressenverwaltungsprogramm war es bisher notwendig, aus den angebotenen Alternativen durch Eingabe der entsprechenden Ziffer und anschließende Betätigung der <RE-TURN>-Taste die gewünschte Auswahl zu treffen. Dieses etwas umständliche Verfahren soll nun durch eine professionellere Menüsteuerung ersetzt werden.

Beim Start des Adressenverwaltungsprogramms steht ein Leuchtbalken auf der ersten Alternative des Hauptmenüs (1 = Dateidienste).

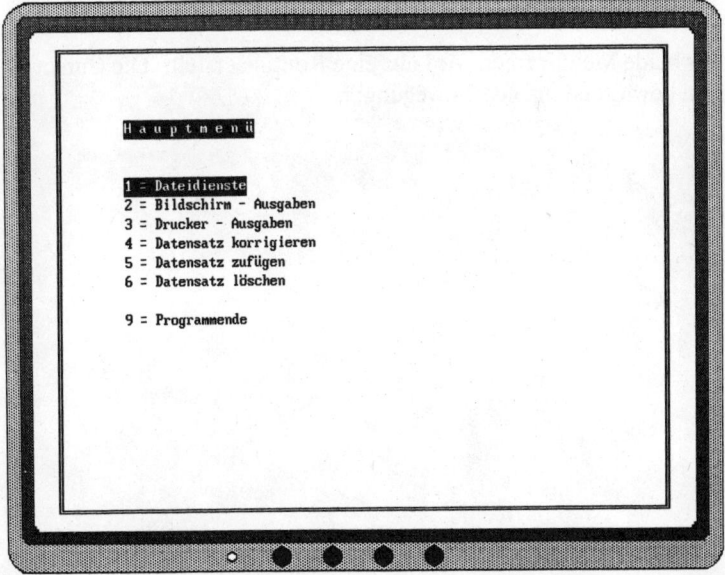

Dieser Leuchtbalken kann mit den Cursortasten nach oben oder unten auf eine andere Option verschoben werden. Wird die <RETURN>-Taste betätigt, verzweigt das Programm zur angezeigten Option. Es ist allerdings auch möglich, durch die Eingabe der Ziffer (jetzt aber **ohne** <RETURN>) das jeweilige Programmmodul aufzurufen.

Überwiegend sind die Menüs senkrecht gestaltet, d. h. die einzelnen Optionen stehen untereinander. In den Menüs der unteren Programmebene stehen die Auswahlmöglichkeiten waagerecht nebeneinander.

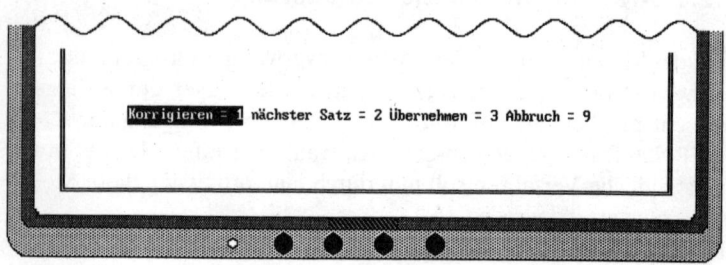

Für beide Menüformen wird nur eine Routine erstellt. Die Cursortasten bewirken folgende Bewegung:

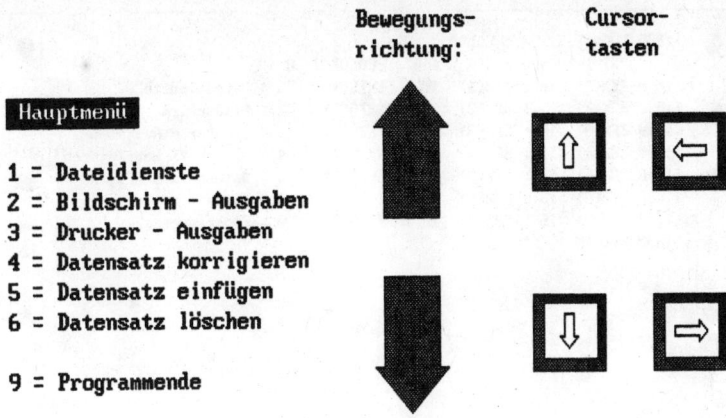

Satz löschen = 1, nächsten Satz anzeigen = 2, Abbruch = 9

12.2 Programmtechnische Lösung

Der Einsatz dieser Menüsteuerung setzt eine Änderung der Anweisungen für die Menütexte voraus. Dies sieht beispielsweise für das Hauptmenü folgendermaßen aus:

```
11000 LOCATE 5, 10 : COLOR 0, 7 :
      PRINT "H a u p t m e n ü" : COLOR 7, 0
11010 ZE%(1) = 8 : SP%(1) =10 : TEXT$(1) = "1 = Dateidienste"
11020 ZE%(2) = 9 : SP%(2) =10 : TEXT$(2) = "2 = Bildschirm - Ausgaben"
11030 ZE%(3) =10 : SP%(3) =10 : TEXT$(3) = "3 = Drucker - Ausgaben"
11040 ZE%(4) =11 : SP%(4) =10 : TEXT$(4) = "4 = Datensatz korrigieren"
11050 ZE%(5) =12 : SP%(5) =10 : TEXT$(5) = "5 = Datensatz einfügen"
11060 ZE%(6) =13 : SP%(6) =10 : TEXT$(6) = "6 = Datensatz löschen"
11070 ZE%(7) =15 : SP%(7) =10 : TEXT$(7) = "9 = Programmende"
11090 RETURN
```

Die Überschrift, die von der Menüsteuerung nicht berührt wird, bleibt unverändert (Zeile 11000). Die weiteren Menütexte werden nicht mehr über eine Ausgabeanweisung direkt programmiert. Sie erhalten über die Bereichsvariable ZE%(..), SP%(..) ihre Bildschirmposition zugewiesen. Der Text selbst wird in der Bereichsvariablen TEXT$(..) gespeichert (Zeilen 11010–11070). Bereichsvariable setzen eine Dimensionierung voraus. Daher ist folgende Anweisung in das Programm aufzunehmen:

```
60040 DIM ZE%(9), SP%(9), TEXT$(9)
```

Das Modul "Eingabe Menünummer" dient nun nicht mehr nur der Ansteuerung der gewählten Alternative, sondern übernimmt nun zusätzlich die Ausgabe der Menütexte, wobei die Variablen ZE%(..) und SP%(..) in einer entsprechenden LOCATE-Anweisung verwendet werden. Gleichzeitig wird hier die Ausgabe der in der Bereichsvariablen TEXT$(..) gespeicherten Texte veranlaßt. Die hierfür notwendige Programmschleife lautet folgendermaßen:

```
32997 :
32998 REM Eingabe Menünummer
32999 :
33000 FOR I% = 1 TO MAXMENUE% +1
     : REM +1 für die 9
33010   LOCATE ZE%(I%), SP%(I%) : PRINT TEXT$(I%)
        : REM Ausgabe der Texte
33020 NEXT I%
```

Der Variablen MAXMENUE% wird vom aufrufenden Programm
die Anzahl der gültigen Auswahlmöglichkeiten ohne die immer mögliche Alternative "9 Programmende" zugewiesen.

Damit beim Start des Hauptprogramms oder der Unterprogramme
die erste Menüalternative durch den Leuchtbalken gekennzeichnet
wird, sind folgende Anweisungen notwendig:

```
33030 I% = 1
33100 LOCATE ZE%(I%), SP%(I%) : COLOR 0, 7 :
      PRINT TEXT$(I%) : COLOR 7, 0
      : REM Ausgabe revers
```

Der Nutzer des Programms kann eine der im Menü angebotenen
Alternativen wählen, indem er die gewünschte Alternative über die
Cursortasten ansteuert und mit der <RETURN>-Taste aufruft. Statt
dessen kann er auch die Nummer der gewünschten Alternative eingeben. Das Programm verzweigt dann sofort in das entsprechende Untermenü.

▮ INKEY$

Mit INKEY$ wird ein Zeichen von der Tastatur in den Arbeitsspei-
cher geholt und einer Stringvariablen zugewiesen. Dieser String kann
∅, 1 oder 2 Zeichen lang sein. Er hat die allgemeine Form:

Stringvariable = INKEY$

Ein String mit der Länge ∅ ist ein leerer String (""). Hat der Nutzer
während des Programmlaufs noch keine Taste betätigt, so ist der
String leer. Die INKEY$-Anweisung ist daher stets in eine Schleife
einzubetten, bei der eine ständige Wiederholung der Tastaturabfrage
erfolgt, bis eine Taste betätigt wird.

```
33110 EIN$ = INKEY$ :
      IF EIN$ = ""
         THEN GOTO 33110
```

Wird eine Taste betätigt, hat dieser String üblicherweise die Länge 1. Werden allerdings Sondertasten wie die Cursortasten betätigt, so übergibt die Anweisung INKEY$ einen zwei Zeichen langen String an die Variable, wobei das erste Zeichen immer den Wert "∅∅" hat.

Eine Eingaberoutine, bei der die Anweisung INKEY$ verwendet wird, bietet elegante Möglichkeiten der Plausibilitätsprüfung. Unmittelbar nach der Zuweisung des über die Tastatur eingegebenen Zeichens kann die Abfrage auf Zulässigkeit oder Unzulässigkeit dieser Eingabe erfolgen. Unzulässige Eingaben werden nicht berücksichtigt; die Tastatur wird erneut abgefragt.

Die im Rahmen eines Auswahlmenüs vom Programm zugelassenen Tasten werden über den folgenden Programmteil geprüft:

```
33120 IF EIN$ = CHR$(13)
         THEN GOTO 33500
      : REM RETURN-Taste
33130 IF LEN(EIN$) = 1
         THEN GOTO 33400
      : REM kein Cursor
33140 IF    (ASC(LEFT$(EIN$, 1)) = 0)
      AND (ASC(RIGHT$(EIN$, 1)) = 80)
            THEN GOTO 33200
33141 : REM Cursor nach unten
33150 IF    (ASC(LEFT$(EIN$, 1)) = 0)
      AND (ASC(RIGHT$(EIN$, 1)) = 77)
            THEN GOTO 33200
33151 : REM Cursor nach rechts
33160 IF    (ASC(LEFT$(EIN$, 1)) = 0)
      AND (ASC(RIGHT$(EIN$, 1)) = 72)
            THEN GOTO 33300
33161 : REM Cursor nach oben
33170 IF    (ASC(LEFT$(EIN$, 1)) = 0)
      AND (ASC(RIGHT$(EIN$, 1)) = 75)
            THEN GOTO 33300
33171 : REM Cursor nach links
33180 GOTO 33110
         : REM Eingabe wiederholen, keine gültige Taste
```

Zuerst wird überprüft, ob der Nutzer die <RETURN>-Taste betätigt hat. Diese Taste hat den ASCII-Wert 13 (CHR$(13), Zeile 33120).
In Zeile 33130 wird über die Abfrage LEN(EIN$) = 1 festgestellt, ob der Nutzer eine normale Taste betätigt hat. Ist dies der Fall, so verzweigt das Programm zur Zeile 33400. Dort wird dann geprüft, ob die Eingabe zulässig ist. Zulässig sind nur die Ziffern der Menüauswahl. Alle anderen Eingaben weist das Programm zurück.
Von Zeile 33140 bis Zeile 33170 wird überprüft, ob eine Cursortaste betätigt wurde. Die Richtung der Cursortaste kann durch den jeweiligen ASCII-Wert ermittelt werden. Die Cursortasten haben folgende internen ASCII-Werte:

Cursorrichtung	Cursortaste	1. Wert	2. Wert
Cursor nach unten	⇩	0	80
Cursor nach rechts	⇨	0	77
Cursor nach oben	⇧	0	72
Cursor nach links	⇦	0	75

■ ASC()

Der ASCII-Wert des ersten Zeichens eines Strings wird mit der Funktion ASC (..) ermittelt.

Beispiel:

1Ø A$ = "Röhl"	Bei einem Programmlauf wird die Zahl 82, der ASCII-Wert von "R",
2Ø PRINT ASC(A$)	ausgegeben

Die Ermittlung, welche Cursortaste betätigt wurde, erfordert eine Prüfung des ersten und des zweiten Zeichens. Diese Zeichen werden mit den bekannten Anweisungen LEFT$(..,..) und RIGHT$(..,..) aus dem String EIN$ kopiert. Nur wenn beide Werte korrekt sind, wird zur weiteren Bearbeitung verzweigt.

Bei Betätigung der Cursortasten <↓> und <→> verzweigt das Programm zur Zeile 332ØØ.

```
33200 LOCATE ZE%(I%), SP%(I%) : PRINT TEXT$(I%)
      : REM Text in normaler Helligkeit
33210 I% = I% +1
33220 IF I% > (MAXMENUE% +1)
      THEN I% = 1
33230 GOTO 33100
```

Dieser Programmteil bewirkt, daß die durch den Leuchtbalken hervorgehobene Menüauswahl wieder normal dargestellt wird (Zeile 332ØØ). Die Variable I% wird um 1 erhöht, um die unmittelbar nachfolgende Auswahlmöglichkeit durch den Leuchtbalken hervorzuheben. Dabei ist allerdings zu prüfen, ob der Leuchtbalken auf der letzten Menüalternative steht (Zeile 3332Ø). In diesem Fall wird der Variablen I% der Wert 1 zugewiesen, so daß wieder die Alternative 1 hell unterlegt wird.

Bei Betätigung der Cursortasten <↑> und <←> wird folgender Programmteil bearbeitet, der eine entsprechende Verschiebung des Leuchtbalkens bewirkt.

```
33300 LOCATE ZE%(I%), SP%(I%) : PRINT TEXT$(I%)
      : REM Text in normaler Helligkeit
33310 I% = I% -1
33320 IF I% < 1
         THEN I% = MAXMENUE% +1
33330 GOTO 33100
```

Nun sind noch die gültigen Ziffern-Eingaben im Programm zu verankern.

```
33400 IF VAL(EIN$) = 9
         THEN GOTO 33420
      : REM Sonderfall Eingabe <9>
33410 IF   (VAL(EIN$) = 0)
        OR (VAL(EIN$) > MAXMENUE%)
           THEN GOTO 33110
33420 EIN% = VAL(EIN$)
      : REM Ziffer speichern
33430 GOTO 33600
      : REM Eingabe löschen
```

Bei der Eingabe <9> überspringt das Programm die Zeile 33410. Dort wird überprüft, ob die Zifferneingabe im zulässigen Bereich erfolgte. Ungültige Eingaben bleiben unberücksichtigt, bis eine zulässige Eingabe erfolgt. Der numerische Wert der gewählten gültigen Ziffer wird in der Variablen EIN% gespeichert (Zeile 33420).
Wenn eine Menüalternative durch Betätigung der <RETURN>-Taste ausgewählt wurde, so muß aus dem Text die zugehörige Menünummer herausgetrennt werden, um die entsprechende Verzweigung zu ermöglichen.

```
33500 EIN% = VAL(TEXT$(I%))
      : REM Ziffer links
33510 IF EIN% = 0
         THEN EIN% = VAL(RIGHT$(TEXT$(I%),1))
      : REM Ziffer rechts
```

Bei senkrecht angeordneten Menüs befindet sich die Ziffer auf der linken Seite in der ersten Position des Menütextes (Zeile 335ØØ). Bei nebeneinander angeordneten Alternativen befindet sich die Auswahlziffer auf der rechten Seite in der letzten Position (Zeile 335lØ). Der Wert dieser Ziffer wird der Variablen EIN% zugewiesen.

Abschließend sind nach erfolgter Menüauswahl die Menütexte zu löschen. Dies geschieht in der folgenden Schleife:

```
33600 FOR I% = 1 TO MAXMENUE% +1
        : REM +1 für die 9
33610   LOCATE ZE%(I%), SP%(I%) : PRINT STRING$(LEN(TEXT$(I%)), " ")
        : REM Text auf dem Bildschirm löschen
33620 NEXT I%
33990 RETURN
```

Die Änderung der Eingaberoutine ist hiermit abgeschlossen. Änderungen bei den aufrufenden Programmteilen (..GOSUB 33ØØØ/..) sind nicht erforderlich. Hieran wird nochmals der Vorteil des modularen Programmierens deutlich.

Abgeändert werden müssen allerdings alle Menütexte. Sie müssen wie das Hauptmenü auf die Steuerung der Bildschirmausgabe über die Bereichsvariablen ZE%(..), SP%(..) und TEXT$(..) umgestellt werden. Die hier anstehenden Änderungen sind wohl nicht mehr erläuterungsbedürftig.

```
12000 LOCATE 2, 10 : COLOR 0, 7 :
        PRINT "D a t e i d i e n s t e" : COLOR 7, 0
12010 ZE%(1) = 5 : SP%(1) = 10 : TEXT$(1) = "1 = Datei anlegen"
12020 ZE%(2) = 6 : SP%(2) = 10 : TEXT$(2) = "2 = Datei laden"
12030 ZE%(3) = 7 : SP%(3) = 10 : TEXT$(3) = "3 = Datei abspeichern"
12040 ZE%(4) = 8 : SP%(4) = 10 : TEXT$(4) = "4 = Datei umbenennen"
12050 ZE%(5) =10 : SP%(5) = 10 : TEXT$(5) = "9 = Zurück zum Hauptmenü"
12090 RETURN
```

```
13000 LOCATE 2, 10 : COLOR 0, 7 :
      PRINT "A u s g a b e n   B i l d s c h i r m" : COLOR 7, 0
13010 ZE%(1) = 5 : SP%(1) = 10 :
      TEXT$(1) = "1 = Datensätze alphabetisch ausgeben"
13020 ZE%(2) = 6 : SP%(2) = 10 :
      TEXT$(2) = "2 = Datensätze selektiert ausgeben"
13030 ZE%(3) = 8 : SP%(3) = 10 :
      TEXT$(3) = "9 = Zurück zum Hauptprogramm"
13090 RETURN
```

```
13100 LOCATE 2, 10 : COLOR 0, 7 :
      PRINT "Ausgaben Bildschirm - Datensätze alphabetisch ausgeben":
      COLOR 7, 0
13190 RETURN
```

```
13200 LOCATE 2, 10 : COLOR 0, 7 :
      PRINT "Ausgaben Bildschirm - Datensätze selektiert ausgeben":
      COLOR 7, 0
13290 RETURN
```

```
13300 ZE%(1) = 21 : SP%(1) = 10 : TEXT$(1) = "nächster Satz = 1"
13310 ZE%(2) = 21 : SP%(2) = 28 : TEXT$(2) = "Abbruch = 9"
13390 RETURN
```

```
13400 ZE%(1) = 5 : SP%(1) = 10 : TEXT$(1) = "1 = Nachname"
13410 ZE%(2) = 6 : SP%(2) = 10 : TEXT$(2) = "2 = Vorname"
13420 ZE%(3) = 7 : SP%(3) = 10 : TEXT$(3) = "3 = Straße, Hausnr."
13430 ZE%(4) = 8 : SP%(4) = 10 : TEXT$(4) = "4 = PLZ"
13440 ZE%(5) = 9 : SP%(5) = 10 : TEXT$(5) = "5 = Ort"
13450 ZE%(6) =10 : SP%(6) = 10 : TEXT$(6) = "6 = Telefon"
13460 ZE%(7) =11 : SP%(7) = 10 :
      TEXT$(7) = "7 = Geburtsdatum (TTMMJJJJ)"
13470 ZE%(8) =13 : SP%(8) = 10 : TEXT$(8) = "9 = Abbrechen"
13490 RETURN
```

```
14000 LOCATE 2, 10 : COLOR 0, 7 :
      PRINT "A u s g a b e   D r u c k e r" : COLOR 7, 0
14010 ZE%(1) = 5 : SP%(1) = 10 :
      TEXT$(1) = "1 = Datei komplett ausdrucken"
14020 ZE%(2) = 6 : SP%(2) = 10 :
      TEXT$(2) = "2 = Telefonliste ausdrucken"
14030 ZE%(3) = 7 : SP%(3) = 10 :
      TEXT$(3) = "3 = Geburtstagsliste ausdrucken"
14040 ZE%(4) = 9 : SP%(4) = 10 :
      TEXT$(4) = "9 = Zurück zum Hauptmenü"
14090 RETURN
```

```
14100 LOCATE  2, 10 : COLOR 0, 7 :
      PRINT "Ausgaben Drucker - Datei komplett ausdrucken": COLOR 7, 0
14110 LOCATE 21, 10 : PRINT "Drucker ok"
14120 ZE%(1) = 21 : SP%(1) = 21 : TEXT$(1) = "Ausdruck = 1"
14130 ZE%(2) = 21 : SP%(2) = 34 : TEXT$(2) = "Abbruch = 9"
14190 RETURN
```

```
14200 LOCATE  2, 10 : COLOR 0, 7 :
      PRINT "Ausgaben Drucker - Telefonliste" : COLOR 7, 0
14210 LOCATE 21, 10 : PRINT "Drucker ok"
14220 ZE%(1) = 21 : SP%(1) = 21 : TEXT$(1) = "Ausdruck = 1"
14230 ZE%(2) = 21 : SP%(2) = 34 : TEXT$(2) = "Abbruch = 9"
14290 RETURN
```

```
14300 LOCATE  2, 10 : COLOR 0, 7 :
      PRINT "Ausgaben Drucker - Geburtstagsliste" : COLOR 7, 0
14310 LOCATE 21, 10 : PRINT "Drucker ok"
14320 ZE%(1) = 21 : SP%(1) = 21 : TEXT$(1) = "Ausdruck = 1"
14330 ZE%(2) = 21 : SP%(2) = 34 : TEXT$(2) = "Abbruch = 9"
14390 RETURN
```

```
15000 LOCATE  2, 10 : COLOR 0, 7 :
      PRINT "D a t e n s a t z   k o r r i g i e r e n" : COLOR 7, 0
15090 RETURN
```

```
15100 ZE%(1) = 21 : SP%(1) = 10 : TEXT$(1) = "Satz aufrufen = 1"
15110 ZE%(2) = 21 : SP%(2) = 28 :
      TEXT$(2) = "Zurück zum Hauptmenü = 9"
15190 RETURN
```

```
15200 ZE%(1) = 21 : SP%(1) = 10 : TEXT$(1) = "Korrigieren = 1"
15210 ZE%(2) = 21 : SP%(2) = 26 : TEXT$(2) = "nächster Satz = 2"
15220 ZE%(3) = 21 : SP%(3) = 44 : TEXT$(3) = "Übernehmen = 3"
15230 ZE%(4) = 21 : SP%(4) = 59 : TEXT$(4) = "Abbruch = 9"
15290 RETURN
```

```
15300 LOCATE 21, 10 : PRINT "Satz existiert!"
15310 ZE%(1) = 21 : SP%(1) = 26 : TEXT$(1) = "neue Korrektur = 1"
15320 ZE%(2) = 21 : SP%(2) = 45 : TEXT$(2) = "Übernahme = 2"
15330 ZE%(3) = 21 : SP%(3) = 60 : TEXT$(3) = "Abbruch = 9"
15390 RETURN
```

```
16000 LOCATE 2, 10 : COLOR 0, 7 :
      PRINT "D a t e n s a t z   z u f ü g e n" : COLOR 7, 0
16090 RETURN
```

```
16100 ZE%(1) = 21 : SP%(1) = 10 : TEXT$(1) = "Satz zufügen = 1"
16110 ZE%(2) = 21 : SP%(2) = 27 :
      TEXT$(2) = "Zurück zum Hauptprogramm = 9"
16190 RETURN
```

```
16200 LOCATE 21, 10 : PRINT "Satz existiert!"
16210 ZE%(1) = 21 : SP%(1) = 26 : TEXT$(1) = "Vervollständigen = 1"
16220 ZE%(2) = 21 : SP%(2) = 47 : TEXT$(2) = "Abbruch = 9"
16290 RETURN
```

```
17000 LOCATE 2, 10 : COLOR 0, 7 :
      PRINT "D a t e n s a t z   l ö s c h e n" : COLOR 7, 0
17090 RETURN
```

```
17100 ZE%(1) = 21 : SP%(1) = 10 : TEXT$(1) = "Satz aufrufen = 1"
17110 ZE%(2) = 21 : SP%(2) = 28 :
      TEXT$(2) = "Zurück zum Hauptmenü = 9"
17190 RETURN
```

```
17200 ZE%(1) = 21 : SP%(1) = 10 : TEXT$(1) = "Satz löschen = 1"
17210 ZE%(2) = 21 : SP%(2) = 27 :
      TEXT$(2) = "nächsten Satz anzeigen = 2"
17220 ZE%(3) = 21 : SP%(3) = 54 : TEXT$(3) = "Abbruch = 9"
17290 RETURN
```

```
18000 LOCATE 2, 10 : COLOR 0, 7 :
      PRINT "P r o g r a m m e n d e" : COLOR 7, 0
18090 RETURN
```

```
18100 ZE%(1) = 5 : SP%(1) = 10 :
      TEXT$(1) = "1 = Programmende ohne Speichern der Änderungen"
18110 ZE%(2) = 7 : SP%(2) = 10 :
      TEXT$(2) = "9 = Zurück zum Hauptmenü!"
18190 RETURN
```

12.3 Restarbeiten

Zur Vervollständigung der Dokumentation sind noch folgende Kommentarzeilen in das Programm aufzunehmen:

```
160 REM *    Version:   1.1                                    *
```

```
62285 REM SP%(   )          = Matrix für 9 Spaltenangaben
62325 REM TEXT$(   )        = Matrix für 9 Texte
62335 REM ZE%(   )          = Matrix für 9 Zeilenangaben
```

Aufgabe:

Speichern Sie die in diesem Kapitel entwickelten Programmteile unter dem Dateinamen "ERW1_1",A auf Ihre Datendiskette!

Löschen Sie den Speicher!

Laden Sie das Programm "ADRØ_6" (das Programm mit den Kommentarzeilen)!

Fügen Sie das Programm "ERW1_1" hinzu!

Speichern Sie das Programm "ADR1_1",A auf Ihre Datendiskette!

Übungen 12

1. Wozu dient der Befehl INKEY$?

_____

_____

_____

2. Wodurch unterscheiden sich die beiden Funktionen
   VAL(..) und
   ASC(..) ?
   VAL(..) bewirkt_____

_____

_____

_____

_____

   ASC(..) bewirkt_____

_____

_____

3. Entwickeln Sie ein kleines Programm, mit dem der jeweilige ASCII-Wert aller Tasten auf dem Bildschirm ausgegeben wird. Beachten Sie, daß bei bestimmten Tasten der mit INKEY$ an eine Variable übergebene String **zwei Zeichen** enthält. Das Programm soll nach Betätigung der <RETURN>-Taste enden.

   1Ø_____
   2Ø_____
   3Ø_____
   4Ø_____
   5Ø_____
   6Ø_____

Lösungen 12

1. Wozu dient der Befehl INKEY$?
Mit INKEY$ wird ein Zeichen von der Tastatur in den Arbeits-
speicher geholt und einer Stringvariablen zugewiesen. Dieser
String kann Ø, 1 oder 2 Zeichen lang sein.

2. Wodurch unterscheiden sich die beiden Funktionen
VAL(..) und
ASC(..) ?
VAL(..) bewirkt, daß aus einer Zeichenkette – links beginnend
– alle numerischen Zeichen in einen Zahlenwert umgewandelt
werden. Vor der ersten Ziffer sind die Zeichen " ", "+", "–" und
"." zulässig, der "." kann auch zwischen den Ziffern als Dezi-
maltrennzeichen stehen. Beim ersten unzulässigen Zeichen
wird die Umwandlung abgebrochen.
ASC(..) bewirkt, daß der ASCII-Wert des ersten Zeichens einer
Zeichenkette ermittelt wird. Dieser Wert kann einer Variablen
zugewiesen, ausgegeben oder für einen Vergleich genutzt
werden.

3. Entwickeln Sie ein kleines Programm, mit dem der jeweilige
ASCII-Wert aller Tasten auf dem Bildschirm ausgegeben wird.
Beachten Sie, daß bei bestimmten Tasten der mit INKEY$ an
eine Variable übergebene String **zwei Zeichen** enthält. Das
Programm soll nach Betätigung der <RETURN>-Taste en-
den.

```
10 A$ = INKEY$ :
   IF A$ = ""
      THEN GOTO 10
20 PRINT A$, ASC(A$),
30 IF LEN(A$) = 2
      THEN PRINT VAL(RIGHT$(A$, 2)),
40 PRINT
50 IF ASC(A$) <> 13
      THEN GOTO 10
60 END
```

13 EINGABEROUTINEN PROFESSIONELL GESTALTEN

13.1 INKEY$ statt INPUT

Auf die Nachteile des INPUT-Befehls haben wir bei der Entwicklung des Adressenverwaltungsprogramms schon mehrfach hingewiesen. Ziel dieses Kapitels ist es, die Eingaberoutinen mit ihrem INPUT-Befehl (Routine 3ØØØØ, 31ØØØ und 32ØØØ) durch professionellere Eingaberoutinen zu ersetzen. Hierbei wird der INKEY-Befehl genutzt, der bereits von der Menüsteuerung her bekannt ist. Mit ihm wird es möglich, eine zeichengenaue Eingabe mit sofortiger Plausibilitätsprüfung jedes eingegebenen Zeichens durchzuführen. Im Gegensatz dazu wird beim INPUT-Befehl nach <RETURN> die gesamte Eingabe einer Variablen zugewiesen und kann daher nur in ihrer Gesamtheit auf Richtigkeit überprüft werden.

Wurde in einer Routine des Adressenverwaltungsprogramms eine Eingabe notwendig, so erfolgte der Aufruf einer der drei Eingaberoutinen Zeichenkette, Ganzzahl oder Realzahl. Diese modulare Programmierung hat den unschätzbaren Vorteil, daß nur diese Eingaberoutinen zu ersetzen sind. Die aufrufenden Programmteile bleiben unverändert! Stellen Sie sich den Änderungsbedarf vor, wenn die Eingaben direkt in den jeweiligen Unterprogrammen codiert worden wären. Der Änderungsbedarf wäre sehr groß und die möglichen Fehlerquellen würden erheblich vermehrt.

13.2 Änderung der Eingaberoutine "Zeichenkette eingeben"

Für ein komfortables Arbeiten mit der Eingaberoutine müssen folgende Bearbeitungsmöglichkeiten vorgesehen sein:

■ Bei <RETURN> wird der Inhalt des Eingabefeldes übernommen.

■ Mit <BACKSPACE> kann ein Zeichen links vom Cursor gelöscht werden, und die rechts davon stehenden Zeichen werden vorgezogen.

■ Mit <INS> kann der Einfügemodus ein- bzw. ausgeschaltet werden. Im Einfügemodus werden neue Zeichen an der Cursorposition eingefügt, und die Zeichen rechts vom Cursor werden nach rechts verschoben. Im Überschreibmodus werden die vorgegebenen Zeichen überschrieben.

■ Der Cursor kann zur Korrektur an eine beliebige Stelle innerhalb des Eingabefeldes geführt werden.

■ Mit <ESC> kann der ursprüngliche Inhalt des Eingabefeldes wieder angezeigt und bearbeitet werden. Dies ist zum Beispiel notwendig, wenn fehlerhafte Korrekturen durchgeführt wurden.

■ Zur zeichengenauen Plausibilitätsprüfung können unterschiedliche Zeichensätze als zulässig deklariert werden. Der Nutzer kann so die Eingaberoutine ganz auf die Bedürfnisse des von ihm zu bearbeitenden Problems abstellen.

Die Codierung der Eingaberoutine beginnt mit Anweisungen, in denen die Parameter für die Eingabe eine Voreinstellung erhalten.

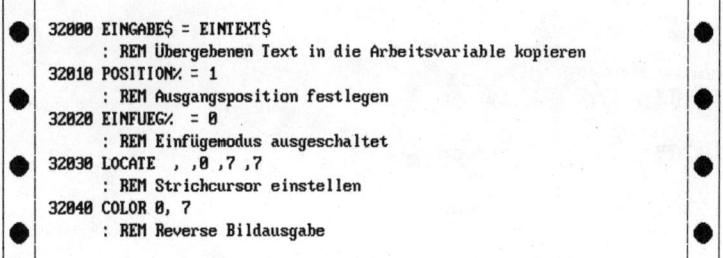

```
32000 EINGABE$ = EINTEXT$
       : REM Übergebenen Text in die Arbeitsvariable kopieren
32010 POSITION% = 1
       : REM Ausgangsposition festlegen
32020 EINFUEG% = 0
       : REM Einfügemodus ausgeschaltet
32030 LOCATE , ,0 ,7 ,7
       : REM Strichcursor einstellen
32040 COLOR 0, 7
       : REM Reverse Bildausgabe
```

In Zeile 32ØØØ wird der vom aufrufenden Modul übergebene Text (EINTEXT$) der Arbeitsvariablen EINGABE$ zugewiesen. Die Wiederherstellung des ursprünglichen Inhalts eines Eingabefeldes über <ESC> wird erst dadurch möglich.

Zu Beginn der Eingaberoutine wird der Cursor auf die Position 1 gesetzt (Zeile 32Ø1Ø) und der Einfügemodus ausgeschaltet (Zeile 32Ø2Ø). Der Cursor erhält die Form eines Striches (" _ "); er bleibt aber ausgeschaltet an der augenblicklichen Position. Diese Möglichkeit der Einstellung des Cursors ist über den Befehl LOCATE möglich (Zeile 32Ø3Ø). Damit der zu bearbeitende Text sich von den übrigen Eingabefeldern optisch abhebt, wird eine reverse Ausgabe programmiert (Zeile 32Ø4Ø).

■ LOCATE ..,..,..,..,..

Der LOCATE-Befehl bietet neben dem Positionieren des Cursors noch verschiedene Variationen hinsichtlich der Gestaltung des Cursors.
Er hat folgenden allgemeinen Aufbau:

> LOCATE Zeile, Spalte, ein/aus, Cursorgröße (linke obere Ecke),
> Cursorgröße (rechte untere Ecke)

Sollen Zeile und Spalte unverändert bleiben, werden nach LOCATE ",," gesetzt (siehe Zeile 32Ø3Ø). Mit der dritten Angabe kann der Cursor eingeschaltet (= 1) oder ausgeschaltet (= Ø) werden. Über die beiden letzten Eingaben kann die Cursorgröße individuell variiert werden.

Beispiele:

```
LOCATE ,,,7,7     Cursor  _

LOCATE ,,,3,7     Cursor  ■

LOCATE ,,,Ø,7     Cursor  █
```

Nach den Parameter-Einstellungen wird die Ausgabe des Eingabefeldes programmiert und der Cursor auf die durch die Variable POSITION% bestimmte Stelle gesetzt und sichtbar gemacht (Zeilen 321ØØ und 321Ø5). Anschließend wird in einer Schleife abgefragt, ob eine Tastatureingabe erfolgte (Zeile 3211Ø). Unmittelbar nach der Betätigung einer Taste wird überprüft, ob der Nutzer eine der zugelassenen Sondertasten, wie <ESC>, <RETURN>, <BACKSPACE>,

<INS>, <←>, <→> gedrückt hat. Bei diesen Sonderzeichen muß das Programm die entsprechenden Funktionen veranlassen. Liegt keine Sondertaste vor, muß überprüft werden, ob das eingegebene Zeichen im zugelassenen Zeichenvorrat enthalten ist. Hierfür sind folgende Zeilen zu codieren:

```
32100 LOCATE ZEILE%, SPALTE%, 1 : PRINT EINGABE$;
      : REM Text ausgeben
32105 LOCATE ZEILE%, SPALTE% +POSITION% -1
      : REM Cursor positionieren
32110 EIN$ = INKEY$ :
      IF EIN$ = ""
         THEN GOTO 32110
32120 IF ASC(EIN$) = 27
         THEN GOTO 32000
      : REM <ESC>-Taste
32130 IF ASC(EIN$) = 13
         THEN GOTO 32500
      : REM <RETURN>-Taste
32140 IF ASC(EIN$) =  8
         THEN GOTO 32300
      : REM <BACKSPACE>-Taste
32150 IF    (ASC(EIN$) = 0)
         AND (ASC(RIGHT$(EIN$, 1)) = 82)
            THEN GOTO 32400
32151 : REM <INS>-Taste
32160 IF (ASC(EIN$) = 0) AND (ASC(RIGHT$(EIN$, 1)) = 75)
         THEN IF POSITION% > 1
               THEN POSITION% = POSITION% -1 : GOTO 32100
32161 : REM < <- >-Taste
32170 IF (ASC(EIN$) = 0) AND (ASC(RIGHT$(EIN$, 1)) = 77)
         THEN IF POSITION% < LAENGE%
               THEN POSITION% = POSITION% +1 : GOTO 32100
32171 : REM < -> >-Taste
32180 IF INSTR(1, GUELTIGE.ZEICHEN$(1), EIN$) = 0
         THEN GOTO 32110
      : REM ungueltiges Zeichen
```

Bei den Sondertasten <ESC>, <RETURN>, <BACKSPACE> und <INS> verzweigt das Programm zu dem Programmteil, in dem die auszulösenden Aktionen codiert sind. Bei <←> und <→> ist die Korrektur der Cursorposition unmittelbar nach der Zeichenkontrolle programmiert (Zeilen 32160 und 32170). Eine Positionskorrektur ist bei <←> nur möglich, wenn der Cursor noch nicht den linken Rand des Eingabefeldes erreicht hat. Entsprechendes gilt für den rechten Rand bei <→>.

■ INSTR(..,..,..)

Zur Überprüfung, ob ein zulässiges Zeichen vorliegt, wird die Funktion INSTR(..,..,..) eingesetzt.
Sie hat die allgemeine Form:

INSTR(Position, zu durchsuchender String, Suchstring)

Mit "Position" wird die Stelle festgelegt, ab der der Suchstring mit dem zu durchsuchenden String verglichen wird. Diese Funktion liefert die Position, an der der Suchstring im zu durchsuchenden String erstmalig auftritt. Ist der Suchstring nicht enthalten, so ist das Ergebnis = $\emptyset$.

Beispiele:

A$ = "Röhl"   B$ = "ö"

A% = INSTR (1, A$, B$) $\longrightarrow$ 2

A$ = "Röhl"   B$ = "ö"

A% = INSTR (3, A$, B$) $\longrightarrow$ 0

A$ = "Verhuven"   B$ = "ö"

A% = INSTR (1, A$, B$) $\longrightarrow$ 0

Die Funktion INSTR(..,..,..) wird genutzt, um die Gültigkeit einer Tastatureingabe zu überprüfen (Zeile 3218$\emptyset$). Ergibt die Funktion den Wert $\emptyset$, so bleibt die Eingabe unberücksichtigt.
Über den zu durchsuchenden String, in unserem Programm GUELTIGE.ZEICHEN$(1), legt der Programmierer fest, welche Zeichen bei einem Programmlauf als gültig akzeptiert werden. In unserem Adressenverwaltungsprogramm sind drei Strings festgelegt:

```
60050 DIM GUELTIGE.ZEICHEN$(3)
```

```
61300 GUELTIGE.ZEICHEN$(1) = " ! #$%&'()*+,-./0123456789:;<=>?
                               @ABCDEFGHIJKLMNOPQRSTUVWXYZ[\]^
                               `abcdefghijklmnopqrstuvwxyz{|}~
                               ÇüéâäàåçêëèïîìÄÅÉæÆôöòûùÿÖÜ¢£¥ƒ
                               áíóúñÑ
        : REM HINWEIS: Alle Zeichen müssen direkt hintereinander ohne Lücken
                       eingegeben werden, sonst wird die Länge einer
                       Eingabezeile überschritten!!!
61301 REM alternativ: gueltige.zeichen$(1) = " !" : for i% = 35 to 255
                    : gueltige.zeichen$(1) = gueltige.zeichen$(1) +chr$(i%)
                    : next i%
61310 GUELTIGE.ZEICHEN$(2) = " 0123456789!$%&0@/()=?' '+*#^,.-;:_
                               abcdefghijklmnopqrstuvwxyzäöüß
                               ABCDEFGHIJKLMNOPQRSTUVWXYZÄÖÜ"
61320 GUELTIGE.ZEICHEN$(3) = " 0123456789 "
```

Im ersten String ist der komplette Zeichensatz enthalten. Es fehlen jedoch alle Zeichen mit einem ASCII-Wert unter 32 (Steuercodes) sowie das Anführungszeichen. Dieses darf auf keinen Fall in einem String enthalten sein, da es als Randbegrenzer für Strings dient.

Im zweiten String sind alle Zeichen (Ausnahme: ") enthalten, für die eine Taste vorhanden ist. Die im ersten String enthaltenen Grafikzeichen, die erst über die Tastenkombination <ALT> + ASCII-WERT erzeugt werden müssen, fehlen.

Der dritte String enthält die Zeichen, die für die numerische Eingabe zugelassen werden.

Falls Sie dieses Programm für andere Anwendungen umschreiben, können Sie weitere zusätzliche Zeichensätze bestimmen, die dann in der Eingaberoutine benutzt werden.

Hat der Nutzer ein zulässiges Zeichen eingegeben, prüft das Programm, ob der Einfügemodus aktiv ist (Zeile 32200). Im Einfügemodus werden die Eingaben an der aktuellen Position im Eingabefeld eingefügt. Im Überschreibemodus dagegen wird das Zeichen an der Cursorposition ausgetauscht. Dies erfordert folgende Programmzeilen:

```
32200 IF EINFUEG% = 1
          THEN GOTO 32250 :
              REM Einfügemodus aktiv
32210 MID$(EINGABE$, POSITION%, 1) = EIN$
32220 POSITION% = POSITION% +1: IF POSITION% > LAENGE%
                          THEN POSITION% = LAENGE% :
                              REM Position im String anpassen
32230 GOTO 32100 : REM Ausgabe des geänderten Strings
```

```
32250 IF POSITION% = LAENGE%
          THEN GOTO 32110
          : REM Einfügen nicht möglich
32260 IF RIGHT$(EINGABE$, 1) <> " "
          THEN GOTO 32110
          : REM Einfügen nicht möglich, am Ende kein leeres Zeichen
32270 EINGABE$ = LEFT$(EINGABE$, POSITION% -1) +EIN$
                  +MID$(EINGABE$, POSITION%, LAENGE% -POSITION%)
          : REM Eingabestring erstellen
32280 POSITION% = POSITION% +1 :
          IF POSITION% > LAENGE%
          THEN POSITION% = LAENGE%
32281 : REM Position im String anpassen
32290 GOTO 32100
          : REM Ausgabe des geänderten Strings
```

Der Überschreibemodus ist in den Zeilen 32210 bis 32230 programmiert. In Zeile 32210 wird durch die Funktion MID$(..,..,..) nicht ein Teilstring aus einem String kopiert, sondern im String EINGABE$ wird an der Stelle POSITION% ein Zeichen durch das Zeichen ersetzt, das in der Variablen EIN$ gespeichert ist. Nach dem Ersetzen wird der Wert in der Variablen POSITION% um 1 erhöht. (Der Cursor wird um eine Stelle nach rechts verschoben.) Diese Verschiebung kann allerdings nicht erfolgen, wenn der Cursor bereits die letzte Position des Eingabefeldes erreicht hat (Zeile 32220).

Bei aktivem Einfügemodus verzweigt das Programm zur Zeile 32250. Befindet sich der Cursor an der letzten Position des Eingabefeldes, so ist eine Einfügung nicht mehr möglich (Zeile 32250). Dies trifft auch zu, wenn das letzte Feld kein Leerzeichen enthält (Zeile 32260), d. h. der String ist mit gültigen Zeichen gefüllt. Würde eine Einfügung zugelassen, so würde das letzte Zeichen die zulässige Feldlänge überschreiten.

In der Folgezeile (Zeile 3227Ø) wird mit Hilfe der Funktionen zur Textmanipulation LEFT\$(..,..) und MID\$(..,..,..) das Eingabefeld auseinandergetrennt und das neue Zeichen aus der Variablen EIN\$ eingefügt. Dieser Vorgang soll an folgendem Beispiel erläutert werden:

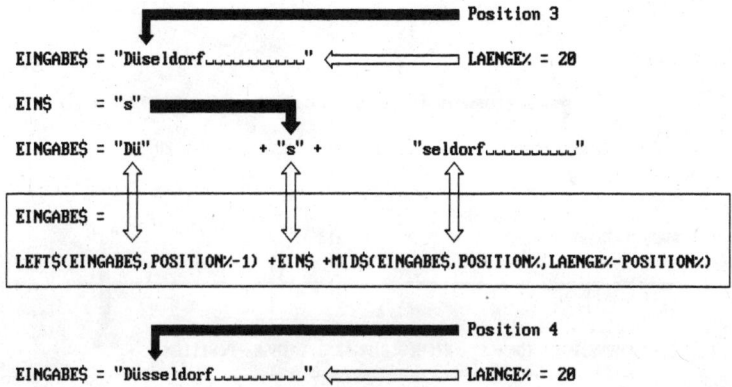

Nach der Einfügung ist POSITION% um 1 zu erhöhen, um den Cursor weiter nach rechts wandern zu lassen.

Bei Betätigung der Taste <BACKSPACE> verzweigt das Programm zur Zeile 323ØØ.

```
32300 IF POSITION% = 1
          THEN GOTO 32110
        : REM weitere Löschung nicht möglich
32310 POSITION% = POSITION% -1
32320 EINGABE$ = LEFT$(EINGABE$, POSITION% -1)
               +RIGHT$(EINGABE$, LAENGE% -POSITION%) +" "
32330 GOTO 32100
        : REM Ausgabe des geänderten Strings
```

In Zeile 32300 wird geprüft, ob der Cursor bereits auf der ersten Position des Eingabefeldes steht. Eine weitere Löschung von Zeichen mit <BACKSPACE> ist dann nicht möglich.

Ist eine Löschung zulässig, wird POSITION% um 1 vermindert (Zeile 32310). Über die Befehle LEFT$(..,..) und RIGHT$(..,..) wird das zu löschende Zeichen aus dem Eingabefeld entfernt (Zeile 32320). Am folgenden Beispiel wird die Wirkungsweise dieser Anweisung deutlich:

Beispiel:

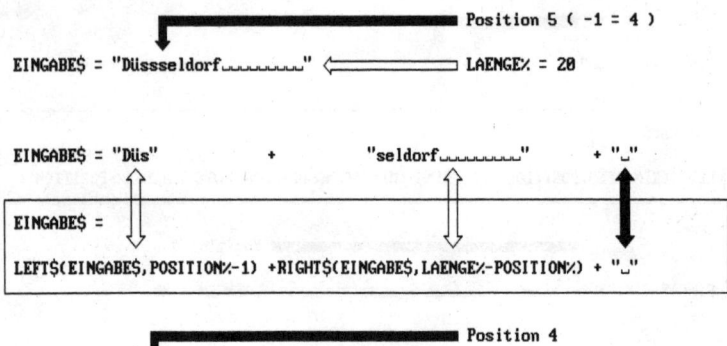

Beim Drücken der <INS>-Taste verzweigt das Programm zur Zeile 32400. Je nach dem eingestellten Modus (Einfügemodus: EIN-FUEG% = 1, Überschreibemodus: EINFUEG% = 0) erfolgt eine Änderung des Wertes von EINFUEG%, und der Cursor erhält eine andere Form. Im Einfügemodus hat der Cursor die Form "█" (LOCATE ,,,0,7), im Überschreibmodus "_" (LOCATE ,,,7,7).

```
32400 IF EINFUEG% = 0
        THEN EINFUEG% = 1 : LOCATE , , , 0, 7 :
            GOTO 32100
32401 : REM Einfügemodus ein
32410 IF EINFUEG% = 1
        THEN EINFUEG% = 0 : LOCATE , , , 7, 7 :
            GOTO 32100
32411 : REM Einfügemodus aus
```

Hat der Nutzer in einem Eingabefeld die Eingaben abgeschlossen und <RETURN> betätigt, verzweigt das Programm zur Zeile 3250Ø.

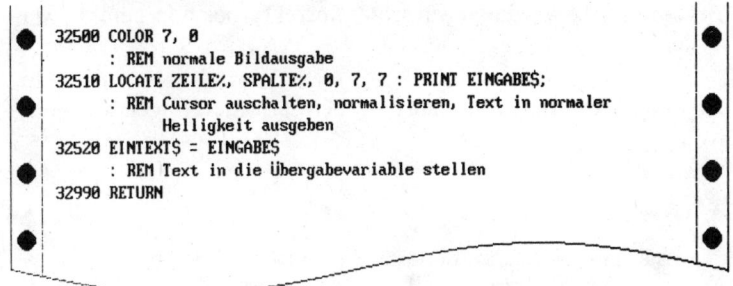

```
32500 COLOR 7, 0
      : REM normale Bildausgabe
32510 LOCATE ZEILE%, SPALTE%, 0, 7, 7 : PRINT EINGABE$;
      : REM Cursor auschalten, normalisieren, Text in normaler
            Helligkeit ausgeben
32520 EINTEXT$ = EINGABE$
      : REM Text in die Übergabevariable stellen
32990 RETURN
```

Das Eingabefeld wird in normaler Helligkeit dargestellt und die Cursordarstellung ausgeschaltet (Zeilen 3250Ø und 3251Ø). Der Inhalt von EINGABE$ wird der Variablen EINTEXT$ übergeben. Die aufrufende Routine verarbeitet dann diesen Text entsprechend den dort vorliegenden Anweisungen.

13.3 Änderung der Eingaberoutine "Ganzzahl eingeben"

Die Programmfolge bei den Eingaberoutinen lautet:
- Ganzzahl eingeben,
- Realzahl eingeben,
- Zeichenkette eingeben.

Da im Adressenverwaltungsprogramm überwiegend Zeichenketten einzugeben sind, ist dieses Modul als erstes vorgestellt worden. Die hierbei gewonnenen Erkenntnisse lassen sich auch bei der Entwicklung der Routine "Ganzzahl eingeben" verwenden.
Eine komfortable Eingabe von Ganzzahlen setzt folgende Bearbeitungsmöglichkeiten voraus:
- Übergibt die aufrufende Routine den Wert Ø, erwartet das Programm vom Nutzer eine Neueingabe. Die Eingabe erfolgt wie bei einem Taschenrechner von links nach rechts. Die Ziffern werden auf dem Bildschirm entsprechend nach links verschoben.

■ Übergibt die aufrufende Routine einen anderen Wert, erwartet das Programm vom Nutzer eine Korrektur dieses Wertes. Der Cursor steht dann am linken Rand des Eingabefeldes und kann vom Nutzer an die gewünschte Korrekturposition geführt werden.

Die Eingaberoutine "Ganzzahl eingeben" erfordert folgende alternativen Voreinstellungen:

```
30000 IF EIN% <> 0
       THEN GOTO 30050
30010 EINTEXT$ = STRING$(LAENGE%, " ") : EINGABE$ = EINTEXT$
     : REM Eingabevariable mit Leerzeichen füllen
30020 POSITION% = LAENGE% : EINFUEG% = 1
     : REM Ausgangsposition festlegen, Einfügemodus eingeschaltet
30030 LOCATE , , 0, 0, 7 : COLOR 0, 7
     : REM Blockcursor einstellen, reverse Bildausgabe
30040 GOTO 30100
30050 EINTEXT$ = STR$(EIN%) :
       IF LEN(EINTEXT$) < LAENGE%
       THEN EINTEXT$ = STRING$(LAENGE% -LEN(EINTEXT$), " ") +EINTEXT$
30060 EINGABE$ = EINTEXT$
     : REM Übergebenen Text in die Arbeitsvariable kopieren
30070 POSITION% = 1 : EINFUEG% = 0
     : REM Ausgangsposition festlegen, Einfügemodus ausgeschaltet
30080 LOCATE , , 0, 7, 7
     : REM Strichcursor einstellen
30090 COLOR 0, 7
     : REM reverse Bildausgabe
```

Die Überprüfung, ob eine Neueingabe oder Korrektur einer Ganzzahl vorliegt, erfolgt in Zeile 30000. Liegt eine Neueingabe vor, wird EINTEXT$ mit Leerzeichen gefüllt und dieser String der Eingabevariablen EINGABE$ übergeben (Zeile 30010). Die Variable POSITION% erhält den Wert von LAENGE%, damit der Cursor auf das letzte Zeichen des Eingabefeldes gesetzt werden kann. Der Einfügemodus wird eingeschaltet (Zeile 30020). Dadurch erhält der Cursor die dafür vorgesehene Blockform, und seine reverse Bildschirmausgabe wird eingestellt (Zeile 30030). Anschließend verzweigt das Programm zur Zeile 30100 (Ausgabe der Eingabevariablen).
Bei Korrektur eines Zahlenwertes wird der Zahlenwert in eine Zeichenkette umgewandelt. Ist diese Zeichenkette kürzer als durch

LAENGE% definiert, wird der String mit Leerzeichen von links aufgefüllt (Zeile 3ØØ5Ø). Hierdurch stehen die Zahlen bei der Ausgabe rechtsbündig im Eingabefeld. Anschließend wird der so gewonnene String der Eingabevariablen zugewiesen (Zeile 3ØØ6Ø). Nun werden die Position (1. Zeichen) und der Überschreibemodus festgelegt (Zeile 3ØØ7Ø). Der Cursor nimmt die für den Überschreibemodus vorgesehene Strichform ("_") an, und die reverse Bildschirmausgabe wird aktiviert (Zeile 3ØØ9Ø).

Die Tastaturabfrage entspricht exakt der bereits bekannten Tastaturabfrage in der Routine "Zeichenkette eingeben". Lediglich die Ansprungadressen müssen von 32xxx in 3Øxxx korrigiert werden. Außerdem muß für die Abfrage der zulässigen Zeichen der Zeichensatz GUELTIGE.ZEICHEN$(3) festgelegt werden.

```
30100 LOCATE ZEILE%, SPALTE%, 1 : PRINT EINGABE$;
      : REM Text ausgeben
30105 LOCATE ZEILE%, SPALTE% +POSITION% -1
      : REM Cursor positionieren
30110 EIN$ = INKEY$ :
      IF EIN$ = ""
         THEN GOTO 30110
30120 IF ASC(EIN$) = 27
         THEN GOTO 30000
      : REM <ESC>-Taste
30130 IF ASC(EIN$) = 13
         THEN GOTO 30500
      : REM <RETURN>-Taste
30140 IF ASC(EIN$) =  8
         THEN GOTO 30300
      : REM <BACKSPACE>-Taste
30150 IF    (ASC(EIN$) = 0)
         AND (ASC(RIGHT$(EIN$, 1)) = 82)
            THEN GOTO 30400
30151 : REM <INS>-Taste
30160 IF (ASC(EIN$) = 0) AND (ASC(RIGHT$(EIN$, 1)) = 75)
         THEN IF POSITION% > 1
            THEN POSITION% = POSITION% -1 : GOTO 30100
30161 : REM < <- >-Taste
30170 IF (ASC(EIN$) = 0) AND (ASC(RIGHT$(EIN$, 1)) = 77)
         THEN IF POSITION% < LAENGE%
            THEN POSITION% = POSITION% +1 : GOTO 30100
30171 : REM < -> >-Taste
30180 IF INSTR(1, GUELTIGE.ZEICHEN$(3), EIN$) = 0
         THEN GOTO 30110
      : REM ungueltiges Zeichen
```

Die Korrektur von Ziffern (EINFUEG% = $\emptyset$) erfolgt programmtechnisch in gleicher Form wie die Korrektur von Texten.

```
30200 IF EINFUEG% = 1
         THEN GOTO 30250
       : REM Einfügemodus aktiv
30210 MID$(EINGABE$, POSITION%, 1) = EIN$
30220 POSITION% = POSITION% +1 :
       IF POSITION% > LAENGE%
         THEN POSITION% = LAENGE%
30221 : REM Position im String anpassen
30230 GOTO 30100
       : REM Ausgabe des geänderten Strings
```

Da die Eingabe von Ziffern rechts erfolgt und die eingegebenen Ziffern nach links verschoben werden, sind bei der Programmierung des Einfügemodus Abweichungen gegenüber der Routine "Zeichenkette eingeben" zu berücksichtigen.

```
30250 IF POSITION% = 1
         THEN GOTO 30110
       : REM Einfügen nicht möglich
30260 IF LEFT$(EINGABE$, 1) <> " "
         THEN GOTO 30110
       : REM Einfügen nicht möglich, links kein leeres Zeichen mehr
30270 EINGABE$ = MID$(EINGABE$, 2, POSITION% -1) +EIN$
                 +RIGHT$(EINGABE$, LAENGE% -POSITION%)
       : REM Eingabestring erstellen
30280 GOTO 30100
       : REM Ausgabe des geänderten Strings
```

Ein Einfügen weiterer Ziffern ist nicht möglich, wenn der Cursor auf der 1. Position des Eingabefeldes steht (Zeile 3$\emptyset$25$\emptyset$) oder das erste (linke) Zeichen kein Leerzeichen ist (Zeile 3$\emptyset$26$\emptyset$).

Beispiel:

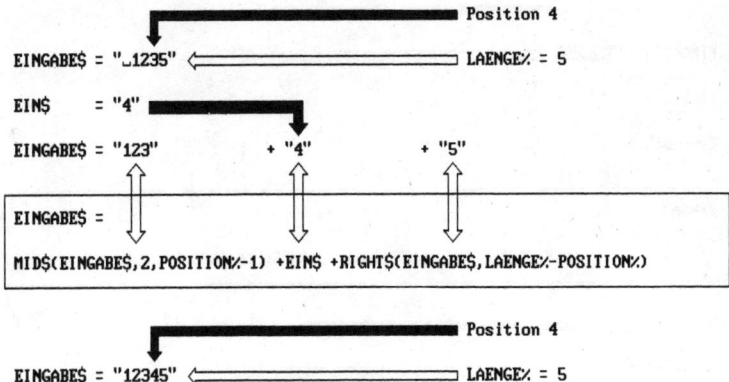

Da die Eingabe von Ziffern von links nach rechts erfolgt, wird die Löschung konsequenterweise von rechts nach links durchgeführt. Bei der Betätigung der <BACKSPACE>-Taste wird die Ziffer rechts von der Cursorposition gelöscht, und die Ziffern ab der Cursorposition werden nach rechts verschoben. Dieses erfordert folgende Anweisungen:

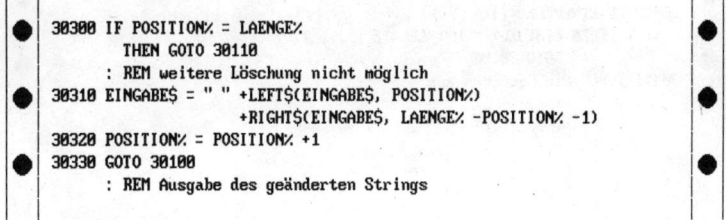

```
30300 IF POSITION% = LAENGE%
         THEN GOTO 30110
      : REM weitere Löschung nicht möglich
30310 EINGABE$ = " " +LEFT$(EINGABE$, POSITION%)
                 +RIGHT$(EINGABE$, LAENGE% -POSITION% -1)
30320 POSITION% = POSITION% +1
30330 GOTO 30100
      : REM Ausgabe des geänderten Strings
```

Beispiel: Aus der Zahl "12345" soll die "4" gelöscht werden.

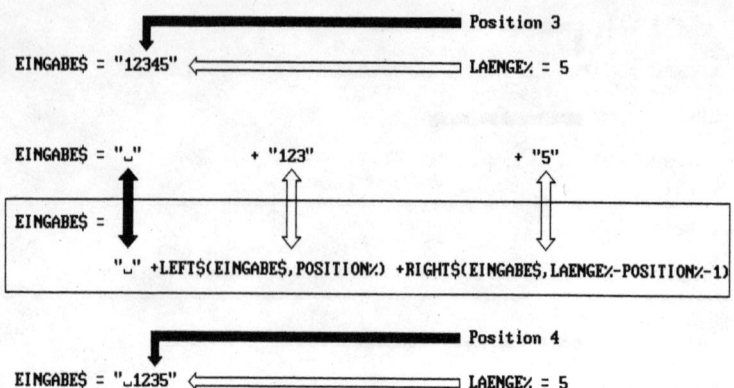

Das Umschalten zwischen Einfügemodus und Überschreibemodus kann mit den gleichen Anweisungen wie bei der Zeichenkettenverarbeitung bewirkt werden:

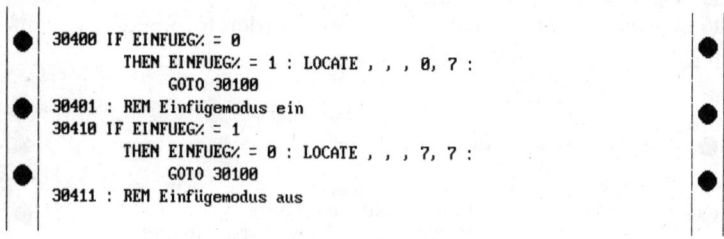

```
30400 IF EINFUEG% = 0
        THEN EINFUEG% = 1 : LOCATE , , , 0, 7 :
            GOTO 30100
30401 : REM Einfügemodus ein
30410 IF EINFUEG% = 1
        THEN EINFUEG% = 0 : LOCATE , , , 7, 7 :
            GOTO 30100
30411 : REM Einfügemodus aus
```

Die abschließenden Anweisungen der Eingaberoutine müssen gegenüber der Routine "Zeichenkette eingeben" geringfügig erweitert werden.

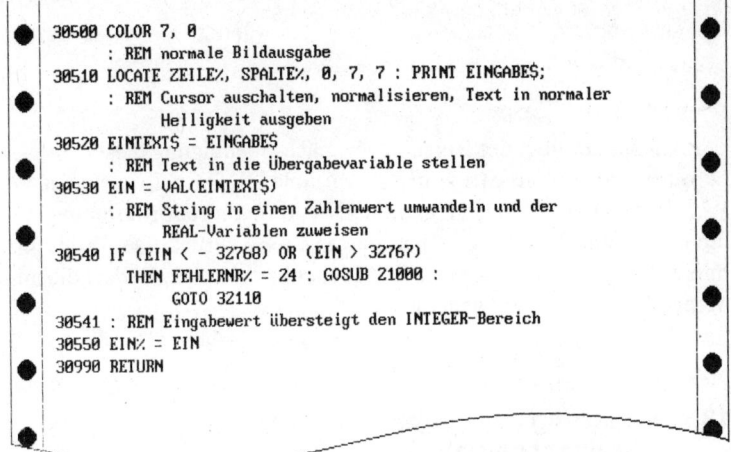

```
30500 COLOR 7, 0
      : REM normale Bildausgabe
30510 LOCATE ZEILE%, SPALTE%, 0, 7, 7 : PRINT EINGABE$;
      : REM Cursor auschalten, normalisieren, Text in normaler
        Helligkeit ausgeben
30520 EINTEXT$ = EINGABE$
      : REM Text in die Übergabevariable stellen
30530 EIN = VAL(EINTEXT$)
      : REM String in einen Zahlenwert umwandeln und der
        REAL-Variablen zuweisen
30540 IF (EIN < - 32768) OR (EIN > 32767)
      THEN FEHLERNR% = 24 : GOSUB 21000 :
           GOTO 32110
30541 : REM Eingabewert übersteigt den INTEGER-Bereich
30550 EIN% = EIN
30990 RETURN
```

Nach Betätigung der <RETURN>-Taste durch den Nutzer wird die Bildschirmausgabe von der reversen auf die normale Ausgabe umgeschaltet, der Text in normaler Helligkeit ausgegeben und der Cursor ausgeschaltet (Zeilen 30500–30510).

Korrektur und Eingabe der Ziffern erfolgte in der Variablen EINGABE$. Der Inhalt dieser Variablen wird der Übergabevariablen EINTEXT$ zugewiesen (Zeile 30520). Bevor nun an das aufrufende Modul ein Integerwert in der Übergabevariablen EIN% übergeben wird (Zeile 30550), muß eine Überprüfung des zulässigen Bereichs vorgenommen werden. Liegt der eingegebene Wert außerhalb des für Integerzahlen zulässigen Wertebereichs von −32768 bis +32767, so stürzt das Programm ohne diese Prüfung ab.

Der Wert der Variablen EINTEXT$ wird daher vorsichtigerweise mit der Funktion VAL(..) der Realvariablen EIN zugewiesen (Zeile 30530). Für diesen Datentyp gelten diese Bereichsbeschränkungen nicht. Ergibt die Prüfung (Zeile 30540) einen im zulässigen Bereich liegenden Wert, dann erfolgt die Zuweisung des Wertes an die Übergabevariable EIN% (Zeile 30550). Liegt ein unzulässiger Wert vor, so wird über die Fehlerroutine eine entsprechende Meldung am Bildschirm ausgegeben.

```
61230 FEHL.T$(24) = "Eingabewert übersteigt den INTEGER-Bereich -32768
      bis +32767"
```

Für den Nutzer liegt der Eingabewert nach Beendigung dieser Eingaberoutine sowohl als String in der Variable EINTEXT$ als auch als Wert in den Variablen EIN% und EIN vor. Im Adreßprogramm greifen wir nur auf den numerischen Wert in EIN% zurück. Der Programmierer hat abweichend davon die Möglichkeit, je nach Bedarf die anderen Variablen zu verwenden.

13.4 Änderung der Eingaberoutine "Realzahl eingeben"

Eine Eingaberoutine "Realzahl eingeben" wird im Rahmen dieses Adressenverwaltungsprogramms nicht benötigt. Da sie aber in vielen anderen Programmen zur Eingabe von beispielsweise DM-Beträgen benötigt wird, haben wir sie entwickelt.

Die Unterschiede zur Eingaberoutine "Ganzzahl eingeben" sind sehr gering. Beim Aufruf dieser Eingaberoutine werden die eingegebenen Ziffern von rechts nach links in das Eingabefeld geschoben. Der Dezimalpunkt wird optisch vor den zwei Nachkommastellen eingeblendet; der Nutzer kann keinen Dezimalpunkt eingeben. Er muß allerdings bei der Eingabe unbedingt die beiden Nachkommastellen berücksichtigen, auch wenn beide "Ø" sind.

Beispiel:

Tastatureingabe	EINGABE$	LAENGE%	Bildschirmausgabe
1 2 3	"⌴⌴⌴⌴⌴⌴123"	10	⌴⌴⌴⌴⌴⌴1.23
1 2 3 Ø Ø	"⌴⌴⌴⌴⌴12300"	10	⌴⌴⌴⌴⌴123.00

Die sich daraus ergebenden Unterschiede in der Programmierung dieser Routine werden in der Übungsaufgabe beschrieben. Die Codierung der entsprechenden Programmanweisungen ist Teil der Übungsaufgabe.

13.5 Restarbeiten

Zur Vervollständigung der Dokumentation sind folgende Zeilen in das Programm einzufügen:

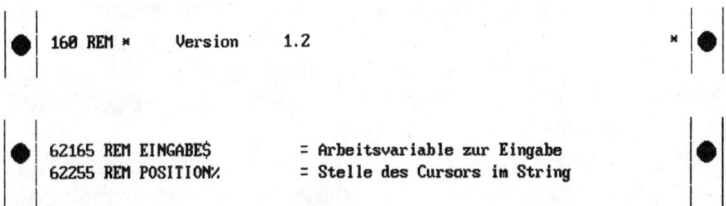

```
160 REM *     Version  1.2                              *

62165 REM EINGABE$       = Arbeitsvariable zur Eingabe
62255 REM POSITION%      = Stelle des Cursors im String
```

13.6 Tips zur weiteren Optimierung der Eingaberoutinen

Um die Eingaberoutinen überschaubar zu halten und um vor allen Dingen keine Änderung bei den aufrufenden Programmteilen vornehmen zu müssen, haben wir auf eine weitergehende Modularisierung verzichtet. Sie werden als trainierter BASIC-Programmierer feststellen, daß insbesondere bei den Eingaberoutinen "Ganzzahl eingeben" und "Realzahl eingeben" ganze Programmteile identisch sind. Diese könnten als selbständige Unterroutinen ausgelagert werden.

Die Routine "Realzahl eingeben" ist in der von Ihnen zu entwickelnden Version auf zwei Nachkommastellen festgelegt. Die Festlegung dieser Nachkommastellen in Form von Konstanten $(2, 1\emptyset\emptyset)$ kann durch eine variable Gestaltung ersetzt werden. Hierbei wird einer Variablen vom aufrufenden Programm die Anzahl der Nachkommastellen als Parameter zugewiesen. In der Eingaberoutine tritt diese Variable dann an die Stelle der konstanten Angabe der Nachkommastellen.

Übungen 13

Ergänzen Sie die Eingaberoutine "Realzahl eingeben" an den gekennzeichneten Stellen. Dabei ist folgendes zu beachten:

▓ Zeile 31Ø5Ø: Der übergebene Wert EIN wird durch Multiplikation mit 1ØØ in eine Ganzzahl umgewandelt. Diese wird als Zeichenkette der Variablen EINTEXT$ zugewiesen.

▓ Zeile 311ØØ: In die Ausgabe des Zahlenwertes ist vor den beiden Nachkommastellen der Dezimalpunkt einzublenden (siehe Abbildung in Kapitel 13.4).

▓ Zeile 31105: Bei der Positionierung des Cursors im Eingabefeld ist darauf zu achten, daß die Cursoransteuerung bei den Stellen vor dem Komma unverändert ist. Wird der Cursor allerdings auf eine Nachkommastelle geführt, so muß die Korrektur der Berechnung der Spalte (SPALTE% + POSITION% − 1) entfallen.

Zeile 3151Ø: Gegenüber der Routine "Ganzzahl eingeben" muß an dieser Stelle ebenfalls die Ausgabe des Dezimalpunktes auf dem Bildschirm berücksichtigt werden.

▓ Zeile 3153Ø: Der Inhalt der Variablen EINTEXT$ ist über die Funktion VAL(..) als Realzahl mit zwei Nachkommastellen der Variablen EIN zuzuweisen.

```
31000 IF EIN <> 0
      THEN GOTO 31050
31010 EINTEXT$ = STRING$(LAENGE%, " ") : EINGABE$ = EINTEXT$
      : REM Eingabevariable mit Leerzeichen füllen
31020 POSITION% = LAENGE% : EINFUEG% = 1
      : REM Ausgangsposition festlegen, Einfügemodus eingeschaltet
31030 LOCATE , , 0, 0, 7 : COLOR 0, 7
      : REM Blockcursor einstellen, reverse Bildausgabe
31040 GOTO 31100


31050 ..................................................................

      IF LEN(EINTEXT$) < LAENGE%
          THEN EINTEXT$ = STRING$(LAENGE% -LEN(EINTEXT$), " ") +EINTEXT$
31060 EINGABE$ = EINTEXT$
      : REM Übergebenen Text in die Arbeitsvariable kopieren
31070 POSITION% = 1 : EINFUEG% = 0
      : REM Ausgangsposition festlegen, Einfügemodus ausgeschaltet
31080 LOCATE , , 0, 7, 7
      : REM Strichcursor einstellen
31090 COLOR 0, 7
      : REM reverse Bildausgabe


31100 ..................................................................

      ..................................................................

      ..................................................................

31101 : REM Text ausgeben

31105 ..................................................................

      ..................................................................

      ..................................................................

31106 : REM Cursor positionieren
31110 EIN$ = INKEY$ :
      IF EIN$ = ""
          THEN GOTO 31110
31120 IF ASC(EIN$) = 27
          THEN GOTO 31000
      : REM <ESC>-Taste
```

```
31130 IF ASC(EIN$) = 13
         THEN GOTO 31500
      : REM <RETURN>-Taste
31140 IF ASC(EIN$) =  8
         THEN GOTO 31300
      : REM <BACKSPACE>-Taste
31150 IF     (ASC(EIN$) = 0)
          AND (ASC(RIGHT$(EIN$, 1)) = 82)
                 THEN GOTO 31400
31151 : REM <INS>-Taste
31160 IF (ASC(EIN$) = 0) AND (ASC(RIGHT$(EIN$, 1)) = 75)
         THEN IF POSITION% > 1
                 THEN POSITION% = POSITION% -1 : GOTO 31100
31161 : REM < <- >-Taste
31170 IF (ASC(EIN$) = 0) AND (ASC(RIGHT$(EIN$, 1)) = 77)
         THEN IF POSITION% < LAENGE%
                 THEN POSITION% = POSITION% +1 : GOTO 31100
31171 : REM < -> >-Taste
31180 IF INSTR(1, GUELTIGE.ZEICHEN$(3), EIN$) = 0
         THEN GOTO 31110
      : REM ungueltiges Zeichen
31200 IF EINFUEG% = 1
         THEN GOTO 31250
      : REM Einfügemodus aktiv
31210 MID$(EINGABE$, POSITION%, 1) = EIN$
31220 POSITION% = POSITION% +1 :
      IF POSITION% > LAENGE%
         THEN POSITION% = LAENGE%
31331 : REM Position im String anpassen
31230 GOTO 31100
      : REM Ausgabe des geänderten Strings

31250 IF POSITION% = 1
         THEN GOTO 31110
      : REM Einfügen nicht möglich
31260 IF LEFT$(EINGABE$, 1) <> " "
         THEN GOTO 31110
      : REM Einfügen nicht möglich, links kein leeres Zeichen mehr
31270 EINGABE$ = MID$(EINGABE$, 2, POSITION% -1) +EIN$
                 +RIGHT$(EINGABE$, LAENGE% -POSITION%)
      : REM Eingabestring erstellen
31280 GOTO 31100
      : REM Ausgabe des geänderten Strings

31300 IF POSITION% = LAENGE%
         THEN GOTO 31110
      : REM weitere Löschung nicht möglich
31310 EINGABE$ = " " +LEFT$(EINGABE$, POSITION%)
                    +RIGHT$(EINGABE$, LAENGE% -POSITION% -1)
31320 POSITION% = POSITION% +1
31330 GOTO 31100
      : REM Ausgabe des geänderten Strings
```

```
31400 IF EINFUEG% = 0
         THEN EINFUEG% = 1 : LOCATE , , , 0, 7 :
              GOTO 31100
31401 : REM Einfügemodus ein
31410 IF EINFUEG% = 1
         THEN EINFUEG% = 0 : LOCATE , , , 7, 7 :
              GOTO 31100
31411 : REM Einfügemodus aus
31500 COLOR 7, 0
      : REM normale Bildausgabe


31510 LOCATE ZEILE%, SPALTE%, 0, 7, 7 : ...........................


      ..................................................................


      ..................................................................

31511 : REM Cursor auschalten, normalisieren, Text in normaler
              Helligkeit ausgeben
31520 EINTEXT$ = EINGABE$
      : REM Text in die Übergabevariable stellen


31530 ..................................................................

31531 : REM String in einen Zahlenwert umwandeln und der
              REAL-Variablen zuweisen
31990 RETURN
```

Lösungen 13

Der Inhalt der Einfügezeilen müßte folgender Codierung entsprechen:

```
31050 EINTEXT$ = STR$(EIN * 100) :
      IF LEN(EINTEXT$) < LAENGE%
         THEN EINTEXT$ = STRING$(LAENGE% -LEN(EINTEXT$), " ") +EINTEXT$
```

```
31100 LOCATE ZEILE%, SPALTE%, 1 :
      PRINT LEFT$(EINGABE$, LAENGE% -2); "."; RIGHT$(EINGABE$, 2);
      : REM Text ausgeben
31105 IF POSITION% <= (LAENGE% - 2)
         THEN LOCATE ZEILE%, SPALTE% +POSITION% -1
         ELSE LOCATE ZEILE%, SPALTE% +POSITION%
```

```
31510 LOCATE ZEILE%, SPALTE%, 0, 7, 7 :
      PRINT LEFT$(EINGABE$, LAENGE% -2) +"." +RIGHT$(EINGABE$, 2);
```

```
31530 EIN = VAL(EINTEXT$) / 100
      : REM String in einen Zahlenwert umwandeln und der
        REAL-Variablen zuweisen
```

Aufgabe:

Speichern Sie die in diesem Kapitel entwickelten Programmteile unter dem Dateinamen "ERW1_2",A auf Ihre Datendiskette!
Löschen Sie den Speicher!
Laden Sie das Programm "ADR1_1"!
Fügen Sie das Programm "ERW1_2" hinzu!
Speichern Sie das Programm als "ADR1_2",A auf Ihre Datendiskette!

13.7. Dokumentation des Gesamtprogramms

Da in den Kapiteln die einzelnen Routinen zur besseren Darstellung des Programmfortschritts auf mehreren Seiten verteilt sind, soll nun eine zusammenhängende Dokumentation des Gesamtprogramms nach dem letzten Entwicklungsstand stattfinden. Dies dient vor allem dazu, daß der Leser die einzelnen Programmbausteine in ihrem Gesamtzusammenhang überblicken kann.

```
100 REM ***************************************************************
110 REM *                                                             *
120 REM *              Adressenverwaltung                             *
130 REM *                                                             *
150 REM *     Datum:     TT.MM.JJJJ                                   *
160 REM *     Version    1.2                                          *
170 REM *     System:    MS-DOS 2.11    GW-BASIC                      *
180 REM *     Anlage:    PC-Industriestandard                        *
190 REM *                                                             *
200 REM ***************************************************************


997 :
998 REM HAUPTPROGRAMM
999 :
1000 KEY OFF
1010 GOSUB 20000
     : REM Rahmen
1020 GOSUB 10000
     : REM Eröffnungsbild ausgeben
1030 DAUER% = 3 : GOSUB 22000
     : REM Warteschleife von 3 Sekunden
1040 GOSUB 60000
     : REM Daten dimensionieren und bereitstellen
1050 CLS
1060 GOSUB 20000
     : REM Rahmen
1070 GOSUB 11000
     : REM Hauptmenü ausgeben
1080 MAXMENUE% = 6 : GOSUB 33000
     : REM Menünummer einlesen
1100 ON EIN%
     GOSUB 2000, 3000, 4000, 5000, 6000, 7000, 9000, 9000, 9000
1110 GOTO 1050


1997 :
1998 REM Unterprogramm Dateidienste
1999 :
2000 GOSUB 20000
     : REM Rahmen
2010 GOSUB 12000
     : REM Menü Dateidienste ausgegen
2020 MAXMENUE% = 4 : GOSUB 33000
     : REM Eingabe der Menünummer
2030 IF EIN% = 9
     THEN GOTO 2980
     : REM UP-Ende
2040 ON EIN%
     GOSUB 2100, 2200, 2300, 2400
2050 GOTO 2000
```

```
2097 :
2098 REM Dateidienste - Datei anlegen
2099 :
2100 GOSUB 20000
     : REM Rahmen
2105 GOSUB 12100
     : REM Ausgabe der Texte für Anlegen der Datei
2110 IF DATEI.EXISTIERT% = 1
        THEN FEHLERNR% = 3 : GOSUB 21000 :
             GOTO 2190
2111 : REM Eine Datei ist bereits im Arbeitsspeicher vorhanden
2115 GOSUB 34000
     : REM Laufwerk und Dateiname einlesen
2120 SATZNR% = 0 : SATZZAHL% = 0
2125 GOSUB 50000
     : REM Satz in Matrix kopieren
2130 LOCATE 2, 65 : COLOR 16, 7 : PRINT "Diskette"; : COLOR 7, 0
2135 ON ERROR
        GOTO 23000
     : REM Routine zur Behandlung von Diskettenfehlern
2140 OPEN "O", #1, LAUFWERK$ +":" +DATEINAME$ +".SEQ"
2150 FOR I% = 1 TO 7 :
        WRITE #1, ADRESSE$(0, I%) :
     NEXT I%
2155 CLOSE #1
2160 DATEI.EXISTIERT% = 1
2170 DATEI.GEAENDERT% = 0
2180 LOCATE 2, 65 : PRINT STRING$(8, " ");
     : REM löscht Text "Diskette"
2190 RETURN


2197 :
2198 REM Dateidienste - Datei laden
2199 :
2200 GOSUB 20000
     : REM Rahmen
2205 GOSUB 12200
     : REM Ausgabe der Texte für Ladem der Datei
2210 IF DATEI.EXISTIERT% = 1
        THEN FEHLERNR% = 3 : GOSUB 21000 :
             GOTO 2290
2211 : REM Eine Datei ist bereits im Arbeitsspeicher vorhanden
2215 GOSUB 34000
     : REM Laufwerk und Dateiname einlesen
2220 SATZNR% = 0 : SATZZAHL% = 0
2225 LOCATE 2, 65 : COLOR 16, 7 : PRINT "Diskette"; : COLOR 7, 0

2230 ON ERROR
        GOTO 23000
     : REM Routine zur Behandlung von Diskettenfehlern
2235 OPEN "I", #1, LAUFWERK$ +":" +DATEINAME$ +".SEQ"
```

```
2240 FOR I% = 1 TO 7 :
         INPUT #1, ADRESSE$(SATZZAHL%, I%) :
     NEXT I%
2250 IF NOT EOF(1)
         THEN SATZZAHL% = SATZZAHL% +1 :
             GOTO 2240
2255 CLOSE #1
2260 DATEI.EXISTIERT% = 1
2270 DATEI.GEAENDERT% = 0
2280 LOCATE 2, 65 : PRINT STRING$(8, " ");
2290 RETURN


2297 :
2298 REM Dateidienste - Datei speichern
2299 :
2300 GOSUB 20000
     : REM Rahmen
2305 GOSUB 12300
     : REM Ausgabe der Texte für das Speichern der Datei
2310 IF DATEI.EXISTIERT% = 0
         THEN FEHLERNR% = 4 : GOSUB 21000 :
             GOTO 2390
2315 LOCATE 2, 65 : COLOR 16, 7 : PRINT "Diskette"; : COLOR 7, 0
2320 ON ERROR
         GOTO 23000
     : REM Routine zur Behandlung von Diskettenfehlern
2330 OPEN "O", #1, LAUFWERK$ +":" +DATEINAME$ +".SEQ"
2335 FOR I% = 0 TO SATZZAHL%
2340    FOR J% = 1 TO 7 :
            WRITE #1, ADRESSE$(I%, J%) :
        NEXT J%
2345 NEXT I%
2350 CLOSE #1
2370 DATEI.GEAENDERT% = 0
2380 LOCATE 2, 65 : PRINT STRING$(8, " ");
2390 RETURN


2397 :
2398 REM Dateidienste - Datei umbenennen
2399 :
2400 GOSUB 20000
     : REM Rahmen
2405 GOSUB 12400
     : REM Ausgabe der Texte für das Umbenennen der Datei
2410 ZEILE% = 5 : SPALTE% = 45 : LAENGE% = 14 :
     EINTEXT$ = " :              "
2415 GOSUB 32000 : DATEINAME.ALT$ = EINTEXT$
2420 ZEILE% = 7 : SPALTE% = 45 : LAENGE% = 14 :
     EINTEXT$ = " :              "
2425 GOSUB 32000 : DATEINAME.NEU$ = EINTEXT$
2430 LOCATE 2, 65 : COLOR 16, 7 : PRINT "Diskette"; : COLOR 7, 0
```

```
2440 ON ERROR
     GOTO 23000
     : REM Routine zur Behandlung von Diskettenfehlern
2450 NAME DATEINAME.ALT$ AS DATEINAME.NEU$
2460 LOCATE 2, 65 : PRINT STRING$(8, " ");
2490 RETURN


2980 ON ERROR
     GOTO 0
     : REM Fehlerroutine ausschalten
2990 RETURN


2997 :
2998 REM Unterprogramm Bildschirm-Ausgaben
2999 :
3000 GOSUB 20000
     : REM Rahmen
3010 GOSUB 13000
     : REM Menü Ausgaben Bildschirm
3020 IF DATEI.EXISTIERT% = 0
     THEN FEHLERNR% = 4 : GOSUB 21000 :
          GOTO 3990
3021 : REM Datei existiert noch nicht, eine Ausgabe ist nicht möglich
3030 GOSUB 13000 : MAXMENUE% = 2 : GOSUB 33000
     : REM Menünummer hereinholen
3040 IF EIN% = 9
     THEN GOTO 3990
     : REM Ende des UP
3050 ON EIN%
     GOSUB 3100, 3500
3060 GOTO 3000


3097 :
3098 REM Datensätze alphabetisch ausgeben
3099 :
3100 CLS : GOSUB 20000
     : REM rahmen
3110 GOSUB 13100 : GOSUB 13300: MAXMENUE% = 1 : GOSUB 33000
     : REM Menünummer hereinholen
3120 IF EIN% = 9
     THEN GOTO 3390
     : REM Abbruch UP
3130 SATZNR% = 0 : GOSUB 51000
     : REM Eingabebereich mit Leersatz füllen
3140 GOSUB 40000
     : REM Texte mit den Feldbezeichnungen ausgeben
3150 GOSUB 35000
     : REM Namen oder Teil davon hereinholen
3160 LOCATE 2, 65 : COLOR 16, 7 : PRINT "Suche Satz"; : COLOR 7, 0
3170 GOSUB 54000
     : REM Name suchen
```

```
3180 LOCATE 2, 65 : PRINT STRING$(14, " ");
3190 IF SATZ.EXISTIERT% = 0
        THEN FEHLERNR% = 19 : GOSUB 21000 :
             GOTO 3390
3200 GOSUB 51000 : GOSUB 41000
     : REM Satz auf dem Bildschirm ausgeben
3210 SATZNR% = SATZNR% +1
3220 IF SATZNR% > SATZZAHL%
        THEN FEHLERNR% = 21 : GOSUB 21000 :
             GOTO 3390
3221 : REM Ende UP
3230 GOSUB 13300 : MAXMENUE% = 1 : GOSUB 33000
     : REM Weitermachen?
3240 IF EIN% = 1
        THEN GOTO 3200
3390 RETURN


3497 :
3498 REM Rem Datensätze selektiert ausgeben
3499 :
3500 CLS : GOSUB 20000
     : REM Rahmen
3510 GOSUB 36000
     : REM Suchkriterien für die selektive Ausgabe
3520 IF SUCHFELD% = 9
        THEN GOTO 3790
     : REM UP abbrechen
3600 CLS : GOSUB 20000
     : REM Rahmen
3610 GOSUB 13200
     : REM Texte ausgeben
3620 GOSUB 40000
     : REM Texte mit den Feldbezeichnungen ausgeben
3630 SATZNR% = 0
3700 LOCATE 2, 65 : COLOR 16, 7 : PRINT "Suche Satz"; : COLOR 7, 0
3710 GOSUB 56000
     : REM Satz entsprechend den Suchkriterien suchen
3720 LOCATE 2, 65 : PRINT STRING$(14, " ");
3730 IF SATZNR% > SATZZAHL%
        THEN FEHLERNR% = 21 : GOSUB 21000 :
             GOTO 3790
3740 IF SATZ.EXISTIERT% = 0
        THEN FEHLERNR% = 19 : GOSUB 21000 :
             GOTO 3790
3750 GOSUB 51000 : GOSUB 41000
     : REM Satz auf dem Bildschirm ausgeben
3760 GOSUB 13300 : MAXMENUE% = 1 : GOSUB 33000
     : REM Menünummer hereinholen
3770 IF EIN% = 1
        THEN GOTO 3700
3790 RETURN
3990 RETURN
```

```
3997 :
3998 REM Unterprogramm Ausgaben - Drucker
3999 :
4000 GOSUB 20000
     : REM Rahmen
4010 GOSUB 14000
     : REM Menü Ausgaben Bildschirm
4020 IF DATEI.EXISTIERT% = 0
        THEN FEHLERNR% = 4 : GOSUB 21000 :
             GOTO 4990
4021 : REM Datei existiert noch nicht, eine Ausgabe ist nicht möglich
4030 ON ERROR
        GOTO 24000
     : REM Fehlerroutine einschalten
4040 GOSUB 14000 : MAXMENUE% = 3 : GOSUB 33000
     : REM Menünummer hereinholen
4050 IF EIN% = 9
        THEN GOTO 4980
     : REM Ende des UP
4060 ON EIN%
        GOSUB 4100, 4300, 4500
4070 GOTO 4000


4097 :
4098 REM Datei komplett ausdrucken
4099 :
4100 CLS : GOSUB 20000
     : REM Rahmen
4110 GOSUB 14100 : MAXMENUE% = 1 : GOSUB 33000
     : REM Menünummer hereinholen
4120 IF EIN% = 9
        THEN GOTO 4290
     : REM Abbruch UP
4130 LOCATE 2, 65 : COLOR 16, 7 : PRINT "Drucker"; : COLOR 7, 0
4140 SEITE% = 1
4200 LPRINT : LPRINT TAB(10) "Datei "; DATEINAME$; " Seite:";SEITE% :
     LPRINT
4210 FOR I%= 1 TO SATZZAHL%
4220     LPRINT "     "; ADRESSE$(I%, 1); " "; ADRESSE$(I%, 2); " ";
                     ADRESSE$(I%, 7); " "; ADRESSE$(I%, 6)
4230     LPRINT "     "; ADRESSE$(I%, 3); " "; ADRESSE$(I%, 4); " ";
                     ADRESSE$(I%, 5)
4240     LPRINT
4250     IF (I% MOD 22) = 0
            THEN LPRINT CHR$(12): SEITE% = SEITE% +1 : LPRINT : LPRINT
                 TAB(10) "Datei "; DATEINAME$;" Seite:"; SEITE% : LPRINT
4260 NEXT I%
4270 LPRINT CHR$(12);
     : REM Seitenvorschub
4280 LOCATE 2, 65 : PRINT STRINGS$(7, " ");
4290 RETURN
```

```
4297 :
4298 REM Telefonliste ausdrucken
4299 :
4300 CLS : GOSUB 20000
     : REM Rahmen
4310 GOSUB 14200 : MAXMENUE% = 1 : GOSUB 33000
     : REM Menünummer hereinholen
4320 IF EIN% = 9
        THEN GOTO 4490
     : REM Abbruch UP
4330 LOCATE 2, 65 : COLOR 16, 7 : PRINT "Drucker"; : COLOR 7, 0
4340 SEITE% = 1
4400 LPRINT :
     LPRINT TAB(10) "Telefonliste "; DATEINAME$; " Seite:"; SEITE% :
     LPRINT
4410 FOR I%= 1 TO SATZZAHL%
4420   LPRINT "      "; ADRESSE$(I%, 1); " "; ADRESSE$(I%, 2); " ";
                        ADRESSE$(I%, 6)
4430   IF (I% MOD 66) = 0 THEN LPRINT CHR$(12) : SEITE% = SEITE% +1 :
                       LPRINT: LPRINT TAB(10)"Telefonliste ";
                       DATEINAME$; " Seite:"; SEITE%: LPRINT
4440 NEXT I%
4450 LPRINT CHR$(12);
4460 LOCATE 2, 65 : PRINT STRING$(7, " ");
4490 RETURN


4497 :
4498 REM Geburtstagsliste ausdrucken
4499 :
4500 CLS : GOSUB 20000
     : REM Rahmen
4510 GOSUB 14300 : MAXMENUE% = 1 : GOSUB 33000
     : REM Menünummer hereinholen
4520 IF EIN% = 9
        THEN GOTO 4690
     : REM Abbruch UP
4530 LOCATE 2, 65 : COLOR 16, 7 : PRINT "Sortieren"; : COLOR 7, 0
4540 GOSUB 57000
     : REM Verweisliste für Geburtstage erstellen
4550 LOCATE 2, 65 : PRINT STRING$(9, " ");
4560 SEITE% = 1
4600 LOCATE 2, 65 : COLOR 16, 7 : PRINT "Drucker"; : COLOR 7, 0
4610 LPRINT : LPRINT TAB(10) "Geburtstagsliste "; DATEINAME$;
                        " Seite:"; SEITE% : LPRINT
4620 FOR I% = 1 TO SATZZAHL%
4630   LPRINT "      "; LEFT$(ADRESSE$(VERWEIS%(I%), 7), 2); ".";
              MID$( ADRESSE$(VERWEIS%(I%), 7), 3, 2); " ";
              ADRESSE$(VERWEIS%(I%), 1); " "; ADRESSE$(VERWEIS%(I%),2)
4640   IF (I% MOD 66) = 0 THEN LPRINT CHR$(12) : SEITE% = SEITE% +1 :
                       LPRINT :LPRINT TAB(10) "Geburtstagsliste ";
                       DATEINAME$; " Seite:"; SEITE% : LPRINT
4650 NEXT I%
```

```
4660 LPRINT CHR$(12);
     : REM Seitenvorschub
4670 LOCATE 2, 65 : PRINT STRING$(7, " ");
4690 RETURN


4980 ON ERROR
     GOTO 0
     : REM Fehlerroutine ausschalten
4990 RETURN


4997 :
4998 REM Unterprogramm Datensatz korrigieren
4999 :
5000 GOSUB 20000
     : REM Rahmen
5010 GOSUB 15000
     : REM Menü Datensatz korrigieren
5020 IF DATEI.EXISTIERT% = 0
     THEN FEHLERNR% = 4 : GOSUB 21000 :
          GOTO 5990
5021 : REM Datei existiert noch nicht, Satz kann nicht zugefügt werden
5030 GOSUB 15100 : MAXMENUE% = 1 : GOSUB 33000
     : REM Nr. einlesen
5040 IF EIN% = 9
     THEN GOTO 5990
     : REM Ende des UP
5100 SATZNR% = 0 : GOSUB 51000
     : REM Eingabebereich mit Leersatz füllen
5110 GOSUB 40000
     : REM Texte zur Eingabe ausgeben
5120 GOSUB 35000
     : REM Name hereinholen
5130 LOCATE 2, 65 : COLOR 16, 7 : PRINT "Suche Satz"; : COLOR  7, 0
5140 GOSUB 54000
     : REM Name suchen
5150 LOCATE 2, 65 : PRINT STRING$(14, " ");
5160 IF SATZ.EXISTIERT% = 0
     THEN FEHLERNR% = 19 : GOSUB 21000 :
          GOTO 5000
5161 : REM Kein Satz mit gleichem Namen oder nachfolgendem Namen
5200 HILFSSPEICHER% = SATZNR%
     : REM Satznr dieses Satzes aufbewahren
5210 GOSUB 51000 : GOSUB 41000
     : REM Satz auf dem Bildschirm ausgeben
5220 GOSUB 15200 : MAXMENUE% = 3 : GOSUB 33000
     : REM Menünummer
5230 IF EIN% = 9
     THEN GOTO 5000
     : REM UP noch einmal
5240 IF EIN% = 3
     THEN GOTO 5500
     : REM Satz übernehmen
```

```
5250 IF EIN% = 2
     THEN GOTO 5400
   : REM nächsten Satz suchen
5300 GOSUB 35000
   : REM Name kann korrigiert werden
5310 GOSUB 35100
   : REM Vorname kann korrigiert werden
5320 GOSUB 35200
   : REM restlicher Satz kann korrigiert werden
5330 GOSUB 41000
   : REM korrigierter Satz zur Kontrolle erneut ausgeben
5340 GOTO 5220
   : REM Benutzer entscheidet
5400 SATZNR% = SATZNR% +1
5410 IF SATZNR% > SATZZAHL%
     THEN FEHLERNR% = 21 : GOSUB 21000 :
          GOTO 5000
5411 : REM Kein weiterer Satz vorhanden
5420 GOTO 5200
   : REM Diesen Satz anzeigen
5500 LOCATE 2, 65 : COLOR 16, 7 : PRINT "Ändere Satz"; : COLOR 7, 0
5510 IF   (ADR$(1) = ADRESSE$(SATZNR%, 1))
     AND (ADR$(2) = ADRESSE$(SATZNR%, 2))
          THEN GOTO 5800
5511 : REM Name und Vorname unverändert, einfacher Austausch
5520 GOSUB 52000
   : REM Satz nach Name und Vorname suchen
5530 IF SATZ.EXISTIERT% = 0
     THEN GOTO 5700
   : REM Satz existiert noch nicht
5600 GOSUB 15300 : MAXMENUE% = 2 : GOSUB 33000
   : REM Nr. einlesen
5610 IF EIN% = 9
     THEN GOTO 5000
   : REM Operation abbrechen
5620 IF EIN% = 1
     THEN GOTO 5300
   : REM Satz noch einmal korrigieren
5700 SWAP SATZNR%, HILFSSPEICHER%
   : REM Tausch der Speicherinhalte
5710 IF SATZNR% < SATZZAHL%
     THEN GOSUB 55000
   : REM Matrix vorziehen
5720 SATZZAHL% = SATZZAHL% -1
5730 GOSUB 52000                          : REM Jetzt neuen Platz suchen
5740 IF SATZNR% <= SATZZAHL%
     THEN GOSUB 53000
   : REM Platz zum Einfügen des Satzes schaffen
5750 SATZZAHL% = SATZZAHL% +1
5800 GOSUB 50000                          : REM Satz in Matrix kopieren
5810 LOCATE 2, 65 : PRINT STRING$(14, " ");
5830 DATEI.GEAENDERT% = 1
5840 GOTO 5000
5990 RETURN
```

```
5997 :
5998 REM Unterprogramm Datensatz einfügen
5999 :
6000 GOSUB 20000
     : REM Rahmen
6010 GOSUB 16000
     : REM Menü Datensatz zufügen
6020 IF DATEI.EXISTIERT% = 0
        THEN FEHLERNR% = 4 : GOSUB 21000 :
             GOTO 6990
6021 : REM Datei existiert noch nicht,
        Satz kann nicht eingefügt werden
6030 IF SATZZAHL% = MAX.SATZ%
        THEN FEHLERNR% = 17 : GOSUB 21000 :
             GOTO 6990
6040 GOSUB 16100 : MAXMENUE% = 1 : GOSUB 33000
     : REM Nr. einlesen
6050 IF EIN% = 9
        THEN GOTO 6990
     : REM Ende des UP
6100 SATZNR% = 0 : GOSUB 51000
     : REM Eingabebereich mit Leersatz füllen
6110 GOSUB 40000
     : REM Texte zur Eingabe ausgeben
6120 GOSUB 35000
     : REM Name hereinholen
6130 GOSUB 35100
     : REM Vorname hereinholen
6140 LOCATE 2, 65 : COLOR 16, 7 : PRINT "Suche Satz"; : COLOR  7, 0
6150 GOSUB 52000
     : REM Satz suchen
6160 LOCATE 2, 65 : PRINT STRING$(14, " ");
6170 IF SATZ.EXISTIERT% = 0
        THEN GOTO 6300
6200 GOSUB 16200 : MAXMENUE% = 1 : GOSUB 33000
     : REM weitermachen oder abbrechen
6210 IF EIN% = 9
        THEN GOTO 6000
     : REM Abbruch, zum Anfang des UP
6300 GOSUB 35200
     : REM restlichen Satz einlesen
6310 IF SATZNR% > SATZZAHL%
        THEN GOTO 6340
6320 LOCATE 2, 65 : COLOR 16, 7 : PRINT "Füge Satz ein"; : COLOR 7, 0
6330 GOSUB 53000
     : REM Platz zum Einsatz eines Satzes schaffen
6340 GOSUB 50000
     : REM Satz in Matrix kopieren
6350 LOCATE 2, 65 : PRINT STRING$(14, " ");
6360 SATZZAHL% = SATZZAHL% +1
6370 DATEI.GEAENDERT% = 1
6380 GOTO 6000
6990 RETURN
```

```
6997 :
6998 REM Unterprogramm Datensatz löschen
6999 :
7000 GOSUB 20000
    : REM "Rahmen"
7010 GOSUB 17000
    : REM Menü Datensatz löschen
7020 IF DATEI.EXISTIERT% = 0
        THEN FEHLERNR% = 4 : GOSUB 21000 :
              GOTO 7990
7021 : REM Datei existiert noch nicht, Satz kann nicht gelöscht werden
7030 GOSUB 17100 : MAXMENUE% = 1 : GOSUB 33000
    : REM Nr. einlesen
7040 IF EIN% = 9
        THEN GOTO 7990
    : REM Ende des UP
7100 SATZNR% = 0 : GOSUB 51000
    : REM Eingabebereich mit Leersatz füllen
7110 GOSUB 40000
    : REM Texte zur Eingabe ausgeben
7120 GOSUB 35000
    : REM Name hereinholen
7130 LOCATE 2, 65 : COLOR 16, 7 : PRINT "Suche Satz"; : COLOR 7, 0
7140 GOSUB 54000
    : REM Name suchen
7150 LOCATE 2, 65 : PRINT STRING$(14, " ");
7160 IF SATZ.EXISTIERT% = 0
        THEN FEHLERNR% = 19 : GOSUB 21000 :
              GOTO 7000
7161 : REM Kein Satz mit gleichem Namen oder nachfolgendem Namen
7200 GOSUB 51000 : GOSUB 41000
    : REM Satz auf dem Bildschirm ausgeben
7210 GOSUB 17200 : MAXMENUE% = 2 : GOSUB 33000
    : REM Eingabe Nummer
7220 IF EIN% = 2
        THEN SATZNR% = SATZNR% +1 :
              GOTO 7400
7221 : REM Nächster Satz
7230 IF EIN% = 9
        THEN GOTO 7000
    : REM Abbruch
7300 LOCATE 2, 65 : COLOR 16, 7 : PRINT "Lösche Satz"; : COLOR 7, 0
7310 IF SATZNR% < SATZZAHL%
        THEN GOSUB 55000
7311 : REM Matrix vorziehen, entfällt beim letzten Satz
7320 SATZZAHL% = SATZZAHL% -1
7330 DATEI.GEAENDERT% = 1
7340 LOCATE 2, 65 : PRINT STRING$(14, " ");
7350 FEHLERNR% = 20 : GOSUB 21000   : REM Der Satz wird gelöscht
7400 IF SATZNR% <= SATZZAHL%
        THEN GOTO 7200
7410 FEHLERNR% = 21 : GOSUB 21000   : REM Kein weiterer Satz vorhanden
7420 GOTO 7000
7990 RETURN
```

```
8997 :
8998 REM Programmende
8999 :
9000 GOSUB 20000
     : REM Rahmen
9010 GOSUB 18000
     : REM Menü Programmende
9020 IF DATEI.GEAENDERT% = 0
        THEN GOTO 9100
     : REM Ende möglich
9030 GOSUB 18100 : MAXMENUE% = 1 : GOSUB 33000
     : REM Wirklich aufhören?
9040 IF EIN% = 9
        THEN RETURN
     : REM Zurück zum Hauptmenü
9100 LOCATE 23, 10 : COLOR 16, 7 :
     PRINT "Auf Wiedersehen!" : COLOR 7, 0
9110 LOCATE 5, 1
9120 ON ERROR
        GOTO 0
     : REM Diskettenfehler-Routine ausschalten
9990 END




9997 :
9998 REM Menüausgaben
9999 :
10000 LOCATE 10, 29: COLOR 0, 7 :
      PRINT "A d r e s s d a t e i" : COLOR 7, 0
10010 LOCATE 14, 32: COLOR 0, 7 :
      PRINT "ein Programm von" : COLOR 7, 0
10020 LOCATE 17, 29: COLOR 0, 7 :
      PRINT "J. Röhl   J. Verhuven" : COLOR 7, 0
10090 RETURN


11000 LOCATE  5, 10 : COLOR 0, 7 :
      PRINT "H a u p t m e n ü" : COLOR 7, 0
11010 ZE%(1) =  8 : SP%(1) = 10 : TEXT$(1) = "1 = Dateidienste"
11020 ZE%(2) =  9 : SP%(2) = 10 :
      TEXT$(2) = "2 = Bildschirm - Ausgaben "
11030 ZE%(3) = 10 : SP%(3) = 10 : TEXT$(3) = "3 = Drucker - Ausgaben "
11040 ZE%(4) = 11 : SP%(4) = 10 :
      TEXT$(4) = "4 = Datensatz korrigieren"
11050 ZE%(5) = 12 : SP%(5) = 10 : TEXT$(5) = "5 = Datensatz zufügen"
11060 ZE%(6) = 13 : SP%(6) = 10 : TEXT$(6) = "6 = Datensatz löschen"
11070 ZE%(7) = 15 : SP%(7) = 10 : TEXT$(7) = "9 = Programmende"
11090 RETURN
```

```
12000 LOCATE  2, 10 : COLOR 0, 7 :
      PRINT "D a t e i d i e n s t e" : COLOR 7, 0
12010 ZEX(1) = 5 : SPX(1) = 10 : TEXT$(1) = "1 = Datei anlegen"
12020 ZEX(2) = 6 : SPX(2) = 10 : TEXT$(2) = "2 = Datei laden"
12030 ZEX(3) = 7 : SPX(3) = 10 : TEXT$(3) = "3 = Datei abspeichern"
12040 ZEX(4) = 8 : SPX(4) = 10 : TEXT$(4) = "4 = Datei umbenennen"
12050 ZEX(5) =10 : SPX(5) = 10 : TEXT$(5) = "9 = Zurück zum Hauptmenü"
12090 RETURN


12100 LOCATE  2, 10 : COLOR 0, 7:
      PRINT "Dateidienste - Datei anlegen" : COLOR 7, 0
12110 LOCATE  5, 10 : PRINT "Laufwerk (A, B, C)"
12120 LOCATE  7, 10 : PRINT "Dateibezeichnung"
12190 RETURN


12200 LOCATE  2, 10 : COLOR 0, 7:
      PRINT "Dateidienste - Datei laden" : COLOR 7, 0
12210 LOCATE  5, 10 : PRINT "Laufwerk (A, B, C)"
12220 LOCATE  7, 10 : PRINT "Dateibezeichnung"
12290 RETURN


12300 LOCATE  2, 10 : COLOR 0, 7:
      PRINT "Dateidienste - Datei abspeichern" : COLOR 7, 0
12310 LOCATE  5, 10 : PRINT "Laufwerk   ";LAUFWERK$
12320 LOCATE  7, 10 : PRINT "Dateiname  ";DATEINAME$
12330 LOCATE 23, 10 : PRINT "Datei wird überschrieben"
12390 RETURN


12400 LOCATE  2, 10 : COLOR 0, 7:
      PRINT "Dateidienste - Datei umbenennen" : COLOR 7, 0
12410 LOCATE  5, 10 : PRINT "Alter Dateiname (LW:NAME.EXT):"
12420 LOCATE  7, 10 : PRINT "Neuer Dateiname (LW:NAME.EXT):"
12490 RETURN


13000 LOCATE 2, 10 : COLOR 0, 7 :
      PRINT "A u s g a b e   B i l d s c h i r m" : COLOR 7, 0
13010 ZEX(1) = 5 : SPX(1) = 10 :
      TEXT$(1) = "1 = Datensätze alphabetisch ausgeben"
13020 ZEX(2) = 6 : SPX(2) = 10 :
      TEXT$(2) = "2 = Datensätze selektiert ausgeben"
13030 ZEX(3) = 8 : SPX(3) = 10 :
      TEXT$(3) = "9 = Zurück zum Hauptprogramm"
13090 RETURN


13100 LOCATE 2, 10 : COLOR 0, 7 : PRINT
      "Ausgaben Bildschirm - Datensätze alphabetisch ausgeben" :
      COLOR 7, 0
13190 RETURN
```

```
13200 LOCATE 2, 10 : COLOR 0, 7 : PRINT
      "Ausgaben Bildschirm - Datensätze selektiert ausgeben" :
      COLOR 7, 0
13290 RETURN

13300 ZE%(1) = 21 : SP%(1) = 10 : TEXT$(1) = "nächster Satz = 1"
13310 ZE%(2) = 21 : SP%(2) = 28 : TEXT$(2) = "Abbruch = 9"
13390 RETURN

13400 ZE%(1) =  5 : SP%(1) = 10 : TEXT$(1) = "1 = Nachname"
13410 ZE%(2) =  6 : SP%(2) = 10 : TEXT$(2) = "2 = Vorname"
13420 ZE%(3) =  7 : SP%(3) = 10 : TEXT$(3) = "3 = Straße, Hausnr."
13430 ZE%(4) =  8 : SP%(4) = 10 : TEXT$(4) = "4 = PLZ"
13440 ZE%(5) =  9 : SP%(5) = 10 : TEXT$(5) = "5 = Ort"
13450 ZE%(6) = 10 : SP%(6) = 10 : TEXT$(6) = "6 = Telefon"
13460 ZE%(7) = 11 : SP%(7) = 10 :
      TEXT$(7) = "7 = Geburtsdatum (TTMMJJJJ)"
13470 ZE%(8) = 13 : SP%(8) = 10 : TEXT$(8) = "9 = Abbrechen"
13490 RETURN

13500 LOCATE 15, 10 : PRINT "Länge des Suchbegriffs in Zeichen"
13590 RETURN

13600 LOCATE 16, 10 : PRINT "Suche ab dem Zeichen              "
13690 RETURN

13700 LOCATE 17, 10 : PRINT "Suchbegiff                       "
13790 RETURN


14000 LOCATE 2, 10 : COLOR 0, 7 :
      PRINT "A u s g a b e n  D r u c k e r" : COLOR 7, 0
14010 ZE%(1) =  5 : SP%(1) = 10 :
      TEXT$(1) = "1 = Datei komplett ausdrucken"
14020 ZE%(2) =  6 : SP%(2) = 10 :
      TEXT$(2) = "2 = Telefonliste ausdrucken"
14030 ZE%(3) =  7 : SP%(3) = 10 :
      TEXT$(3) = "3 = Geburtstagsliste ausdrucken"
14040 ZE%(4) =  9 : SP%(4) = 10 :
      TEXT$(4) = "9 = Zurück zum Hauptmenü"
14090 RETURN


14100 LOCATE 2, 10 : COLOR 0, 7 :
      PRINT "Ausgaben Drucker - Datei komplett ausdrucken" :
      COLOR 7, 0
14110 LOCATE 21, 10 : PRINT "Drucker ok"
14120 ZE%(1) = 21 : SP%(1) = 21 : TEXT$(1) = "Ausdruck = 1"
14130 ZE%(2) = 21 : SP%(2) = 34 : TEXT$(2) = "Abbruch = 9"
14190 RETURN
```

```
14200 LOCATE 2, 10 : COLOR 0, 7 :
      PRINT "Ausgaben Drucker - Telefonliste" : COLOR 7, 0
14210 LOCATE 21, 10 : PRINT "Drucker ok"
14220 ZEX(1) = 21 : SPX(1) = 21 : TEXT$(1) = "Ausdruck = 1"
14230 ZEX(2) = 21 : SPX(2) = 34 : TEXT$(2) = "Abbruch = 9"
14290 RETURN

14300 LOCATE 2, 10 : COLOR 0, 7 :
      PRINT "Ausgaben Drucker - Geburtstagsliste" : COLOR 7, 0
14310 LOCATE 21, 10 : PRINT "Drucker ok"
14320 ZEX(1) = 21 : SPX(1) = 21 : TEXT$(1) = "Ausdruck = 1"
14330 ZEX(2) = 21 : SPX(2) = 34 : TEXT$(2) = "Abbruch = 9"
14390 RETURN


15000 LOCATE 2, 10 : COLOR 0, 7 :
      PRINT "D a t e n s a t z   k o r r i g i e r e n" : COLOR 7, 0
15090 RETURN


15100 ZEX(1) = 21 : SPX(1) = 10 : TEXT$(1) = "Satz aufrufen = 1"
15110 ZEX(2) = 21 : SPX(2) = 28 :
      TEXT$(2) = "Zurück zum Hauptmenü = 9"
15190 RETURN


15200 ZEX(1) = 21 : SPX(1) = 10 : TEXT$(1) = "Korrigieren = 1"
15210 ZEX(2) = 21 : SPX(2) = 26 : TEXT$(2) = "nächster Satz = 2"
15220 ZEX(3) = 21 : SPX(3) = 44 : TEXT$(3) = "Übernehmen = 3"
15230 ZEX(4) = 21 : SPX(4) = 59 : TEXT$(4) = "Abbruch = 9"
15290 RETURN

15300 LOCATE 21, 10 : PRINT "Satz existiert!"
15310 ZEX(1) = 21 : SPX(1) = 26 : TEXT$(1) = "neue Korrektur = 1"
15320 ZEX(2) = 21 : SPX(2) = 45 : TEXT$(2) = "Übernahme = 2"
15330 ZEX(3) = 21 : SPX(3) = 60 : TEXT$(3) = "Abbruch = 9"
15390 RETURN


16000 LOCATE 2, 10 : COLOR 0, 7 :
      PRINT "D a t e n s a t z   z u f ü g e n" : COLOR 7, 0
16090 RETURN


16100 ZEX(1) = 21 : SPX(1) = 10 : TEXT$(1) = "Satz zufügen = 1"
16110 ZEX(2) = 21 : SPX(2) = 27 :
      TEXT$(2) = "Zurück zum Hauptprogramm = 9"
16190 RETURN


16200 LOCATE 21, 10 : PRINT "Satz existiert!"
16210 ZEX(1) = 21 : SPX(1) = 26 : TEXT$(1) = "Vervollständigen = 1"
16220 ZEX(2) = 21 : SPX(2) = 47 : TEXT$(2) = "Abbruch = 9"
16290 RETURN
```

```
17000 LOCATE 2, 10 : COLOR 0, 7 :
      PRINT "D a t e n s a t z   l ö s c h e n" : COLOR 7, 0
17090 RETURN


17100 ZE%(1) = 21 : SP%(1) = 10 : TEXT$(1) = "Satz aufrufen = 1"
17110 ZE%(2) = 21 : SP%(2) = 28 :
      TEXT$(2) = "Zurück zum Hauptmenü = 9"
17190 RETURN


17200 ZE%(1) = 21 : SP%(1) = 10 : TEXT$(1) = "Satz löschen = 1"
17210 ZE%(2) = 21 : SP%(2) = 27 :
      TEXT$(2) = "nächsten Satz anzeigen = 2"
17220 ZE%(3) = 21 : SP%(3) = 54 : TEXT$(3) = "Abbruch = 9"
17290 RETURN


18000 LOCATE 2, 10 : COLOR 0, 7 :
      PRINT "P r o g r a m m e n d e" : COLOR 7, 0
18090 RETURN


18100 ZE%(1) = 5 : SP%(1) = 10 :
      TEXT$(1) = "1 = Programmende ohne Speichern der Änderungen"
18110 ZE%(2) = 7 : SP%(2) = 10 :
      TEXT$(2) = "9 = Zurück zum Hauptmenü!"
18190 RETURN


19997 :
19998 REM Rahmen
19999 :
20000 CLS
20010 LOCATE 1, 1 : PRINT "▛";
20020 FOR I% = 2 TO 79 :
      PRINT "="; :
      NEXT I%
20030 PRINT "▜";
20040 FOR I% = 2 TO 24
20050   LOCATE I%, 1 : PRINT "▌";
20060   LOCATE I%, 80 : PRINT "▐";
20070 NEXT I%
20080 LOCATE 25, 1 : PRINT "▙";
20100 FOR I% = 2 TO 79 :
      PRINT "="; :
      NEXT I%
20110 PRINT "▟";
20990 RETURN
```

```
     20997 :
     20998 REM Fehlertext ausgeben
     20999 :
     21000 COLOR 0, 7
     21010 LOCATE 23, 10 : PRINT FEHL.T$(FEHLERNR%);
     21020 BEEP
     21030 DAUER% = 3 : GOSUB 22000
           : REM Warteschleife mit 3 Sekunden
     21040 COLOR 7, 0
     21050 LOCATE 23, 2 : PRINT STRING$(78, " ");
     21090 RETURN


     21997 :
     21998 REM Warteschleife
     21999 :
     22000 ZEIT$ = TIME$
           : REM Inhalt der aktuellen Uhrzeit retten
     22010 TIME$ = "000000"
           : REM Uhr auf 0 stellen
     22020 IF TIMER < DAUER%
           THEN GOTO 22020
     22030 TIME$ = ZEIT$
           : REM Uhrzeit wieder restaurieren
     22090 RETURN


     22997 :
     22998 REM Routine zur Behandlung von Diskettenfehlern
     22999 :
     23000 IF ERR = 25
           THEN FEHLERNR% =  5
     23010 IF ERR = 53
           THEN FEHLERNR% =  6
     23020 IF ERR = 54
           THEN FEHLERNR% =  7
     23030 IF ERR = 55
           THEN FEHLERNR% =  8
     23040 IF ERR = 57
           THEN FEHLERNR% =  9
     23050 IF ERR = 58
           THEN FEHLERNR% = 10
     23060 IF ERR = 61
           THEN FEHLERNR% = 11
     23070 IF ERR = 62
           THEN FEHLERNR% = 12
     23080 IF ERR = 67
           THEN FEHLERNR% = 13
     23090 IF ERR = 68
           THEN FEHLERNR% =  5
     23100 IF ERR = 70
           THEN FEHLERNR% = 14
     23110 IF ERR = 71
           THEN FEHLERNR% = 15
```

```
23120 IF ERR = 76
        THEN FEHLERNR% = 16
23170 CLOSE
23180 FEHLER% = 1 : GOSUB 21000
23190 RESUME 2980
     : REM Sprung zum Ende des Unterprogramms


23997 :
23998 REM Routine zur Behandlung von Druckerfehlern
23999 :
24000 IF ERR = 25
        THEN FEHLERNR% = 22
24010 IF ERR = 27
        THEN FEHLERNR% = 23
24080 GOSUB 21000
     : REM Fehlermeldung
24090 RESUME 4980
     : REM UP abbrechen, Fehleraufruf deaktivieren


29997 :
29998 REM Routine Ganzzahl eingeben
29999 :
30000 IF EIN% <> 0
        THEN GOTO 30050
30010 EINTEXT$ = STRING$(LAENGE%, " ") : EINGABE$ = EINTEXT$
     : REM Eingabevariable mit Leerzeichen füllen
30020 POSITION% = LAENGE% : EINFUEG% = 1
     : REM Ausgangsposition festlegen, Einfügemodus eingeschaltet
30030 LOCATE , , 0, 0, 7 : COLOR 0, 7
     : REM Blockcursor einstellen, reverse Bildausgabe
30040 GOTO 30100
30050 EINTEXT$ = STR$(EIN%) :
        IF LEN(EINTEXT$) < LAENGE%
        THEN EINTEXT$ = STRING$(LAENGE% -LEN(EINTEXT$), " ") +EINTEXT$
30060 EINGABE$ = EINTEXT$
     : REM Übergebenen Text in die Arbeitsvariable kopieren
30070 POSITION% = 1 : EINFUEG% = 0
     : REM Ausgangsposition festlegen, Einfügemodus ausgeschaltet
30080 LOCATE , , 0, 7, 7
     : REM Strichcursor einstellen
30090 COLOR 0, 7
     : REM reverse Bildausgabe
30100 LOCATE ZEILE%, SPALTE%, 1 : PRINT EINGABE$;
     : REM Text ausgeben
30105 LOCATE ZEILE%, SPALTE% +POSITION% -1
     : REM Cursor positionieren
30110 EIN$ = INKEY$ :
        IF EIN$ = ""
        THEN GOTO 30110
30120 IF  ASC(EIN$) = 27
        THEN GOTO 30000
     : REM <ESC>-Taste
```

```
30130 IF  ASC(EIN$) = 13
          THEN GOTO  30500
        : REM <RETURN>-Taste
30140 IF  ASC(EIN$) =  8
          THEN GOTO  30300
        : REM <BACK>-Taste
30150 IF     (ASC(EIN$) = 0)
          AND (ASC(RIGHT$(EIN$, 1)) = 82)
             THEN GOTO 30400
30151 : REM <INS>-Taste
30160 IF (ASC(EIN$) = 0) AND (ASC(RIGHT$(EIN$, 1)) = 75)
          THEN IF POSITION% > 1
                   THEN POSITION% = POSITION% -1 : GOTO 30100
30161 : REM < <- >-Taste
30170 IF (ASC(EIN$) = 0) AND (ASC(RIGHT$(EIN$, 1)) = 77)
          THEN IF POSITION% < LAENGE%
                   THEN POSITION% = POSITION% +1 : GOTO 30100
30171 : REM < -> >-Taste
30180 IF INSTR(1, GUELTIGE.ZEICHEN$(3), EIN$) = 0
          THEN GOTO 30110
        : REM ungueltiges Zeichen
30200 IF EINFUEG% = 1
          THEN GOTO 30250
        : REM Einfügemodus aktiv
30210 MID$(EINGABE$, POSITION%, 1) = EIN$
30220 POSITION% = POSITION% +1 :
        IF POSITION% > LAENGE%
        THEN POSITION% = LAENGE%
30221 : REM Position im String anpassen
30230 GOTO 30100
        : REM Ausgabe des geänderten Strings
30250 IF POSITION% = 1
          THEN GOTO 30110
        : REM Einfügen nicht möglich
30260 IF LEFT$(EINGABE$, 1) <> " "
          THEN GOTO 30110
        : REM Einfügen nicht möglich, links kein leeres Zeichen mehr
30270 EINGABE$ = MID$(EINGABE$, 2, POSITION% -1)
                 +EIN$
                 +RIGHT$(EINGABE$, LAENGE% -POSITION%)
30271 : REM Eingabestring erstellen
30280 GOTO 30100
        : REM Ausgabe des geänderten Strings
30300 IF POSITION% = LAENGE%
          THEN GOTO 30110
        : REM weitere Löschung nicht möglich
30310 EINGABE$ = " " +LEFT$(EINGABE$, POSITION%)
                 +RIGHT$(EINGABE$, LAENGE% -POSITION% -1)
30320 POSITION% = POSITION% +1
30330 GOTO 30100
        : REM Ausgabe des geänderten Strings
30400 IF EINFUEG% = 0
          THEN EINFUEG% = 1 : LOCATE , , , 0, 7 :
               GOTO 30100
```

```
30401 : REM Einfügemodus ein
30410 IF EINFUEG% = 1
          THEN EINFUEG% = 0 : LOCATE , , , 7, 7 :
               GOTO 30100
30411 : REM Einfügemodus aus
30500 COLOR 7, 0
        : REM normale Bildausgabe
30510 LOCATE ZEILE%, SPALTE%, 0, 7, 7 : PRINT EINGABE$;
        : REM Cursor auschalten, normalisieren,
              Text in normaler Helligkeit ausgeben
30520 EINTEXT$ = EINGABE$
        : REM Text in die Übergabevariable stellen
30530 EIN = VAL(EINTEXT$)
        : REM String in einen Zahlenwert umwandeln
              und der REAL-Variablen zuweisen
30540 IF (EIN < - 32768) OR (EIN > 32767)
          THEN FEHLERNR% = 24 : GOSUB 21000 :
               GOTO 32110
30541 : REM Eingabewert übersteigt den INTEGER-Bereich
30550 EIN% = EIN
30990 RETURN


30997 :
30998 REM Routine Realzahl eingeben
30999 :
31000 IF EIN <> 0
          THEN GOTO 31050
31010 EINTEXT$ = STRING$(LAENGE%, " ") : EINGABE$ = EINTEXT$
        : REM Eingabevariable mit Leerzeichen füllen
31020 POSITION% = LAENGE% : EINFUEG% = 1
        : REM Ausgangsposition festlegen, Einfügemodus eingeschaltet
31030 LOCATE , , 0, 0, 7 : COLOR 0, 7
        : REM Blockcursor einstellen, reverse Bildausgabe
31040 GOTO 31100
31050 EINTEXT$ = STR$(EIN *100) :
          IF LEN(EINTEXT$) < LAENGE%
          THEN EINTEXT$ = STRING$(LAENGE% -LEN(EINTEXT$), " ") +EINTEXT$
31060 EINGABE$ = EINTEXT$
        : REM Übergebenen Text in die Arbeitsvariable kopieren
31070 POSITION% = 1 : EINFUEG% = 0
        : REM Ausgangsposition festlegen, Einfügemodus ausgeschaltet
31080 LOCATE , , 0, 7, 7
        : REM Strichcursor einstellen
31090 COLOR 0, 7
        : REM reverse Bildausgabe
31100 LOCATE ZEILE%, SPALTE%, 1 : PRINT LEFT$(EINGABE$, LAENGE% -2);
                                        "."; RIGHT$(EINGABE$, 2);
        : REM Text ausgeben
31105 IF POSITION% <= (LAENGE% -2)
          THEN LOCATE ZEILE%, SPALTE% +POSITION% -1
          ELSE LOCATE ZEILE%, SPALTE% +POSITION%
31106 : REM cursor positionieren
```

```
31110 EIN$ = INKEY$ :
      IF EIN$ = ""
         THEN GOTO 31110
31120 IF ASC(EIN$) = 27
         THEN GOTO 31000
      : REM <ESC>-Taste
31130 IF ASC(EIN$) = 13
         THEN GOTO 31500
      : REM <RETURN>-Taste
31140 IF ASC(EIN$) = 8
         THEN GOTO 31300
      : REM <BACK>-Taste
31150 IF    (ASC(EIN$) = 0)
         AND (ASC(RIGHT$(EIN$, 1)) = 82)
            THEN GOTO 31400
31151 : REM <INS>-Taste
31160 IF (ASC(EIN$) = 0) AND (ASC(RIGHT$(EIN$, 1)) = 75)
         THEN IF POSITION% > 1
               THEN POSITION% = POSITION% -1 : GOTO 31100
31161 : REM < <- >-Taste
31170 IF (ASC(EIN$) = 0) AND (ASC(RIGHT$(EIN$, 1)) = 77)
         THEN IF POSITION% < LAENGE%
               THEN POSITION% = POSITION% +1 : GOTO 31100
31171 : REM < -> >-Taste
31180 IF INSTR(1, GUELTIGE.ZEICHEN$(3), EIN$) = 0
         THEN GOTO 31110
      : REM ungueltiges Zeichen
31200 IF EINFUEG% = 1
         THEN GOTO 31250
      : REM Einfügemodus aktiv
31210 MID$(EINGABE$, POSITION%, 1) = EIN$
31220 POSITION% = POSITION% +1 :
      IF POSITION% > LAENGE%
         THEN POSITION% = LAENGE%
31221 : REM Position im String anpassen
31230 GOTO 31100
      : REM Ausgabe des geänderten Strings
31250 IF POSITION% = 1
         THEN GOTO 31110
      : REM Einfügen nicht möglich
31260 IF LEFT$(EINGABE$, 1) <> " "
         THEN GOTO 31110
      : REM Einfügen nicht möglich, links kein leeres Zeichen mehr
31270 EINGABE$ = MID$(EINGABE$, 2, POSITION% -1)
                 +EIN$
                 +RIGHT$(EINGABE$, LAENGE% -POSITION%)
31271 : REM Eingabestring erstellen
31280 GOTO 31100
      : REM Ausgabe des geänderten Strings
31300 IF POSITION% = LAENGE%
         THEN GOTO 31110
      : REM weitere Löschung nicht möglich
31310 EINGABE$ = " " +LEFT$(EINGABE$, POSITION%)
                     +RIGHT$(EINGABE$, LAENGE% -POSITION% -1)
```

```
31320 POSITION% = POSITION% +1
31330 GOTO 31100
      : REM Ausgabe des geänderten Strings
31400 IF EINFUEG% = 0
         THEN EINFUEG% = 1 : LOCATE , , , 0, 7 :
              GOTO 31100
31401 : REM Einfügemodus ein
31410 IF EINFUEG% = 1
         THEN EINFUEG% = 0 : LOCATE , , , 7, 7 :
              GOTO 31100
31411 : REM Einfügemodus aus
31500 COLOR 7, 0
      : REM normale Bildausgabe
31510 LOCATE ZEILE%, SPALTE%, 0, 7, 7 :
      PRINT LEFT$(EINGABE$, LAENGE% -2) +"." +RIGHT$(EINGABE$, 2);
31511 : REM Cursor auschalten, normalisieren,
             Text in normaler Helligkeit ausgeben
31520 EINTEXT$ = EINGABE$
      : REM Text in die Übergabevariable stellen
31530 EIN = VAL(EINTEXT$) /100
      : REM String in einen Zahlenwert umwandeln
             und der REAL-Variablen zuweisen
31990 RETURN


31997 :
31998 REM Routine Zeichenkette eingeben
31999 :
32000 EINGABE$ = EINTEXT$
      : REM Übergebenen Text in die Arbeitsvariable kopieren
32010 POSITION% = 1
      : REM Ausgangsposition festlegen
32020 EINFUEG% = 0
      : REM Einfügemodus ausgeschaltet
32030 LOCATE , , 0, 7, 7
      : REM Strichcursor einstellen
32040 COLOR 0, 7
      : REM reverse Bildausgabe
32100 LOCATE ZEILE%, SPALTE%, 1 : PRINT EINGABE$;
      : REM Text ausgeben
32105 LOCATE ZEILE%, SPALTE% +POSITION% -1
      : REM Cursor positionieren
32110 EIN$ = INKEY$ :
      IF EIN$ = ""
         THEN GOTO 32110
32120 IF  ASC(EIN$) = 27
         THEN GOTO 32000
      : REM <ESC>-Taste
32130 IF  ASC(EIN$) = 13
         THEN GOTO 32500
      : REM <RETURN>-Taste
32140 IF  ASC(EIN$) =  8
         THEN GOTO 32300
      : REM <BACK>-Taste
```

```
32150 IF    (ASC(EIN$) = 0)
         AND (ASC(RIGHT$(EIN$, 1)) = 82)
             THEN GOTO 32400
32151 : REM <INS>-Taste
32160 IF (ASC(EIN$) = 0) AND (ASC(RIGHT$(EIN$, 1)) = 75)
         THEN IF POSITION% > 1
              THEN POSITION% = POSITION% -1 : GOTO 32100
32161 : REM < <- >-Taste
32170 IF (ASC(EIN$) = 0) AND (ASC(RIGHT$(EIN$, 1)) = 77)
         THEN IF POSITION% < LAENGE%
              THEN POSITION% = POSITION% +1 : GOTO 32100
32171 : REM < -> >-Taste
32180 IF INSTR(1, GUELTIGE.ZEICHEN$(1), EIN$) = 0
         THEN GOTO 32110
       : REM ungueltiges Zeichen
32200 IF EINFUEG% = 1
         THEN GOTO 32250
       : REM Einfügemodus aktiv
32210 MID$(EINGABE$, POSITION%, 1) = EIN$
32220 POSITION% = POSITION% +1 :
         IF POSITION% > LAENGE%
         THEN POSITION% = LAENGE%
32221 : REM Position im String anpassen
32230 GOTO 32100
       : REM Ausgabe des geänderten Strings
32250 IF POSITION% = LAENGE%
         THEN GOTO 32110
       : REM Einfügen nicht möglich
32260 IF RIGHT$(EINGABE$, 1) <> " "
         THEN GOTO 32110
       : REM Einfügen nicht möglich, am Ende kein leeres Zeichen
32270 EINGABE$ =  LEFT$(EINGABE$, POSITION% -1)
                 +EIN$
                 +MID$(EINGABE$, POSITION%, LAENGE% -POSITION%)
32271 : REM Eingabestring erstellen
32280 POSITION% = POSITION% +1
       : REM Position im String anpassen
32290 GOTO 32100
       : REM Ausgabe des geänderten Strings
32300 IF POSITION% = 1
         THEN GOTO 32110
       : REM weitere Löschung nicht möglich
32310 POSITION% = POSITION% -1
32320 EINGABE$ =  LEFT$(EINGABE$, POSITION% -1)
                 +RIGHT$(EINGABE$, LAENGE% -POSITION%)
                 +" "
32330 GOTO 32100
       : REM Ausgabe des geänderten Strings
32400 IF EINFUEG% = 0
         THEN EINFUEG% = 1 : LOCATE , , , 0, 7 : GOTO 32100
       : REM Einfügemodus ein
32410 IF EINFUEG% = 1
         THEN EINFUEG% = 0 : LOCATE , , , 7, 7 : GOTO 32100
       : REM Einfügemodus aus
```

```
32500 COLOR 7, 0
      : REM normale Bildausgabe
32510 LOCATE ZEILE%, SPALTE%, 0, 7, 7 : PRINT EINGABE$;
      : REM Cursor ausschalten, normalisieren,
             Text in normaler Helligkeit ausgeben
32520 EINTEXT$ = EINGABE$
      : REM Text in die Übergabevariable stellen
32990 RETURN


32997 :
32998 REM Eingabe Menünummer
32999 :
33000 FOR I% = 1 TO MAXMENUE% +1
      : REM +1 für die 9
33010   LOCATE ZE%(I%), SP%(I%) : PRINT TEXT$(I%)
        : REM Ausgabe der Texte
33020 NEXT I%
33030 I% = 1
33100 LOCATE ZE%(I%), SP%(I%) : COLOR 0, 7 :
      PRINT TEXT$(I%) : COLOR 7, 0
      : REM Ausgabe revers
33110 EIN$ = INKEY$ :
      IF EIN$ = ""
         THEN GOTO 33110
33120 IF EIN$ = CHR$(13)
         THEN GOTO 33500
      : REM RETURN-Taste
33130 IF LEN(EIN$) = 1
         THEN GOTO 33400
      : REM kein Cursor
33140 IF    (ASC(LEFT$(EIN$, 1)) =  0)
         AND (ASC(RIGHT$(EIN$, 1)) = 80)
             THEN GOTO 33200
33141 : REM Cursor nach unten
33150 IF    (ASC(LEFT$(EIN$, 1)) =  0)
         AND (ASC(RIGHT$(EIN$, 1)) = 77)
             THEN GOTO 33200
33151 : REM Cursor nach rechts
33160 IF    (ASC(LEFT$(EIN$, 1)) =  0)
         AND (ASC(RIGHT$(EIN$, 1)) = 72)
             THEN GOTO 33300
33161 : REM Cursor nach oben
33170 IF    (ASC(LEFT$(EIN$, 1)) =  0)
         AND (ASC(RIGHT$(EIN$, 1)) = 75)
             THEN GOTO 33300
      : REM Cursor nach links
33180 GOTO 33110
      : REM Eingabe wiederholen, keine gültige Taste
33200 LOCATE ZE%(I%), SP%(I%) : PRINT TEXT$(I%)
      : REM Text in normaler Helligkeit
33210 I% = I% +1
33220 IF I% > (MAXMENUE% +1)
         THEN I% = 1
```

```
33230 GOTO 33100
33300 LOCATE ZE%(I%), SP%(I%) : PRINT TEXT$(I%)
      : REM Text in normaler Helligkeit
33310 I% = I% -1
33320 IF I% < 1
         THEN I% = MAXMENUE% +1
33330 GOTO 33100
33400 IF VAL(EIN$) = 9
         THEN GOTO 33420
      : REM Sonderfall Eingabe <9>
33410 IF    (VAL(EIN$) = 0)
         OR (VAL(EIN$) > MAXMENUE%)
             THEN GOTO 33110
33420 EIN% = VAL(EIN$)
      : REM Ziffer speichern
33430 GOTO 33600
      : REM Eingabe löschen
33500 EIN% = VAL(TEXT$(I%))
      : REM Ziffer links
33510 IF EIN% = 0
         THEN EIN% = VAL(RIGHT$(TEXT$(I%), 1))
      : REM Ziffer rechts
33600 FOR I% = 1 TO MAXMENUE% +1
      : REM +1 für die 9
33610 LOCATE ZE%(I%), SP%(I%) : PRINT STRING$(LEN(TEXT$(I%)), " ")
      : REM Text auf dem Bildschirm löschen
33620 NEXT I%
33990 RETURN


33997 :
33998 REM Laufwerk und Dateiname einlesen
33999 :
34000 ZEILE% = 5 : SPALTE% = 35 : LAENGE% = 1 : EINTEXT$ = " "
34010 GOSUB 32000 : LAUFWERK$ = EINTEXT$
34020 ZEILE% = 7 : SPALTE% = 35 : LAENGE% = 8 : EINTEXT$ = "        "
34030 GOSUB 32000 : DATEINAME$ = EINTEXT$
      : REM Dateiname lesen
34090 RETURN


34997 :
34998 REM Name hereinholen
34999 :
35000 ZEILE% = 5 : SPALTE% = 40 : LAENGE% = 20 : EINTEXT$ = ADR$(1)
35010 GOSUB 32000 : ADR$(1) = EINTEXT$
      : REM Eingabetext holen
35090 RETURN


35097 :
35098 REM Vorname hereinholen
35099 :
35100 ZEILE% = 6 : SPALTE% = 40 : LAENGE% = 20 : EINTEXT$ = ADR$(2)
```

```
35110 GOSUB 32000 : ADR$(2) = EINTEXT$
35190 RETURN


35197 :
35198 REM restlichen Satz hereinholen
35199 :
35200 ZEILE% =  7 : SPALTE% = 40 : LAENGE% = 30 : EINTEXT$ = ADR$(3)
35210 GOSUB 32000 : ADR$(3) = EINTEXT$
35220 ZEILE% =  8 : SPALTE% = 40 : LAENGE% =  4 : EINTEXT$ = ADR$(4)
35230 GOSUB 32000
35240 IF (EINTEXT$ < "1000") OR (EINTEXT$ > "8999")
        THEN FEHLERNR% = 18 : GOSUB 21000 :
             GOTO 35220
35250 ADR$(4) = EINTEXT$
35260 ZEILE% =  9 : SPALTE% = 40 : LAENGE% = 25 : EINTEXT$ = ADR$(5)
35270 GOSUB 32000 : ADR$(5) = EINTEXT$
35280 ZEILE% = 10 : SPALTE% = 40 : LAENGE% = 20 : EINTEXT$ = ADR$(6)
35290 GOSUB 32000 : ADR$(6) = EINTEXT$
35300 ZEILE% = 11 : SPALTE% = 40 : LAENGE% =  8 : EINTEXT$ = ADR$(7)
35310 GOSUB 32000 : ADR$(7) = EINTEXT$
35390 RETURN


35997 :
35998 REM Suchkriterien für die selektive Ausgabe herheinholen
35999 :
36000 GOSUB 13200 : GOSUB 13400
        : REM Texte ausgeben
36010 MAXMENUE% = 7 : GOSUB 33000
        : REM Suchfeld eingeben
36020 SUCHFELD% = EIN%
        : REM Suchfeld festhalten
36030 IF EIN% = 9
        THEN GOTO 36990
36040 GOSUB 13500
        : REM Textausgabe Länge des Suchbegriffs
36050 ZEILE% = 15 : SPALTE% = 45 : EIN% = 0 : LAENGE% = 2 :
        GOSUB 30000
36060 IF EIN% <= 0
        THEN GOTO 36050
36070 SUCHLAENGE% = EIN%
36080 GOSUB 13600
        : REM Textausgabe Suche ab Zeichen
36090 ZEILE% = 16 : SPALTE% = 45 : EIN% = 0 : LAENGE% = 2 :
        GOSUB 30000
36100 IF EIN% <= 0
        THEN GOTO 36090
36110 SUCHBEGINN% = EIN%
36120 GOSUB 13700
        : REM Textausgabe Suchbegriff
36130 ZEILE% = 17 : SPALTE% = 46 :
        EINTEXT$ = STRING$(SUCHLAENGE%, " ") : LAENGE% = SUCHLAENGE% :
        GOSUB 32000
```

```
36140 SUCHBEGRIFF$ = EINTEXT$
36990 RETURN


39997 :
39998 REM Texte zur Eingabe und Ausgabe
39999 :
40000 LOCATE  5, 10 : PRINT "Nachname:              "
40010 LOCATE  6, 10 : PRINT "Vorname:               "
40020 LOCATE  7, 10 : PRINT "Straße, Hausnr.:       "
40030 LOCATE  8, 10 : PRINT "PLZ:                   "
40040 LOCATE  9, 10 : PRINT "Ort:                   "
40050 LOCATE 10, 10 : PRINT "Telefon:               "
40060 LOCATE 11, 10 : PRINT "Geburtstag (TTMMJJJJ) : "
40090 RETURN


40997 :
40998 REM Datensatz auf dem Bildschirm ausgeben
40999 :
41000 FOR I% = 1 TO 7
41010   LOCATE I%+4, 40 : PRINT ADR$(I%);
41020 NEXT I%
41090 RETURN

49997 :
49998 REM Satz in die Adressmatrix kopieren
49999 :
50000 FOR I% = 1 TO 7
50010   ADRESSES$(SATZNR%, I%) = ADR$(I%)
50020 NEXT I%
50090 RETURN


50997 :
50998 REM Satz aus der Adressmatrix herauskopieren
50999 :
51000 FOR I% = 1 TO 7
51010   ADR$(I%) = ADRESSES$(SATZNR%, I%)
51020 NEXT I%
51090 RETURN


51097 :
51098 REM Satz in der Adressmatrix suchen
51099 :
52000 SATZ.EXISTIERT% = 0
      : REM Satz existiert nicht
52010 IF SATZZAHL% = 0
        THEN SATZNR% = SATZZAHL% +1 :
            GOTO 52090
52011 : REM an dieser Stelle einfügen, 1. Satz
```

```
52020 IF ADR$(1) > ADRESSE$(SATZZAHL%, 1)
        THEN SATZNR% = SATZZAHL% +1 :
            GOTO 52090
52021 : REM An dieser Stelle einfügen
52030 SATZNR% = 0
52040 SATZNR% = SATZNR% +1
52045 IF SATZNR% > SATZZAHL%
        THEN GOTO 52090
      : REM Hier einfügen
52050 IF ADR$(1) > ADRESSE$(SATZNR%, 1)
        THEN GOTO 52040
      : REM Nächsten Satz
52060 IF ADR$(1) < ADRESSE$(SATZNR%, 1)
        THEN GOTO 52090
      : REM Hier einfügen
52070 IF ADR$(2) = ADRESSE$(SATZNR%, 2)
        THEN SATZ.EXISTIERT% = 1 :
            GOTO 52090
52071 : REM Satz mit gleichem Namen und Vornamen, ggfs. hier eintragen
52080 IF ADR$(2) < ADRESSE$(SATZNR%, 2)
        THEN GOTO 52090
      : REM Hier einfügen
52085 GOTO 52040
      : REM nächsten Satz überprüfen
52090 RETURN


52997 :
52998 REM Platz in der Adressmatrix schaffen
52999 :
53000 FOR I% = SATZZAHL% TO SATZNR% STEP -1
53010   FOR J% = 1 TO 7
53020     SWAP ADRESSE$(I% +1, J%) , ADRESSE$(I%, J%)
53030   NEXT J%
53040 NEXT I%
53090 RETURN


53997 :
53998 REM Name in der Adressmatrix suchen
53999 :
54000 SATZ.EXISTIERT% = 0
54010 SATZNR% = 0
54020 SATZNR% = SATZNR% +1
54030 IF SATZNR% > SATZZAHL%
        THEN GOTO 54090
      : REM Ende der Liste
54040 IF ADR$(1) > ADRESSE$(SATZNR%, 1)
        THEN GOTO 54020
      : REM Nächsten Satz überprüfen
54050 SATZ.EXISTIERT% = 1
      : REM Passenden Satz gefunden
54090 RETURN
```

```
54997 :
54998 REM Adressmatrix vorziehen
54999 :
55000 FOR I% = SATZNR% TO SATZZAHL% - 1
55010   FOR J% = 1 TO 7
55020     SWAP ADRESSE$(I%, J%) , ADRESSE$(I% +1, J%)
55030   NEXT J%
55040 NEXT I%
55090 RETURN


55997 :
55998 REM Satz entsprechend den Suchkriterien suchen
55999 :
56000 SATZ.EXISTIERT% = 0
      : REM nicht gefunden
56010 SATZNR% = SATZNR% +1
56020 IF SATZNR% > SATZZAHL%
          THEN GOTO 56990
      : REM Dateiende erreicht
56030 IF  MID$(ADRESSE$(SATZNR%, SUCHFELD%), SUCHBEGINN%, SUCHLAENGE%)
          = SUCHBEGRIFF$
            THEN SATZ.EXISTIERT% = 1 : GOTO 56990
56040 GOTO 56010
56990 RETURN


56997 :
56998 REM Verweisliste für Geburtstage erstellen
56999 :
57000 FOR I% = 1 TO SATZZAHL%
57010   GEBTAG%(I%) = VAL(LEFT$(ADRESSE$(I%, 7), 2)) +100
             *VAL(MID$(ADRESSE$(I%, 7), 3, 2))
        : REM Tag und Monat als Zahlenwert
57020   VERWEIS%(I%) = I%
        : REM Satznr in der Tabelle
57030 NEXT I%
57100 FOR I% = 1 TO SATZZAHL% -1
57110   HILFSSPEICHER% = I%
        : REM Vergleichswert
57120   FOR J% = I% +1 TO SATZZAHL%
57130     IF GEBTAG%(J%) < GEBTAG%(HILFSSPEICHER%)
             THEN HILFSSPEICHER% = J%
57140   NEXT J%
57150   SWAP GEBTAG%(I%), GEBTAG%(HILFSSPEICHER%)
57160   SWAP VERWEIS%(I%), VERWEIS%(HILFSSPEICHER%)
57170 NEXT I%
57190 RETURN
```

```
59997 :
59998 REM Daten dimensionieren, Texte bereitstellen, Eröffnungsbild
59999 :
60000 DIM ADRESSE$(99, 7)
     : REM 99 Adressen mit je 7 Feldern
60010 DIM ADR$(7)
     : REM 1 Adressensatz
60020 DIM FEHL.T$(30)
60030 DIM GEBTAG%(99), VERWEIS%(99)
60040 DIM ZE%(9), SP%(9), TEXT$(9)
60050 DIM GUELTIGE.ZEICHEN$(3)


61000 FEHL.T$( 1) = "Diese Auswahl ist nicht möglich!"
61010 FEHL.T$( 2) = "Dieses Unterprogramm ist noch nicht fertig!"
61020 FEHL.T$( 3) = "Datei wurde bereits angelegt!"
61030 FEHL.T$( 4) = "Datei wurde noch nicht angelegt!"
61040 FEHL.T$( 5) = "Dieses Laufwerk existiert nicht!"
61050 FEHL.T$( 6) = "Diese Datei ist auf diesem Laufwerk nicht
                    vorhanden!"
61060 FEHL.T$( 7) = "Diese Datei entspricht nicht dem angegebenen
                    Dateityp!"
61070 FEHL.T$( 8) = "Diese Datei ist schon für einen Zugriff geöffnet
                    worden!"
61080 FEHL.T$( 9) = "Diskette eingelegt? Wenn ja, bitte überprüfen!"
61090 FEHL.T$(10) = "Eine Datei mit diesem Namen existiert schon!"
61100 FEHL.T$(11) = "Die Diskette ist voll! Bitte eine andere
                    (formatierte) verwenden!"
61110 FEHL.T$(12) = "Das Ende der Datei wurde erreicht; unzulässiger
                    Einleseversuch!"
61120 FEHL.T$(13) = "Zu viele Dateien, Kapazität des
                    Inhaltsverzeichnisses reicht nicht!"
61130 FEHL.T$(14) = "Bitte den Schreibschutz von der Diskette
                    entfernen!"
61140 FEHL.T$(15) = "Keine Diskette vorhanden oder Diskettenklappe
                    offen!"
61150 FEHL.T$(16) = "Laufwerks-/ oder Pfadangabe ungültig!"
61160 FEHL.T$(17) = "Es können keine Datensätze mehr aufgenommen
                    werden!"
61170 FEHL.T$(18) = "Eingabe der Postleitzahl ungültig!"
61180 FEHL.T$(19) = "Kein passender Satz gefunden!"
61190 FEHL.T$(20) = "Der Datensatz wurde gelöscht!"
61200 FEHL.T$(21) = "Kein weiterer Datensatz vorhanden!"
61210 FEHL.T$(22) = "Drucker nicht ansprechbar!"
61220 FEHL.T$(23) = "Drucker ausgeschaltet / kein Papier vorhanden!"
61230 FEHL.T$(24) = "Eingabewert übersteigt den INTEGER-Bereich
                    -32768 bis +32767"
```

```
61300 GUELTIGE.ZEICHEN$(1) = " ! #$%&'()*+,-./0123456789:;<=>?
                               @ABCDEFGHIJKLMNOPQRSTUVWXYZ[\]^
                               `abcdefghijklmnopqrstuvwxyz{|}~ä
                               ÇüéâäàåçêëèïîìÄÅÉæÆôöòûùÿÖÜ¢£¥Rƒ
                               áíóúñÑªº¿⌐¬½¼¡«»▓▒░│┤╡
                               └┴┬├─┼╞╟╚╔╩╦╠═╬
                               αßΓπΣσµτΦΘΩδ∞φε∩≡±≥≤⌠⌡÷≈°∙·√ⁿ²■ "
    : REM HINWEIS: Alle Zeichen müssen direkt hintereinander ohne Lücken
              eingegeben werden, sonst wird die Länge einer
              Eingabezeile überschritten!!!
61301 REM alternativ: gueltige.zeichen$(1) = " !" : for i% = 35 to 255
              : gueltige.zeichen$(1) = gueltige.zeichen$(1) +chr$(i%)
              : next i%
61310 GUELTIGE.ZEICHEN$(2) = " 0123456789!$%&()/()=?' '+*#^,.-;:_
                               abcdefghijklmnopqrstuvwxyzäöüß
                               ABCDEFGHIJKLMNOPQRSTUVWXYZÄÖÜ"
61320 GUELTIGE.ZEICHEN$(3) = "-0123456789 "

61500 ADR$(1) = STRING$(20, " ")
61510 ADR$(2) = STRING$(20, " ")
61520 ADR$(3) = STRING$(30, " ")
61530 ADR$(4) = STRING$( 4, " ")
61540 ADR$(5) = STRING$(25, " ")
61550 ADR$(6) = STRING$(20, " ")
61560 ADR$(7) = STRING$( 8, " ")

61600 DATEI.EXISTIERT% = 0
61610 MAX.SATZ% = 99
61990 RETURN

61997 :
61998 REM Alle Variablen
61999 :
62000 REM ADR$(   )          = Matrix eines Adressessatzes
62010 REM       1            = Name
62020 REM       2            = Vorname
62030 REM       3            = Straße, Hausnr.
62040 REM       4            = PLZ
62050 REM       5            = Wohnort
62060 REM       6            = Telefon
62070 REM       7            = Geburtsdatum
62080 REM ADRESSES$( , )     = Matrix der 99 Sätze
62090 REM DATEI.EXISTIERT%   = Flagge, ob Datei existiert (0=nein,1=ja)
62100 REM DATEI.GEAENDERT%   = Flagge, ob die Datei geändert wurde
62110 REM DATEINAME$         = Dateiname
62120 REM DATEINAME.ALT$     = Alter Dateiname
62130 REM DATEINAME.NEU$     = Neuer Dateiname
62140 REM DAUER%             = Dauer einer Warteschleife
62150 REM EIN                = Eingabewert für Realwerte
62160 REM EIN%               = Eingabewert für Integerwerte
62165 REM EINGABE$           = Arbeitsvariable zur Eingabe
62170 REM EINTEXT$           = Eingabewert für Zeichenketten
62180 REM FEHLERNR%          = Nr. des Textes der Fehlertabelle
62190 REM FEHL.T$(   )       = Tabelle der Fehlertexte
```

```
62200 REM GEBTAG%( )      = Geburtstag (Tag und Monat) als Zahl
62210 REM I%              = Laufvariable
62220 REM J%              = Laufvariable
62230 REM LAUFWERK$       = Laufwerksbezeichnung (A, B, C)
62240 REM MAXMENUE%       = Höchster zulässiger Wert in einer
                            Menüeingabe
62250 REM MAX.SATZ%       = Anzahl der maximal zu verwaltenden Sätze
62255 REM POSITION%       = Stelle des Cursors im String
62260 REM SATZ.EXISTIERT% = Flagge, ob ein Datensatz existiert
62270 REM SATZNR%         = Zeiger auf den jeweiligen Satz
62280 REM SEITE%          = Nr. der zu druckenden Seite
62285 REM SP%( )          = Matrix für 9 Spaltenangaben
62290 REM SPALTE%         = Spalte einer Eingabe
62300 REM SUCHBEGRIFF$    = Text, nach denen Datensätze durchsucht
                            wird
62310 REM SUCHFELD%       = Nr. des zu durchsuchenden Datenfeldes
62320 REM SUCHLAENGE%     = Länge in Zeichen
62325 REM TEXT$( )        = Matrix für 9 Texte
62330 REM VERWEIS%( )     = Hinweis für die Geburtstagsliste auf die
                            Position in der Adressdatei
62335 REM ZE%( )          = Matrix für 9 Zeilenangaben
62340 REM ZEILE%          = Zeile einer Eingabe
62350 REM ZEIT$           = Variable zur Rettung der aktuellen Zeit
```

13.8 Weitere Tips zur Optimierung des Programms

Für die Optimierung des Adressenverwaltungsprogramms (vergleiche Kapitel 11) führen Sie noch folgende Arbeitsschritte durch: Kopieren Sie dieses Programm als "ADR2_Ø" auf Ihre Datendiskette!
Entfernen Sie alle Kommentare (unter BASIC oder mit einem Textverarbeitungsprogramm)!
Speichern Sie das Programm erneut mit dem Dateinamen "ADR2_Ø"
(ohne den Zusatz A) auf Ihre Datendiskette.

«Dem die Basis mit Grundeis ergeht …

...der spielt die traurigste Rolle», heißt es bei Joseph Viktor von Scheffel im «Trompeter von Säckingen». Dieses «Basis» scheint Mitte des vorigen Jahrhunderts ein richtiges Modewort gewesen zu sein. Aber Finanzdinge sind eben immer grundlegend, sind *basic*.

Wer sich früh genug um die richtige Geldanlage kümmert, muß keine Angst haben, daß ihm mal «die Basis mit Grundeis ergeht».

Pfandbrief und Kommunalobligation

Meistgekaufte deutsche Wertpapiere - hoher Zinsertrag - bei allen Banken und Sparkassen

Verbriefte Sicherheit

14 ANHANG

14.1 Anweisungen im Direktbetrieb

AUTO Zeilennummer, Schrittweite
Dieser Befehl bewirkt eine automatische Erzeugung der BASIC-Zeilennummern.

Beispiel:
    AUTO 1ØØ,1Ø

Beginnend mit der Zeilennummer 1ØØ werden die folgenden Zeilen in Zehnerschritten erzeugt (1ØØ, 11Ø, 12Ø . . .). Durch die Betätigung der Tasten <CTRL> und <BREAK> wird die Erzeugung von Zeilennummern abgeschlossen.

CLS
CLS ist die Abkürzung für "CLEAR SCREEN". Mit dieser Anweisung wird der Bildschirm gelöscht, der Speicherinhalt bleibt aber erhalten. CLS kann auch als Anweisung in einem Programm verwendet werden.

Beispiel:
    1ØØ CLS

DELETE
Mit dem Befehl DELETE können Sie eine fehlerhafte Programmzeile, einen ganzen Programmbereich oder das gesamte Programm im Arbeitsspeicher löschen:

Beispiele:
    DELETE
    Das gesamte Programm wird gelöscht.

DELETE 100
Die Zeile 100 wird gelöscht.

DELETE 100-200
Die Zeilen 100 bis einschließlich 200 werden gelöscht.

DELETE-100
Alle Zeilen vom Beginn des Programms bis einschließlich Zeile 100 werden gelöscht.

DELETE 100-
Alle Zeilen ab einschließlich Zeile 100 bis zum Ende des Programms werden gelöscht.

FILES

Eine Anzeige der auf der Diskette gespeicherten Dateien ist über den Befehl FILES möglich. Es werden die Namen der Dateien von der Diskette im aktuellen Laufwerk über den Bildschirm ausgegeben. Um das Inhaltsverzeichnis von der Diskette in einem anderen Laufwerk wie beispielsweise dem Laufwerk B: auszugeben, muß der Befehl in

FILES "b:"

abgeändert werden. Auch ist es möglich, sich nur bestimmte Dateien anzeigen zu lassen.

Beispiel:
FILES "b:*.bas"

Auf diesen Befehl hin werden nur die BASIC-Programme (mit der Endung ".BAS") angezeigt.

KEY OFF/ON

Die Anweisung KEY OFF schaltet die Anzeige der Funktionstasten auf der letzten Bildschirmzeile ab. Die Belegung der Funktionstasten bleibt aber erhalten und kann weiter genutzt werden. Mit der Anweisung KEY ON kann die Anzeige jederzeit wieder angeschaltet werden. KEY ON/OFF kann auch als Anweisung in einem Programm verwendet werden. Die allgemeine Form ist:

Zeilennummer   KEY OFF
Zeilennummer   KEY ON

Beispiel:
  170 KEY OFF

KILL "Dateiname"
Mit diesem Befehl kann eine Datei gelöscht werden.

Beispiel:
  KILL "testprog.bas"

Das Programm testprog.bas auf der Diskette im aktuellen Laufwerk wird gelöscht. Soll eine Datei auf einem anderen Laufwerk gelöscht werden, ist auch das Laufwerk anzugeben.

Beispiel:
  KILL "c:adress.dat"

Mit diesem Befehl wird die Datei adress.dat auf dem Laufwerk c: gelöscht.

LIST (Funktionstaste <F1>)
Dieser Befehl bewirkt auf dem Bildschirm die Gesamtauflistung des im Arbeitsspeicher befindlichen Programms. Er bietet eine Vielzahl von Möglichkeiten, Teile des Programms aufzulisten:

  LIST 100
  Die Zeile 100 wird auf dem Bildschirm ausgegeben.

  LIST – 100
  Von der ersten Zeile bis einschließlich Zeile 100 erfolgt die Auflistung des Programms.

  LIST 100 –
  Das Programm wird von der Zeile 100 bis zum Programmende aufgelistet.

  LIST 100 – 200
  Das Programm wird von der Zeile 100 bis einschließlich Zeile 200 aufgelistet.

LLIST
Die Ausgabe des Programms erfolgt bei diesem Befehl über den Drucker. Der Befehl bietet die gleichen Möglichkeiten wie der Befehl LIST.

LOAD "Dateiname" (Funktionstaste <F3>)
Dieser Befehl ermöglicht das Laden eines Programms von einem externen magnetischen Datenspeicher in den Hauptspeicher.

Beispiel:
  LOAD "testprog"

Das Programm testprog.bas wird vom aktuellen Laufwerk in den Hauptspeicher geladen.
Um das Programm von einem anderen Laufwerk zu laden, ist die Laufwerksbezeichnung dem Programmnamen voranzustellen.

Beispiel:
  LOAD "b:testprog"

Das Programm wird von der Diskette im Laufwerk b: geladen.

MERGE
Mit dem Befehl MERGE kann ein auf der Diskette gespeichertes BASIC-Programm in ein im Arbeitsspeicher befindliches BASIC-Programm eingefügt werden. Vorraussetzung ist, daß das einzufügende Programm im ASCII-Code abgespeichert wurde (SAVE"...",A).

Beispiel:
  MERGE "ERW∅_5"

Achtung: Beim Einbinden des Programms werden Anweisungen mit gleicher Zeilennummer überschrieben. Daher ist bei der Programmplanung auf eine sinnvolle Einteilung der verwendeten Zeilennummern zu achten.

NEW
Mit diesem Befehl wird das Programm im Hauptspeicher gelöscht. Der Befehl ist mit äußerster Vorsicht anzuwenden, damit nicht aus Versehen ein noch benötigtes Programm im Hauptspeicher gelöscht wird.

RENUM neue Zeilennummer, alte Zeilennummer, Schrittweite
Der RENUM-Befehl dient zur neuen Numerierung des Programms.

Beispiel:
  RENUM 1∅∅,5,1∅

Die erste Programmzeile beginnt nun mit der Zeilennummer 1∅∅. Die Numerierung erfolgt ab der alten Zeilennummer 5. Die Durchnumerierung der Zeilen erfolgt mit der Schrittweite 1∅.

RUN (Funktionstaste <F2>)

Nach Fertigstellung des Programms startet man den Computerlauf mit dem Befehl RUN. Er kann über die Tastatur oder durch Drücken der Funktionstaste <F2> ausgelöst werden.

Um ein Programm besser testen zu können, kann der Computerlauf auf bestimmte Programmteile begrenzt werden.

Beispiele:
    RUN 1∅∅

Das Programm wird von der Zeile 1∅∅ an bis zum Programmende abgearbeitet.

SAVE "Dateiname (Funktionstaste <F4>)

Mit dem Befehl SAVE "Dateiname" wird ein Programm auf dem aktuellen Laufwerk gespeichert und dadurch gesichert.

Beispiel:
    SAVE "umsatz"

Durch diesen Befehl wird das Programm im Hauptspeicher auf der Diskette im aktuellen Laufwerk unter dem Namen umsatz.bas gespeichert. Soll das Programm auf einem anderen Laufwerk gespeichert werden, ist die Laufwerksbezeichnung mit anzugeben.

Beispiel:
    SAVE "c:lotto"

Das Programm lotto.bas wird auf dem Laufwerk c: gespeichert.

Bestimmte Operationen, wie beispielsweise der Betriebssystembefehl TYPE oder aber die weitere Bearbeitung des BASIC-Programms mit einem Textverarbeitungsprogramm erfordern eine Speicherung im ASCII-Format.

Der Befehl lautet dann

    SAVE "c:lotto",A

14.2 Programm-Anweisungen

COLOR

Mit dem Befehl COLOR wird die Hintergrund- und die Vordergrundfarbe bestimmt. Er hat die allgemeine Form

Zeilennummer COLOR Vordergrund, Hintergrund

Beispiel:
120 COLOR 7,0

Durch diese Anweisung wird der Vordergrund auf die Farbe weiß und
der Hintergrund auf die Farbe schwarz eingestellt.
Bei einem Color-Bildschirm sind folgende Differenzierungen möglich:

0	schwarz	8	grau
1	blau	9	hellblau
2	grün	10	hellgrün
3	kobaltblau	11	hell-kobaltblau
4	rot	12	hellrot
5	violett	13	hell-violett
6	braun	14	gelb
7	weiß	15	intensives weiß

Für den Hintergrund gelten nur die Farben 0 bis 7. Wird zu den Werten der Vordergrundfarbe die Zahl 16 hinzuaddiert, so blinkt der auszugebende Text.

Bei Monochrom-Bildschirmen empfehlen sich nur folgende Farb-
werte:

0	schwarz
1	weiß mit Unterstreichen
2 – 7	weiß

DEF FName

Mit dieser Anweisung können beliebige Funktionen definiert werden. Grundsätzlich geschieht dies wie folgt:

Zeilennummer   DEF FNname(parameter) = arithmetischer
Ausdruck

Beispiel:
315   DEF FNrunden(x) = INT(x ∗ 1ØØ + .5)/1ØØ

Beispiel für den Aufruf der Funktion
    33Ø   LET r = FNrunden(r)

DIM

Mit dieser Anweisung definiert man die maximalen Werte für die Indizes von Bereichsvariablen. Der entsprechende Speicherplatz wird zugeordnet. Die DIM-Anweisung hat die allgemeine Form

    Zeilennummer   DIM   Variable(Anzahl der Elemente)

Beispiel für einen eindimensionalen Bereich (Vektor):
    1ØØ   DIM umsatz(31)

Durch diese Anweisung werden Speicherplätze für die Variablen umsatz(Ø) bis umsatz(31) zur Verfügung gestellt. Standardmäßig werden für Vektoren 11 Feldeinheiten mit den Indexwerten von Ø bis 1Ø bereitgestellt. Zur besseren Übersicht empfiehlt es sich aber, auch Vektoren mit kleineren Indexwerten mit der DIM-Anweisung festzulegen.

Beispiele für einen zweidimensionalen Bereich (Matrix):
    1ØØ   DIM umsatz(12,31)

Hiermit wurde Speicherplatz für 13 (Ø bis 12) $*$ 32 (Ø bis 31) Feldelemente zur Verfügung gestellt.
Der maximale Wert für die Indizes ist 255.

END

Die Anweisung END signalisiert dem Rechner, den Programmablauf zu beenden und wieder in den Programmiermodus zu gehen.
Er hat die allgemeine Form

    Zeilennummer   END

Beispiel:
    5ØØ   END

FOR...NEXT

Mit FOR...NEXT-Anweisungen können Programmschleifen codiert werden. Der Beginn der Schleife wird durch die FOR-Anweisung gebildet und hat folgenden allgemeinen Aufbau:

Zeilen-nummer	FOR	Lauf-variable	= Anfangs-wert	TO	End-wert	STEP	Schritt-weite

Beispiel:
210 FOR x = 20 TO 300 STEP 20

Es folgen die Anweisungen, die entsprechend den Angaben der
FOR-Anweisung wiederholt ausgeführt werden. Abgeschlossen wird
die Schleife durch die NEXT-Anweisung. Sie hat folgende allgemeine Form

Zeilennummer   NEXT   Laufvariable

Beispiel:
260   NEXT x

Für die Laufvariable können keine Zeichenketten (Strings) verwendet werden; es sind nur numerische Variable gültig. Anfangswert,
Endwert und Schrittweite können konstante Werte, Variable oder
auch mathematische Ausdrücke (Terme) sein.

Beispiel:
10000 FOR zahl = anfang TO ende + 1 STEP 1

Ist die Schrittweite wie in diesem Beispiel gleich eins, so kann die
Anweisung STEP...entfallen.
Bei der Angabe einer negativen Schrittweite ist darauf zu achten, daß
der Endwert kleiner ist als der Anfangswert.

GOSUB...RETURN
Ein Unterprogramm wird in BASIC folgendermaßen aufgerufen:

Zeilen-   GOSUB   Zeilennummer der ersten Anweisung des
nummer   Unterprogramms

Beispiel:
1000   GOSUB   2000

Trifft der Computer bei einem Programmlauf auf eine GOSUB-An-
weisung, wird das Programm mit der Anweisung in der angegebenen
Zeilennummer fortgesetzt. Das Ende des Unterprogramms wird
kenntlich gemacht durch die Anweisung

Zeilennummer   RETURN

Beispiel:
2190   RETURN

Das Programm wird nun mit der Anweisung fortgesetzt, die der GOSUB...-Anweisung unmittelbar folgt.

Der Computer verwaltet diese Rücksprungadresse selbständig. Es ist möglich, daß ein Unterprogramm von verschiedenen Stellen im Programm angesprungen wird. Durch die RETURN-Anweisung wird das Programm jeweils hinter der aufrufenden Anweisung fortgesetzt.

GOTO Zeilennummer

Die GOTO...-Anweisung bewirkt einen Sprung in die Zeile, deren Zeilennummer angeführt ist.

Beispiel:
    2ØØ GOTO 1ØØ

Ein Sprung kann auch von der Erfüllung einer Bedingung abhängig sein.

Beispiel für einen bedingten Sprung:
    4ØØ IF diskont > mindestdiskont THEN GOTO 42Ø

Wird in einer GOTO...-Anweisung eine Zeilennummer angeführt, die im Programm nicht existiert, gibt der Computer eine Fehlermeldung aus und bricht die Programmausführung ab.

Die GOTO...-Anweisung sollte sehr sparsam verwendet werden, da sonst das Programm unübersichtlich werden kann.

IF...THEN...

Diese Anweisung ermöglicht Befehle, die von der Erfüllung einer Bedingung abhängig sind. Ihr liegt folgende Ablauflogik zugrunde:

    WENN die Bedingung erfüllt ist,
        DANN führe diese Anweisung aus.

Die IF... THEN...-Anweisung hat folgende allgemeine Form:

Zeilen-	IF	Konstante	Vergleichs-	Konstante	THEN
num-		oder	operator	oder	
mer		Variable		Variable	
		oder		oder	
		Rechen-		Rechen-	
		ausdruck		ausdruck	

Beispiel:
    3ØØ   IF diskont < mindestdiskont THEN diskont = 5

Die Bedingung (hier: diskont < mindestdiskont) muß so formuliert sein, daß hierauf eindeutig mit Ja oder Nein geantwortet werden kann. In BASIC können folgende Vergleichsoperatoren verwendet werden:

= gleich
< kleiner als
> größer als
<> ungleich
< = kleiner oder gleich
> = größer oder gleich

Auch für Textvariable (Strings) gelten diese Operatoren.

IF...THEN...ELSE...

Gegenüber der IF...THEN...-Anweisung ist die Ablauflogik folgendermaßen erweitert:

WENN die folgende Anweisung erfüllt ist,
          DANN führe die Anweisung 1 aus,
          SONST führe die Anweisung 2 aus.

Die IF...THEN...ELSE...-Anweisung hat folgende allgemeine Form:

Zeilen-nummer	IF	Konstante oder Variable oder Rechen-ausdruck	Vergleichs-operator	Konstante oder Variable oder Rechen-ausdruck	THEN...
					ELSE...

Beispiel:
    400 IF alter > 18
        THEN PRINT "volljährig"
        ELSE PRINT "minderjährig"

INPUT

Diese Anweisung dient dazu, numerische oder alphabetische Daten über die Tastatur in den Rechner einzugeben. Sie hat folgenden allgemeinen Aufbau:

    Zeilennummer INPUT Variable

Beispiel für eine numerische Variable:
  2Ø INPUT alter

Beispiel für eine alphabetische Variable:
  3Ø INPUT land$

Bei einem Programmablauf erwartet der Computer nach einer INPUT-Anweisung die Eingabe eines Wertes. Er zeigt dies durch das Fragezeichen auf dem Bildschirm an und reserviert einen Speicherplatz im Hauptspeicher. Nachdem der Benutzer den Wert und die <RETURN>-Taste betätigt hat, wird der Wert in den Hauptspeicher übernommen.

Mit einer INPUT-Anweisung kann auch ein "Meldetext" ausgegeben werden.

  Zeilennummer   INPUT   "Meldetext"; Variable

Beispiel:
  2Ø INPUT "Geben Sie Ihren Namen ein: "; name$

  Auf dem Bildschirm erscheint:

  | Geben Sie Ihren Namen ein:? |

Die Ausgabe des Fragezeichens kann durch die Verwendung eines Kommas an Stelle des Semikolons verhindert werden:

  Zeilennummer   INPUT   "Meldetext", Variable

Beispiel:
  2Ø INPUT "Geben Sie Ihren Namen ein: ", name$

  Auf dem Bildschirm erscheint:

  | Geben Sie Ihren Namen ein: |

LET
Durch diese Anweisung wird der Variablen links vom Gleichheitszeichen ein neuer Wert zugewiesen. Dieser Wert kann eine Konstante, eine Variable oder ein mathematischer Ausdruck (Term) sein.

  Zeilennummer   LET   Variable = Konstante oder Variable
                                    oder Term

Beispiele:

```
2Ø   LET   jahr     = 1987
3Ø   LET   anfang   = jahr
4Ø   LET   ende     = jahr + 2Ø
```

Arithmetische Ausdrücke sind alle sinnvollen Verbindungen von numerischen Variablen und Konstanten mit den Operatoren

```
+          −          *                    /          ^
```
  Addition Subtraktion Multiplikation Division Potenz

Die LET-Anweisung ermöglicht auch die Verknüpfung von String-Konstanten beziehungweise -Variablen zu einer String-Variablen.

Beispiel:
```
1ØØ   LET   a$ = "Bild"
11Ø   LET   b$ = "schirm"
12Ø   LET   c$ = a$ + b$
```

Die Variable c$ hat nun den Inhalt "Bildschirm".

LOCATE Zeile, Spalte

Diese Anweisung dient zur Ansteuerung einer bestimmten Stelle auf dem Bildschirm. Der Bildschirm ist in 25 Zeilen (1 bis 25) mit jeweils 8Ø Zeichen (1 bis 8Ø) unterteilt. Die Anweisung hat folgende Form:

    Zeilennummer LOCATE Zeile, Spalte

Beispiel:
    1ØØ   LOCATE 5, 1Ø

Diese Anweisung bewirkt, daß der Cursor in die Zeile 5, Spalte 1Ø bewegt wird. Dort erfolgt dann die nächste Bildschirmausgabe.

LOCATE Zeile, Spalte, Cursor ein/aus, Cursorgröße (linke obere Ecke), Cursorgröße (rechte untere Ecke)

Der LOCATE-Befehl bietet neben dem Positionieren des Cursors noch verschiedene Variationen hinsichtlich der Erscheinung des Cursors. Er hat die allgemeine Form:

    Zeilennummer LOCATE Zeile, Spalte, Cursorgröße (linke obere Ecke), Cursorgröße (rechte untere Ecke)

Mit dem dritten Parameter kann der Cursor ein (= 1) oder ausgeschaltet (= Ø) werden. Die beiden letzten Angaben dienen der Einstellung der Cursorgröße. Dabei ergeben sich bei den folgenden Angaben die abgebildeten Cursor-Darstellungen:

   LOCATE ,,,7,7 _
▩ LOCATE ,,,3,7 ▮
▩ LOCATE ,,,0,7 ▌

Sollen einzelne Parameter unverändert bleiben, so ist nur das Komma
als Trennzeichen an Stelle der Parameter einzugeben.

LPRINT
Die Ausgabe erfolgt nicht über den Bildschirm, sondern über den
Drucker. Alle Varianten der LPRINT-Anweisung entsprechen de-
nen der PRINT-Anweisung.

ON...GOSUB...
Diese Anweisung faßt mehrere IF...THEN GOSUB...-Anweisun-
gen zusammen. Sie hat die allgemeine Form:

Zeilen-		numerischer	GOSUB Zeilennummer,
nummer	ON	Ausdruck	Zeilennummer,...

Beispiel:
   1ØØØ   ON   eingabe GOSUB 1ØØØ, 2ØØØ, 3ØØØ

Entsprechend dem Wert des numerischen Ausdrucks werden die jeweiligen Unterprogramme angesprungen. Für das obige Beispiel sind
dies

Wert von eingabe	Sprungadresse
1	1ØØØ
2	2ØØØ
3	3ØØØ

ON ERROR GOTO...
Dieser Befehl dient dazu, bei einem Programmfehler zu der angege-
bene Zeile zu verzweigen.
Er hat die allgemeine Form

   Zeilennummer ON ERROR GOTO Zeilennummer

Ab der angegebenen Zeilennummer erfolgt dann die Programmierung der Fehlerbehandlung. Mit der internen Variablen ERR stellt BASIC einen Fehlercode zur Verfügung. Auf Grund des Fehlercodes ist dann vom Programmierer eine auf den Fehler abgestimmte und für den Nutzer verständliche Aktion zu programmieren. Die Fehlernummern und ihre Bedeutung sind in dem jeweiligen Handbuch aufgeführt.

Die Rückkehr zum aufrufenden Programm erfolgt mit dem Befehl RESUME... (siehe dort). Da es unmöglich ist, alle denkbaren Fehler mit einer Fehlerroutine aufzufangen, wird mit ON ERROR GOTO Ø die Fehlerroutine wieder ausgeschaltet.

Achtung: Unterbleibt diese Anweisung im Programm, so ist die Fehlerroutine auch nach Abarbeitung des Programms wirksam; Fehlermeldungen des Systems werden aufgefangen und nicht angezeigt.

PRINT

Mit der Anweisung PRINT werden Textdaten (Strings) und numerische Daten (Zahlen) über den Bildschrim ausgegeben. Eine Anweisung mit dem Befehlswort PRINT hat folgenden allgemeinen Aufbau:

Zeilennummer   PRINT   Konstante und/oder Variable

Beispiel mit einer Stringkonstanten:
   1ØØ   PRINT   "Geben Sie Ihren Namen ein: "

Beispiel mit einer numerischen Variablen:
   12Ø   PRINT   ergebnis

Durch die Verwendung von **Komma** oder **Semikolon** als Trennzeichen zwischen mehreren Ausgabedaten kann eine Formatierung der Ausgabe erzielt werden.

Wird ein **Komma** verwendet, wird die Bildschirmzeile in Druckbereiche von 14 Zeichen eingeteilt.

Beispiel:
   1ØØ   PRINT "Grundwert", "Prozentsatz", "Prozentwert"
   11Ø   PRINT grundwert, prozentsatz, prozentwert

Es ergibt sich folgende Ausgabe:

Spalte 1	Spalte 15	Spalte 29
Grundwert	Prozentsatz	Prozentwert
2ØØØ	6	12Ø

Ein **Semikolon** als Trennzeichen bewirkt, daß die folgende Ein- oder Ausgabe genau an der Stelle erfolgt, an der die letzte Ausgabe beendet wurde.

Beispiel:
   5ØØ PRINT "Sie erhalten ein Nettogehalt von";netto;"DM."

Hat die Variable netto den Wert 2397,85 DM, so ergibt sich folgende Bildschirmausgabe:

> Sie erhalten ein Nettogehalt von 2397.85 DM.

Bei numerischen Werten wird grundsätzlich vor der Zahl Platz für das Vorzeichen (hier +) sowie Platz für ein Zeichen hinter der Zahl reserviert.

Eine Formatierung durch Tabulation ist durch den Einsatz der Funktion TAB(...) möglich.

Beispiel:
4ØØ PRINT TAB(1Ø) "Mindestdiskont" TAB(3Ø) mindestdiskont

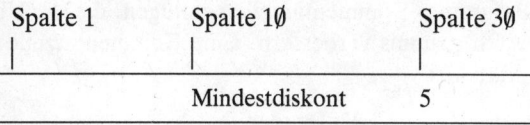

Spalte 1	Spalte 1Ø	Spalte 3Ø
	Mindestdiskont	5

Die Ausgabe von Konstanten und/oder Variablen erfolgt an der in der Klammer angegebenen Position in der gleichen Zeile.

PRINT USING
Diese Anweisung ermöglicht die formatierte Ausgabe von Daten unter Verwendung einer Druckmaske. Die Ausagabeanweisung hat folgende allgemeine Form:

   Zeilennummer PRINT USING "Druckmaske"; Variable

Beispiel:
2ØØ PRINT USING ”#####.##”; netto

Die Druckmaske muß in Anführungszeichen geschrieben werden.
Die durch die Druckmaske formatierte Ausgabevariable wird anschließend aufgeführt. Druckmaske und Variable sind durch Semikolon getrennt. Das Druckmaskenzeichen # reserviert eine Dezimalstelle. Als Dezimalstelle gilt auch das Vorzeichen. Durch den Punkt
wird die Position des Dezimalpunkts festgelegt.

RANDOMIZE
Mit dieser Anweisung wird ein neuer Anfangswert für den Zufallszah-
lengenerator festgelegt.
Allgemeine Form:

Zeilennummer   RANDOMIZE(Ganzzahl)

Beispiel:
4ØØ RANDOMIZE(ein%)

Erhält der Zufallszahlengenerator keinen neuen Anfangswert, so ermittelt der Rechner bei jedem Programmlauf die gleiche Folge von
Zufallszahlen.

REM
Mit der Anweisung REM kann der Programmierer an beliebigen
Stellen in das Programm Kommentarzeilen einfügen, die die Über-
sichtlichkeit des Programms verbessern. Eine Kommentarzeile hat
den folgenden Aufbau:

Zeilennummer   REM   erläuternder Text

Beispiel:
1Ø   REM Programm zur Berechnung von Fläche und Umfang

Bei der Abarbeitung des Programms läßt der Computer auf Grund
des Befehlswortes REM den folgenden Text außer acht.

RESUME...
Die Rückverzweigung aus einer Fehlerbehandlungsroutine zum aufrufenden Programmteil erfolgt über RESUME.... Sie hat die allgemeine Form:

Zeilennummer   RESUME   Zeilennummer
                          Ø
                          NEXT

Ist eine Zeilennummer angegeben, springt das Programm in diese
Zeile und bearbeitet die dort stehenden Anweisungen.

Ist nach RESUME keine Zeilennummer oder die Zeilennummer Ø
angegeben, wird die Anweisung, die den Sprung in die Fehlerbehandlungsroutine verursachte, erneut bearbeitet.

Mit RESUME NEXT verzweigt das Programm zu der Anweisung,
die unmittelbar auf die Anweisung folgt, die die Fehlermeldung aus-
löste.

SWAP

Mit SWAP ist der unmittelbare Austausch der Inhalte zweier Variablen gleichen Datentyps möglich. Die Anweisung hat die allgemeine
Form:

Zeilennummer   SWAP   Variable1, Variable2

WHILE...WEND

Mit dieser Anweisung können auf einfache Art Schleifen programmiert werden. Diese Wiederholungsstruktur hat folgende allgemeine
Form:

Zeilennummer WHILE Bedingung
Zeilennummer   Anweisung 1
...   ...
Zeilennummer   Anweisung n
Zeilennummer WEND

Beispiel:

```
3110    WHILE   tag < = 6
3120            PRINT tag;"Tag :";
3130            INPUT tagumsatz
3140            LET umsatz = umsatz + tagumsatz
3150            LET tag = tag + 1
3160    WEND
```

Vor Beginn der Schleife muß für die Variable in der Bedingung ein
Startwert festgelegt werden. Dadurch wird sichergestellt, daß die
Schleife wenigstens einmal durchlaufen wird.

Beispiel:
    3ØØØ   LET tag = 1

Hat in diesem Beispiel die Variable tag den Wert sechs und wird in
der Zeile 315Ø der Wert um eins erhöht, ist damit die Bedingung nicht
mehr wahr. Das Programm verzweigt dann zu dem der Anweisung
WEND folgenden Befehl.

14.3 Rechenfunktionen

INT( )
Es wird die größte ganze Zahl < x errechnet.

Beispiel:
    1ØØ a = INT(1ØØ.45)   Die Variable a erhält den Wert 1ØØ
    11Ø a = INT(–1ØØ.45)   Die Variable a erhält den Wert –1Ø1

MOD
Die Funktion MOD dient dazu, den Restwert einer Integerdivision
(zwei ganzzahlige Werte) zu ermitteln. Sie hat die allgemeine Form:

    Integer-Dividend   MOD   Integer-Divisor

Das Ergebnis kann einer Variablen zugewiesen werden.

Beispiel:
    1ØØ A% = B% MOD C%

Es ist auch möglich, diese Funktion in eine Abfrage einzubinden.

Beispiel:
    1ØØ IF B% MOD C% = Ø THEN . . .

RND
Diese Funktion ermittelt eine Zufallszahl zwischen Ø und 1.

Beispiel:
    2ØØ zufall = RND

14.4 Funktionen zur Zeichenketten-Verarbeitung

ASC( )

Diese Funktion dient dazu, den ASCII-Wert des ersten Zeichens eines Strings zu ermitteln. Sie hat die allgemeine Form:

ASC (Stringausdruck)

Das Ergebnis kann einer Variablen zugewiesen werden.

Beispiel:
100 A% = ASC(B$)

Es ist auch möglich, diese Funktion in eine Abfrage einzubinden.

100 IF ASC(B$) = 13 THEN...

CHR$( )

Mit der Funktion CHR$( ) ist es möglich, einem BYTE als Zeichenkette (String) einen Dezimalwert zuzuweisen. Der Maximalwert ist 255 und der Minimalwert ist 0.

Zeilennummer LET Stringvariable = CHR$(Dezimalwert)

Beispiel:
10000 LET a$ = CHR$(119)

Die Variable a$ enthält in diesem Falle den Wert 119. Die Anweisung PRINT a$ erzeugt auf dem Bildschirm das Zeichen "w" (siehe ASCII-Tabelle in Kapitel 14.8).

INKEY$

Die Funtion INKEY$ dient dazu, ein Zeichen von der Tastatur in den Arbeitsspeicher zu holen und einer Stringvariablen zuzuweisen. Dieser String kann 0, 1 oder 2 Zeichen lang sein.
Ist die Länge 0, liegt noch keine Tastatureingabe vor.
Bei einer Länge von 2 Zeichen wurde eine Funktions- oder Cursortaste betätigt. Das erste Zeichen hat den Wert 0.
Alle übrigen Tasten erzeugen einen Code mit der Länge 1.
Diese Funktion hat die allgemeine Form:

Stringvariable = INKEY$

Eine Übersicht der Werte des ASCII-Codes ist im Kapitel 14.8 abgedruckt.

INSTR()

Die Funktion INSTR() dient dazu, die Anfangsposition eines Suchstrings in einem anderen String zu ermitteln. Sie hat die allgemeine Form:

INSTR (Position, zu durchsuchender String, Suchstring)

Mit Position wird die Stelle festgelegt, ab der der Suchstring mit dem zu durchsuchenden String verglichen wird. Diese Funktion liefert die Position, an der der Suchstring im zu durchsuchenden String erstmalig enthalten ist.

Ist der Suchstring im zu durchsuchenden String nicht enthalten, so ist das Ergebnis = $\emptyset$.

Diese Möglichkeit wird häufig für die Prüfung genutzt, ob bei der Eingabe ein zulässiges Zeichen eingetastet wurde.

LEFT$()

Die Funktion LEFT$() dient dazu, einen Teilstring aus einem String herauszukopieren. Der Kopiervorgang beginnt beim ersten (linken) Zeichen und umfaßt die angegebene Anzahl von Zeichen.
Sie hat die allgemeine Form:

LEFT$ (Ausgangsstring, Anzahl der Zeichen)

Das Ergebnis kann einer Stringvariablen zugewiesen werden.

Beispiel:
A$ = LEFT$(B$,2)

Es ist auch möglich, diese Funktion in einem Vergleich zu verwenden:

Beispiel:
IF LEFT$(B$,2) = A$ THEN...

LEN()

Mit dieser Funktion wird die Anzahl der Zeichen in einem Stringausdruck ermittelt. Sie hat die allgemeine Form:

LEN (Stringausdruck)

MID$()

Die Funktion MID$() beinhaltet zwei Möglichkeiten:

■ Mit MID$() kann ein Teilstring ab einer beliebigen Position in beliebiger Länge aus einem String herauskopiert werden. Allgemeine Form:

MID$ (Ausgangsstring, Position, Anzahl der Zeichen)

■ Wie die Funktionen LEFT$() und RIGHT$() kann diese Funktion sowohl in Wertzuweisungen als auch in Vergleichen eingesetzt werden.

■ Mit der Anweisung MID$() kann ein Teilstring in einer Stringvariable an beliebiger Position in beliebiger Länge vorhandene Zeichen überschreiben. Allgemeine Form:

MID$ (Stringvariable, Position, Anzahl der Zeichen) = Teilstring

Beispiel:
100 A$ = "Computersprache"
110 MID$(A$,12,1) = "ü"
120 PRINT A$ ⟶ Computersprüche

RIGHT$()

Die Funktion RIGTH$() entspricht der Funktion LEFT$(). Der Teilstring wird allerdings aus dem Ausgangsstring auf der rechten Seite beginnend herauskopiert. Sie hat die allgemeine Form:

RIGHT$ (Ausgangsstring, Anzahl der Zeichen)

STR$()

Diese Funktion wandelt einen numerischen Wert in eine Zeichenkette um. Sie ist die Umkehrung der Funktion VAL(). Die allgemeine Form der Funktion STR$() lautet:

STR$ (numerischer Ausdruck)

Beispiel:
100 A% = –123.45
110 A$ = STR$(A%)   ⟶ "–123.45"

STRING$()

Diese Funktion erzeugt eine Zeichenkette mit einer bestimmten

Länge aus einem vorgegebenen Zeichen. Diese Funktion hat die allgemeine Form:

STRING$(Länge,Zeichen)

Beispiel für die Verwendung in einer Wertzuweisung:
1ØØ LET LINIE$ = STRING$(7Ø,"–")

Beispiel für die Verwendung einer PRINT-Anweisung:
11Ø PRINT STRING$(70,"–")

VAL()

Mit der Funktion VAL() wird ein Stringausdruck in einen Zahlenwert umgewandelt. Diese Umwandlung ist allerdings nur möglich, wenn in diesem Stringausdruck auf der linken Seite ein Zahlenwert steht. Bei dieser Umwandlung werden auch Leerzeichen und Rechenzeichen ("+", "–") sowie der Dezimalpunkt akzeptiert. Die Umwandlung wird beendet, sobald ein anderes Zeichen (z. B. ein Buchstabe) in der Zeichenkette auftaucht. Die Funktion hat die allgemeine Form:

VAL (Stringausdruck)

14.5 Anweisungen und Funktionen zur Dateiverarbeitung

CLOSE

Die Funktion CLOSE bewirkt, daß eine oder mehrere durch den Befehl OPEN... geöffnete Dateien geschlossen werden. Folgende Formen sind möglich:

Zeilennummer CLOSE
    schließt alle geöffneten Dateien
Zeilennummer CLOSE #Dateinummer
    schließt die unter dieser Nummer geöffnete Datei
Zeilennummer CLOSE #Dateinummer, #Dateinummer
    schließt die unter diesen Nummern geöffneten Dateien

EOF()

Mit der Funktion EOF() (**E**nd **O**f **F**ile) wird festgestellt, ob das Ende der angegebenen Datei erreicht ist. Sie wird insbesondere beim Einlesen einer Datei vom externen Speicher in den Arbeitsspeicher benötigt. Hierdurch kann verhindert werden, daß ein Leseversuch über das Ende der Datei hinaus eine Fehlermeldung und den Programmabbruch bewirkt. Die Funktion hat die allgemeine Form:

Zeilennummer EOF (Dateinummer)

INPUT #Dateinummer

Mit diesem Befehl werden aus einer geöffneten Datei des externen Datenspeichers ein Datenfeld oder mehrere Datenfelder gelesen und einer bzw. mehreren Variablen zugewiesen. Über die Dateinummer wird die Verbindung mit der geöffneten Datei hergestellt. Er hat die allgemeine Form:

Zeilenummer INPUT #Dateinummer, Variablenname(n)

NAME alter_Dateiname AS neuer_Dateiname

Mit diesem Befehl kann ein bestehender Dateiname durch einen neuen Dateinamen ersetzt werden. Er hat die allgemeine Form:

Zeilennummer NAME alter_Dateiname AS neuer_Dateiname

OPEN...

Der Befehl OPEN... bewirkt, daß auf dem externen Datenspeicher eine Datei geöffnet oder neu angelegt wird. In einer Anweisung mit dem Befehl OPEN... muß angegeben werden:

Zeilennummer OPEN Modus, #Dateinummer, Dateiname mit Laufwerksangabe

Beispiel:
100 OPEN "O", #2, "A:PLATTEN.SEQ"

Mit dem Modus wird festgelegt, ob die Daten aus der Datei gelesen, in die Datei geschrieben oder angefügt werden. Folgende Kennzeichnung sind möglich:

O = Output, Ausgabe von Daten aus dem Arbeitsspeicher heraus in eine sequentielle Datei auf einem externen Datenspeicher.

I = Input, Einlesen von Daten aus einer sequentiellen Datei auf einen externen Datenspeicher in den Arbeitsspeicher.

A = Append,   Anfügen von Datensätzen aus dem Arbeitsspeicher heraus an eine sequentielle Datei auf einem externen Datenspeicher.

R = Relativ,   Ein- und Ausgabe von Daten von bzw. in eine(r) Datei mit direktem Zugriff.

WRITE #Datennummer

Mit diesem Befehl werden ein Datenfeld oder mehrere Datenfelder in eine geöffnete Datei auf einen externen Datenspeicher geschrieben. Über die Dateinummer wird die Verbindung mit der geöffneten Datei hergestellt. Der Befehl hat die allgemeine Form:

Zeilennummer WRITE #Dateinummer, Variablenname(n)

14.6 Anweisungen für Grafik

CIRCLE

Die CIRCLE-Anweisung zeichnet einen Kreis oder eine Ellipse in der angegebenen Farbe auf den Bildschirm. Die allgemeine Form der Anweisung lautet:

Zeilennummer   CIRCLE (x, y), Radius, Farbe

Beispiele:
190   CIRCLE (500,175),20,1

Hier wird um den Mittelpunkt mit den Koordinaten (500,175) ein kompletter Kreis mit dem Radius 20 gezogen. Die 20 Einheiten beziehen sich dabei auf die X-Achse, sind also waagerecht zu messen.

LINE

Um Linien von einem Punkt auf dem Bildschirm zu einem anderen zu ziehen, verwendet man die LINE-Anweisung.

Beispiel:
230 LINE   (0, 0)–(319,199),1

In den Klammern sind die beiden Endpunkte der Linie definiert; sie bestimmen die Länge und Lage der Linie. Sie sind durch die auf die X-Achse und die Y-Achse bezogenen Koordinaten anzugeben. Eine

Koordinate enthält immer einen X-Wert (waagerecht) und einen Y-Wert (senkrecht), also ein Wertepaar.
Die allgemeine Form der Anweisung lautet:

Zeilennummer LINE (x1,y1)–(x2,y2),Farbe

Zusätzlich kann noch ein Farbwert angegeben werden. Bei SCREEN 1 sind die Werte von Ø bis 3 und bei SCREEN 2 nur Ø (dunkel) und 1 (hell) erlaubt.

LINE (Rechteck)
Die LINE-Anweisung wird um den Parameter **B**lock erweitert, indem man hinter der Farbe, durch Komma getrennt, noch ein "B" (B = Block) schreibt. In diesem Falle sind die angegebenen Koordinatenpaare nicht die Endpunkte einer Linie, sondern die Eckpunkte (links unten und rechts oben), aus denen das Rechteck abgeleitet wird.
Allgemeine Form der erweiterten LINE-Anweisung:

Zeilennummer LINE (x1,y1)–(x2,y2),Farbe, B

LINE (gefülltes Rechteck)
Der Parameter "**BF**" erstellt nicht nur ein Rechteck (B = Block), sondern er füllt (F = Füllung) auch die Fläche mit der angegebenen Farbe aus.
Allgemeine Form der erweiterten LINE-Anweisung:

Zeilennummer LINE (x1,y1)–(x2,y2),Farbe, BF

PAINT
Mit der Anweisung PAINT können im Graphikmodus beliebig umrandete Bildschirmteile mit einer Farbe (Ø = dunkel oder 1 = hell) ausgefüllt werden.

Zeilennummer PAINT (x,y),Farbe

Das angegebene Koordinatenpaar muß immer ein Punkt innerhalb der einzufärbenden Fläche sein. Dabei ist unbedingt darauf zu achten, daß dieser Punkt **nicht** der gewünschten Füllfarbe entspricht, weil dann der Malprozeß sofort abgebrochen, bzw. erst gar nicht gestartet wird. Im vorliegenden Programm darf dieser Punkt nicht hell (Farbe = 1) sein!

Die auszufüllende Fläche wird immer durch einen in sich geschlossenen Rand begrenzt. Der normale Bildschirmrand wirkt wie die Randbegrenzung durch eine Linie.

Ist der Rand nicht als durchgehende Linie vollständig vorhanden – **ein fehlender Punkt** reicht dazu aus – dann "läuft" die Farbe "aus" und "ergießt" sich über den restlichen Bildschirm.

SCREEN

Der Bildschirm läßt sich auf verschiedene Text- oder Grafikmodi einstellen. Die SCREEN-Anweisung schaltet auf den gewünschten Text- oder Grafikmodus um.

Beispiel:

    12Ø SCREEN Ø

Diese Anweisung schaltet den Textmodus ein. In diesem Modus ist eine frei gestaltbare Grafik nicht möglich. Nach dem Einschalten des Computers befindet sich der Bildschirm im Textmodus SCREEN Ø. Dieser Teil des Programms läuft auf allen Computern.

Die Anweisung hat die allgemeine Form:

    Zeilennummer   SCREEN   Modus

Modus: SCREEN 1   Graphikauflösung 320 × 200 Punkte
Modus: SCREEN 2   Graphikauflösung 640 × 200 Punkte

STEP

Achtung: Bitte verwechseln Sie STEP nicht mit STEP-Anweisung in der FOR...NEXT-Schleife!

Bei der LINE-Anweisung sind die Koordinaten immer der Anfangsund der Endpunkt, zwischen denen die Linie gezogen wird. Das erste Koordinatenpaar (x1,y1) bestimmt die absoluten Koordinaten des Anfangspunkts. Das Koordinatenpaar hinter der STEP-Anweisung enthält relative Koordinatenangaben, die sich auf das absolute erste Koordinatenpaar beziehen. Die relativen Koordinaten hinter der STEP-Anweisung geben an, um wie viele Punkte die Linie nach rechts ($+x2$) oder nach links ($-x2$), nach oben ($+y2$) oder nach unten ($-y2$) gezogen werden soll.

    Zeilennummer   LINE   (x1,y1)–STEP (x2,y2),Farbe

WINDOW

Die WINDOW-Anweisung setzt den linken unteren und den rechten oberen Eckpunkt entsprechend der Vorgabe fest. Der Computer rechnet auf Grund dieser Anweisung dann alle Werte maßstabgerecht in die physischen Bildpunkte um.

Wie bei der LINE-Anweisung sind zwei Koordinatenpunkte anzugeben. Dabei ist darauf zu achten, daß die linken Werte immer dem links unten liegenden Koordinatenpunkt zugeordnet sind.

Beispiel:

  12Ø WINDOW (Ø,Ø)−(639,199)

Durch diese Anweisung wird die linke untere Ecke des Bildschirms mit den Werten x1 = 0 und y1 = 0 und die rechte obere Ecke mit den Werten x = 639 und y = 199 festgelegt. Der gewählte Maßstab (1:1) entspricht den physischen Bildpunkten, so daß eine zusätzliche Umrechnung der Koordinaten nicht erforderlich ist.

Die allgemeine Form der WINDOW-Anweisung lautet:

  Zeilennummer   WINDOW   (x1,y1)−(x2,y2)

14.7 Programmablaufplan-Symbole

Sinnbild	Benennung (BASIC-Zuordnung)	Einsatzmöglichkeiten
	allgemeine Verarbeitung (LET, INT) Ein- oder Ausgabe (LOCATE, INPUT) (PRINT, LPRINT) (USING, TAB)	Zuweisung von Werten an Variablen und Konstanten, Berechnung von Ausdrükken, Stringmanipulationen, Angabe, um welche Ein- oder Ausgabe es sich handelt und welches Ein- oder Ausgabegerät angesprochen wird.
JA NEIN	Verzweigung (IF...THEN ...) (IF...THEN ... ELSE) (ON... GOSUB ...)	Durch das Abfragen, ob eine oder mehrere Bedingungen zutreffen, kann das Programm verzweigt werden. Verzweigungsliste mit mehreren Auswahlmöglichkeiten
	Schleifenbedingung (WHILE ...)	Wiederholung mit vorausgehender Bedingungsprüfung
	Unterprogramm (GOSUB ...)	Ein eigenständiger Programmblock wird vom übergeordneten Programm aus aufgerufen. Ersatzsymbol für einen eigenständigen PA
	Wiederholungen: Zählergesteuert (FOR LV = AW TO EW STEP SW) NEXT LV)	Anfangs- und Endebegrenzung einer Schleife, Werte: Laufvariable (LV), Anfangswert (AW), Endwert (EW), Schrittweite (SW) Schleifenende, Laufvariable (LV)

Sinnbild	Benennung (BASIC-Zuordnung)	Einsatzmöglichkeiten
	Verbindung (nächster Befehl oder nächste Programmzeile)	Vorzugsrichtungen sind a) von oben nach unten b) von links nach rechts Ablauflinien mit Pfeilspitzen verdeutlichen die Richtung
	Verbindungsstelle (1000 . . .) unbedingter Sprung (GOTO . . .)	Eine Verbindungsstelle darf als Eingangsstelle jeweils nur ein einziges Mal vorhanden sein. Als Ausgangsstelle darf die Verbindungsstelle mehrfach vorkommen
	Grenzstelle (END) (RETURN)	Anfang und Ende eines Programms; Programmunterbrechung, Einsprung und Rücksprung beim Unterprogramm
	Bemerkung	Das Sinnbild kann an jedes andere Snnbild zur näheren Erläuterung angefügt werden.

(Sinnbilder nach DIN 66 001)

14.8 ASCII-Code unter BASIC

ASCII-Code unter BASIC (Industriestandard Set#2)

NULL	☺	☻	♥	♦	♣	♠	BEL	◘	TAB	LF	VT	FF	CR	♫	☼	►	◄	↕	‼
0	1	2	3	4	5	6	7	8	9	10	11	12	13	14	15	16	17	18	19
¶	§	▬	↨	↑	↓	→	←	C→	C←	C↑	C↓	BLANK	!	"	#	$	%	&	'
20	21	22	23	24	25	26	27	28	29	30	31	32	33	34	35	36	37	38	39
(	)	*	+	,	-	.	/	0	1	2	3	4	5	6	7	8	9	:	;
40	41	42	43	44	45	46	47	48	49	50	51	52	53	54	55	56	57	58	59
<	=	>	?	@	A	B	C	D	E	F	G	H	I	J	K	L	M	N	O
60	61	62	63	64	65	66	67	68	69	70	71	72	73	74	75	76	77	78	79
P	Q	R	S	T	U	V	W	X	Y	Z	[	\	]	^	_	`	a	b	c
80	81	82	83	84	85	86	87	88	89	90	91	92	93	94	95	96	97	98	99
d	e	f	g	h	i	j	k	l	m	n	o	p	q	r	s	t	u	v	w
100	101	102	103	104	105	106	107	108	109	110	111	112	113	114	115	116	117	118	119
x	y	z	{	|	}	~	⌂	Ç	ü	é	â	ä	à	å	ç	ê	ë	è	Ï
120	121	122	123	124	125	126	127	128	129	130	131	132	133	134	135	136	137	138	139
î	ì	Ä	Å	É	æ	Æ	ô	ö	ò	û	ù	ÿ	Ö	Ü	¢	£	¥	₧	ƒ
140	141	142	143	144	145	146	147	148	149	150	151	152	153	154	155	156	157	158	159
á	í	ó	ú	ñ	Ñ	ª	º	¿	⌐	¬	½	¼	¡	«	»	▒	▓	█	█
160	161	162	163	164	165	166	167	168	169	170	171	172	173	174	175	176	177	178	179
┤	╡	╢	╖	╕	╣	║	╗	╝	╜	╛	┐	└	┴	┬	├	─	┼	╞	╟
180	181	182	183	184	185	186	187	188	189	190	191	192	193	194	195	196	197	198	199
╚	╔	╩	╦	╠	═	╬	╧	╨	╤	╥	╙	╘	╒	╓	╫	╪	┘	┌	█
200	201	202	203	204	205	206	207	208	209	210	211	212	213	214	215	216	217	218	219
▄	▌	▐	▀	α	ß	Γ	π	Σ	σ	µ	τ	Φ	Θ	Ω	δ	∞	ø	ε	∩
220	221	222	223	224	225	226	227	228	229	230	231	232	233	234	235	236	237	238	239
≡	±	≥	≤	⌠	⌡	÷	≈	°	∙	·	√	ⁿ	²	■					
240	241	242	243	244	245	246	247	248	249	250	251	252	253	254	255				

BEL BELL = Glocke, erzeugt eine akustische Ausgabe (Signalton).
TAB TABULATOR: springt zur nächsten Bildschirmtabulatorposition.
LF LINE FEED = aktuelle Position eine Zeile nach unten bewegen.
VT HOME = neue aktuelle Position ist die linke obere Ecke des Bildschirms.
FF FORM FEED = Bildschirminhalt wird gelöscht, neue Seite einrichten.
CR CARRIAGE RETURN = neue Zeile am linken Bildschirmrand beginnen.

C→ Cursorsteuerung nach rechts
C← Cursorsteuerung nach links
C↑ Cursorsteuerung nach oben
C↓ Cursorsteuerung nach unten

14.9 Literaturverzeichnis

Baloui, Said *Effektives Programmieren in GW-BASIC*, München 1987

Hambusch, Rudolf / Schmalohr, Rolf / Parkmann, Alexander: *Organisationslehre – Datenverarbeitung – DOS – BASIC*, Darmstadt 1987

Merkel, Erich: *BASIC – Intensivkurs II*, Würzburg 1987

Parkmann, Alexander / Röhl, Joachim / Verhuven, Johannes: *Programmiersprache BASIC unter MS-DOS*, Reinbek 1987

Röhl, Joachim / Verhuven, Johannes: *Einführung in GW-BASIC und BASIC-A*, Köln-Porz 1987

Sacht, Hans-Joachim: *Vom Problem zum Programm*, Würzburg 1984

Hinweis
Autoren, Herausgeber und Verlag haben sämtliche Angaben, Hinweise und Beispiele, die in diesem Buch aufgeführt sind, sorgfältig geprüft. Dennoch können Fehler nicht völlig ausgeschlossen werden. Autoren, Herausgeber und Verlag können deshalb keine Gewährleistung für die einwandfreie Funktion aller Angaben, Hinweise und Beispiele übernehmen. Für etwaige Folgeschäden an Geräten und Programmen, die durch die Benutzung der Inhalte dieses Buches entstehen können, wird keine Haftung übernommen.

Benutzte Produkt- bzw. Warennamen:
MS-DOS und GW-BASIC sind eingetragene Warenzeichen der Microsoft-Corporation
BASIC-A ist ein eingetragenes Warenzeichen der International Business Machines Corporation.

14.10 Register